马克思主义理论研究文库

MAKESI ZHUYI LILUN YANJIU WENKU

本书受兰州理工大学“马克思主义理论研究文库”出版计划资助出版

农业产业集群发展与绩效评估研究

陈东　著

吉林大学出版社

长春

图书在版编目（CIP）数据

农业产业集群发展与绩效评估研究 / 陈东著 . -- 长春：吉林大学出版社，2019.3

ISBN 978-7-5692-4433-5

Ⅰ . ①农… Ⅱ . ①陈… Ⅲ . ①农业产业－产业集群－产业发展－研究－中国②农业产业－产业集群－经济评价－研究－中国 Ⅳ . ① F320.1

中国版本图书馆 CIP 数据核字（2019）第 047241 号

书　　名 农业产业集群发展与绩效评估研究

作　　者：陈　东　著
策划编辑：卢　婵
责任编辑：张鸿鹤
责任校对：卢　婵
装帧设计：汤　丽
出版发行：吉林大学出版社
社　　址：长春市人民大街 4059 号
邮政编码：130021
发行电话：0431-89580028/29/21
网　　址：http：//www.jlup.com.cn
电子邮箱：jdcbs@jlu.edu.cn
印　　刷：北京虎彩文化传播有限公司
开　　本：787mm × 1092mm　　1/16
印　　张：15.75
字　　数：250 千字
版　　次：2019 年 3 月　第 1 版
印　　次：2019 年 3 月　第 1 次
书　　号：ISBN 978-7-5692-4433-5
定　　价：80.00 元

总　序

这里呈现在读者面前的是兰州理工大学马克思主义学院“马克思主义理论研究文库”系列著作。马克思主义理论研究文库（以下简称“文库”）旨在支持学院专、兼职教师在马克思主义理论学科领域内开展理论探讨和研究。这项计划于 2015 年正式启动，每部著作给予一定的经费支持，准备连续开展几年，形成系列学术研究成果。

意识形态工作是党和国家一项极端重要的工作，高校作为意识形态工作的前沿阵地，肩负着学习研究宣传马克思主义，培育和弘扬社会主义核心价值观，为实现中华民族伟大复兴的中国梦提供人才保障和智力支持的重要任务。做好高校意识形态工作，是一项战略工程、固本工程、铸魂工程，事关党对高校的领导，事关全面贯彻党的教育方针，事关中国特色社会主义事业后继有人，对于巩固马克思主义在意识形态领域的指导地位，巩固全党全国人民团结奋斗的共同思想基础，具有十分重要而深远的意义。

习近平总书记指出，每个时代都有每个时代的精神，每个民族都有每个民族的价值观念。一个民族、一个国家的核心价值观必须同这个民族、这个国家的历史文化相契合，同这个民族、这个国家的人民正在进行的奋斗相结合，同这个民族、这个国家需要解决的时代问题相适应。当前，我们全党、全国人民正在为中华民族伟大复兴的中国梦而努力奋斗，这是当代中国马克思主义研究的重大主题。伟大的事业需要伟大的精神，伟大的精神需要基本的价值共识。像中国这样一个有着13亿多人口、56个民族的大国，要真正做到这一点，必须确立反映全国各族人民共同认同的价值观的“最大公约数”，最大限度地团结全社会的力量，“众人拾柴火焰高”“一箭易折，十箭难断”。

我们也必须清醒地认识到，世界范围内各种思想文化交流交融交锋更加频繁，社会思想意识更加多元多样多变。面对这样的新情况、新问题，我们必须保持头脑冷静，始终坚持马克思主义的指导地位，大力培育和践行社会主义核心价值观，增强价值观自信，扩大主流价值观念的影响力。还要全面提升意识形态话语权和国家文化软实力，讲好中国故事，传播好中国声音。要以马克思主义理论为指导，牢牢把握国家、社会、公民各层面核心价值观的制高点，才能赢得驾驭党和国家长治久安全局的主动权。面对各种思潮和复杂的社会现象，如何运用马克思主义的立场观点方法在多样中求得共识、在多元中确立主导，形成全社会的价值共识，凝魂聚气、固本清源，发挥正能量，增强对重大理论和现实问题的阐释力，是中国马克思主义者共同的责任。为此，我们需要在全社会倡导以改革创新为核心的时代精神，为实现中华民族伟大复兴的中国梦提供共同精神支柱和强大精神动力的理论研究。

近年来，中宣部、教育部连续出台了系列文件，就进一步加强马克思主义在意识形态领域的指导地位、创新思想政治理论课程体系及马克思主义学院建设提出了明确要求，这体现了党对马克思主义理论及意识形态教育的高度重视。高校马克思主义学院建设要以马克思主义理论学科优先发展、优势发展、优质发展带动高校哲学社会科学繁荣发展，更充分发挥高校哲学社会科学的育人功能。推进马克思主义理论学科基础理论和重大问题年度主题研究，搭建高端马克思主义理论教育和研究平台，培养一批理想信念坚定、业务能力精湛、对时局把握准确的高水平的马克思主义者，提炼学科方向，汇聚学科队伍，扩大学科影响，把马克思主义理论学科建设成为哲学社会科学优势学科，构建以马克思主义理论学科为引领，相关学科为补充，有效支撑思想政治理论课建设的学科体系，使马克思主义理论学科真正成为强势学科并发挥在意识形态教育中的作用。

我校马克思主义学院按照全面深化改革、全面推进依法治校、全面加强党的建设、全面加快建设国内高水平教学研究型大学步伐的总体部署，带领全院师生解放思想、开拓创新、真抓实干、加快发展，要把老师们的研究成果运用到思想政治理论课教学中，拿起马克思主义的理论武器，坚决同一切反马克思主义、非马克思主义、伪马克思主义思潮做斗争，切实树立马克思主义理论学科的优势地位，化理论为方法，给学生传递正能量。这事关意识形态工作大局，事关中国特色社会主义事业后继有人，事关实现中华民族伟大复兴的中国梦，必须始终摆在突出位置，持之以恒、常抓不懈。在学校的大力支持下，马克思主义学院近年来发展势头很好，先后获得了马克思主义理论一级学科硕士点、省级重点学科，马克思主义学院入选甘肃省首批重点建设马克思主义学院，马克思主义理论学科入选学校“红柳一流学科建设规划”，这些成绩的取得是学校重视马克思主义理论学科发展和学院师生共同努力的结果。这对于加强马克思主义理论学科建设和教学水平提高，无疑是非常重要的。

马克思主义学院开展的“马克思主义理论研究文库”出版计划，顺应了国家加强思想政治理论课建设的形势，对于提升其学术研究能力、提炼学科方向、提高思想政治理论课教学质量具有重要的意义。

该文库紧紧围绕马克思主义理论展开研究，尽管每位学者关注的问题有所不同，但都自觉运用马克思主义的立场、观点和方法来分析问题，坚持马克思主义的主导地位，并将这一核心立场贯穿始终，有的则直接研究马克思主义文本、著作、历史影响等。大家的观点可以争鸣，但都围绕马克思主义理论展开研究，充分体现了马克思主义的主导地位。马克思主义理论学科有六个二级学科，应该说，在每个学科方向上都形成特色是不大现实的，因此，有必要提炼几个特色研究方向，重点支持，并突出重点方向，结合西北地方特点和民族特点，多出高水平成果。该出版计划是一项持续的出版计划，要一直开展下去，必要时可以向全校甚至全社会征集理论选题，真正体现包容性，也有利于创造学术品牌。动员老师积极参与，认真组织选拔，确保文库的学术水平。

希望学院老师能以本“文库”出版为契机，抢抓发展机遇，大力发扬学校提出的“红柳精神”，踏石有痕、抓铁留印、苦练内功、攻坚克难，为把马克思主义学院建设成省内有示范、国内有影响的马克思主义学院而努力奋斗。

是为序。

“文库”编委会

2017 年 1 月 1 日

前　言

农业是立国之本，固国之基。作为拥有几千年农耕文明的农业大国，稳定农业基础性地位、深化农业整体发展实力，已经成为我国在经济发展过程中不容忽视的重要一环。从2004年伊始，我国连续十四年从增加农民收入、加强农业基础设施建设、统筹城乡发展以及加快农业现代化进程等多个方面颁布中央一号文件，落实支农惠农精神，自上而下地树立起强化农业发展建设的指导性思想。我国农业现存的主要矛盾为结构性矛盾，在整体经济下行压力较大的形势下，抓好平台建设成为农业新的发展方向。以“三区三园一体”为代表的农业发展新载体强调要发挥农业的聚集效应，促进农业产业集群的形成与发展。

产业集群是近年来国际社会普遍关注的经济增长点之一，众多专家学者将产业集群尤其是制造业集群作为衡量一国核心竞争力的重要指标。随着集群理论的不断丰富与完善，集群概念渐次推广至许多产业的发展上来，正如农业产业集群一样，开始成为推进现代化的一种重要战略手段。农业优势产业是指在一个地区长期发展中形成的具有较强比较优势和竞争优势的独具地方特色代表性的产业形式，当相互类似又有所关联的农业企业形成空间集聚时，就产生了农业优势产业集群。农业同其他行业相比，更易受到土壤、降水、气候等多方面自然因素，以及生产资料、劳动力等社会因素的制约，在产业集群过程中表现出较第二、三产业更为明显的地域性特征，且在农业产业的内部发展中，优势产业的集群效应对于农业整体发展水平的提升更为显著。

全书以产业集群、农业产业集群等概念为切入点，在第一章绪论部分，明确提出该著作的选题依据、关键问题、研究意义、基本思路、核心内容、主要方法、技术路线、创新之处。第二章是文献综述和理论基础，对相关研究予以介绍梳理，尤其是作为典型案例的马铃薯产业集群，在绩效评估理论方面，重点阐释了 PV-GPG（Public Value-based Government Performance Governance，以公共价值为基础的政府绩效治理）理论，并对现有各种研究进行略评。第三章基于公共价值出发，聚焦甘肃马铃薯产业集群，分析政策的多重综合绩效，评估农业产业集群政策绩效的“公共性”“合作性”“可持续性”，研究农业产业集群政策绩效的内涵。第四章围绕政策绩效评估指标构建的主要原则，拟定农业产业集群政策绩效评估指标体系的基本框架，并在政府、企业、农民多元主体视角下构建与测度绩效评估指标。第五章首先分析影响农业产业集群绩效的主要问题，尤其是农业产业集群内农户的融资困境，继而对甘肃马铃薯产业集群化发展的条件、背景、方向、举措进行研究，运用 SWOT 法分析甘肃马铃薯产业集群的优势、劣势、机会、威胁，最后以张掖打造生态农业产业集群为典型案例，提出特色农业产业集群制度创新和对策选择。第六章研究了农业产业集群内不同主体的绩效评估，包括农民专业合作社绩效分析的理论假设、河南温县铁棍山药专业合作社绩效分析、农民专业合作社的绩效评估与创新实践、上市公司绩效评估的实证分析、普通企业的绩效评估等。第七章着重探索农业产业集群发展的区域化进路，分析农业产业集群区域化演进的主要原因、面临的挑战，对我国农业产业化演进和未来的集群化趋势进行预测展望，并提出农业产业集群区域化演进的基本策略。第八章对新时代背景下农业产业集群化发展与乡村振兴战略的关系进行研究，在国家宏观背景下分析了发展特色农业产业集群的必然性和重要性，通过对国外农业产业集群发展的先进模式研究，尤其是美国、西班牙、日本等农业发达国家的成功探索，以期总结优秀经验，为我国发展农业产业集群提供参考借鉴。

尽管影响各地区农业产业集群化发展的因素和解决策略有类似之处，但促进其发展的工作不能一概而论，必须要将改进策略嵌入实际场域中，具体问题具体分析。本书所介绍的几种典型案例，虽然都是通过实践证明了的可靠发展途径，但其他地区必须结合自身情况予以适度借鉴，一味地照猫画虎并不能解决实际问题。

在本书写作过程中，参考并借鉴了众多业内同人的研究成果，受益匪浅，在此表示诚挚谢意，并在书中仔细标注，但难免挂一漏万，请予谅解。鉴于时间、精力、学识有限，书中观点仅为一家之言，失之偏颇和错误纰漏，还望读者朋友不吝赐教。

作者于金城兰州

2018 年 10 月

目　录

第 1 章　绪　论

1.1　选题依据

1.1.1　经济新常态背景下的农业产业集群发展

产业集群发展具有综合效益，在空间上实现对人力、资本、信息、知识等要素的汇聚集中，优化供产销纵向链条的资源配置，提高产业内部专业化分工协作程度，降低各种交易成本，增进区域竞争优势。早在 2004 年，东南沿海地区的福建省就把依托新兴产业发展产业集群明确写入了政府工作报告，时至今日已形成颇有影响且各具特色的“块状经济”。欠发达地区的产业结构中农业比例相对较高，农民数量庞大，农村发展落后，发展农业产业集群具备更多的可能性和必要性，有利于促进农业科技创新与现代化转型升级，吸纳和扩大劳动力就业，增加农民可支配收入，推动新农村建设。

2014 年 12 月的中央经济工作会议首次完整系统地阐述了经济新常态，包括消费需求、投资需求、出口和国际收支、生产能力和产业组织方式、生产要素相对优势、市场竞争特点、资源环境约束、经济风险积累和化解、资源配置模式和宏观调控方式 9 个方面。会议还把加快转变农业发展方式列为 2015 年的 5 大主要任务之一，经济新常态在农业领域主要表现为农村经济发展的速度变化、结构优化和动力转化，农业自身的趋势性变化也是经济发展变化的重要内容，农业产业集群发展可以成为欠发达地区立足自身特色优势，应对经济新常态的战略途径选择。就马铃薯产业集群而言，从需求方面来看，联合国粮农组织很早就把马铃薯当作世界第四大粮食作物，并在种植面积、科研投入上给予其主粮地位的保证。目前，欧洲国家人均年消费马铃薯稳定在 100 ～ 120 斤，俄罗斯人均年消费量更是高达 340 斤，我国人均消费马铃薯只有 28 斤左右，远低于西方发达国家。我国的马铃薯产业，长期采用传统粗放的种植方式，导致马铃薯代际退化现象严重，目前我国 8 000 多万亩马铃薯种植面积中，有 7 000 多万亩处于低产状态，马铃薯平均亩产 1 150 千克，比世界平均水平低 20%，是发达国家水平的 1/3 ～ 1/2，潜在产能提升空间很大。

1.1.2　主粮化战略提供马铃薯产业集群化契机

我国目前粮食总需求为 6 亿吨，未来粮食消费需求仍呈刚性增长趋势，到 2020 年粮食需求增量在 5 000 万吨以上，但受耕地水资源的约束和种植效益的影响，小麦、水稻等口粮品种继续增产的成本提高、空间变小、难度加大，需要开辟增产的新途径。中国农业科学院农产品加工研究所所长戴小枫认为，能否成为主粮的衡量标准有三个：一是看能否在较大区域内，大规模进行生产；二是看能否大量、长期储存；三是看能否为食用者提供一日三餐所需的营养。马铃薯的营养价值很高，富含膳食纤维，被称为“十全十美的第二面包”，具有耐寒、耐旱、耐瘠薄的特点，适应性广，需水量少，在西北干旱半干旱地区也能正常生长，有利于缓解严峻的资源环境压力，特别是南方大量冬闲田也可用来开发扩种。马铃薯的用途非常广泛，能够加工成土豆淀粉、粉丝、粉条、薯片、薯条及其他多种衍生物食品，是纺织、造纸、化工、建材等工业领域的添加剂、增强剂、稳定剂，在医药领域可以提取酵母酶、维生素等。马铃薯产业发展涉及科研、种植、生产、加工、流通、消费等多环节，这为马铃薯产业集群横向渠道的拓宽和纵向链条的延伸提供了可能。

2015年初，原农业部提出我国将启动推行马铃薯主粮化战略，未来马铃薯会成为稻米、小麦、玉米之外的第四大主粮作物，因地制宜地扩大种植面积，由目前的8 000多万亩逐步扩大到1.5亿亩，把马铃薯亩产量提高到2吨以上，年产鲜薯增加2亿吨，折合粮食约为5 000万吨，显著提高了国家粮食安全保障水平。马铃薯主粮化的内涵，是用马铃薯加工成适合中国人消费习惯的馒头、面条、米粉等主食产品，实现马铃薯由副食消费向主食消费转变、由原料产品向产业化系列制成品转变、由温饱消费向营养健康消费转变，逐步实现马铃薯生产品种专用化、种植区域化、生产机械化、经营产业化、产品主食化。

1.1.3 以甘肃省马铃薯产业集群为例的原因

我国是世界马铃薯生产的大国，却不能称之为世界马铃薯生产的强国，我国马铃薯种植面积为世界种植总面积的25%，而总产量为世界总产量的20%，从单位产量水平来看，我国马铃薯的单位产量仅在世界上排名第92位，在马铃薯种薯的质量、生产中技术水平的投入以及马铃薯生产过程中的机械化、规模化水平等方面，与发达国家之间的差距仍然较大。目前，我国马铃薯种植面积最大的四个省（自治区）分别为内蒙古、甘肃、贵州和四川，都属于欠发达的西部地区，总产量最大也是这四个省（自治区），在单位产量方面这四个省（自治区）的排名都比较靠后。马铃薯产业已经成为甘肃省重要的支柱性产业，以甘肃省马铃薯产业集群为例具有典型代表性，从事调查研究的条件也比较便利。

本书以甘肃省马铃薯产业集群为例进行研究设计，拟选择甘肃省定西市作为主要调查地点，是基于以下几个方面的综合考虑：首先，从种植生产来看，定西是以农业为主的欠发达地区，是典型的旱作农业区，定西市马铃薯生产能力较强，年种植面积约占甘肃省马铃薯种植面积的1/3，鲜薯产量约占甘肃省鲜薯总产量的1/2，经过近20年的集中培育发展，定西马铃薯种植面积和总产量分别稳定在300万亩和500多万吨，分别位居全国地级市第二和第一，已成为全国马铃薯三大主产区之一。其次，从繁育加工来看，定西市是全国最大的马铃薯脱毒种薯生产培育基地，全市脱毒种薯应用率超过 50%，良种化程度也达到 95% 以上。定西市马铃薯精粉加工能力全国市级最大，截至 2017 年底，全市万吨以上马铃薯加工龙头企业发展到 28 家，加工能力达 79 万吨，是全国重要的商品薯生产基地及薯制品加工基地。全市共经省质监局批准发布定西市旱地马铃薯膜际垄作深播栽培技术等马铃薯种子、种苗、栽培、加工等地方标准 15 项，注册马铃薯品牌商标 37 个，国家原产地地理标志注册产品 5 个，“临洮马铃薯”成为原农业部地理标志产品，甘肃名牌产品企业 6 家，马铃薯及其制品获国家绿色食品认证 26 个。“定西马铃薯”被原国家质检总局批准为国家地理标志产品保护，2017 年 12 月，定西马铃薯被原农业部、原国家林业局等九部门认定为第一批中国特色农产品优势区。再次，从市场销售来看，定西马铃薯市场流通及营销体系全国一流，建成定西马铃薯综合交易中心等 6 个较大规模的马铃薯专业批发市场，中小型市场 50 多个，曾连续 10 年牵头主办中国·定西马铃薯大会，并将定西马铃薯交易市场列为国家级大市场。定西市是农民获益最多的马铃薯优势产区，2017 年，全市马铃薯产业总产值达到 163 亿元，农民人均产业纯收入 1 590 元，占人均纯收入的 22.9%。最后，从保障措施来看，定西市紧密结合本地实际情况，先后出台了《定西市农业产业化重点企业认定管理暂行办法》《甘肃定西马铃薯特色优势产业链规划》《定西市马铃薯产业发展财政支持项目实施方案》等一系列政策措施，明确了产业发展方向和重点，为进一步做大做强马铃薯产业集群提供了有力保障，研究制定了《定西市马铃薯主粮化战略先行试验示范区建设方案》，力争能够先行试点。

1.1.4 甘肃马铃薯产业集群化发展的政策支持

近些年来，我国马铃薯产业的发展得到了政府部门的大力支持，2006 年原国家农业部出台了《农业部关于加快马铃薯产业发展的意见》，首次把马铃薯列为我国优势农产品品种之一，并提出要大力发展马铃薯产业，把我国马铃薯做成粮食增产、农民增收、农业增效的一个大产业。在国务院办公厅《关于进一步支持甘肃经济社会发展的若干意见》中，将甘肃定位为全国重要的特色农产品生产与加工基地，突出强调要大力发展定西的马铃薯产业。着力加大对产业发展重点领域的信贷投入，重点支持马铃薯脱毒种薯繁育基地、商品薯生产基地、标准化生产基地和质量安全监测体系建设，支持培育一批生产优良、科技含量高、规模较大的种薯生产企业，促进马铃薯产业由规模扩张向质量效益提升转变。2005年甘肃省政府印发了《甘肃省马铃薯产业发展规划》，2006年甘肃省财政厅设立了马铃薯产业发展专项资金，总计1 000万元，2007年甘肃省政府出台了《进一步加快我省农业产业化经营的意见》，2008年同时出台了《进一步加快马铃薯产业发展的实施意见》《甘肃省马铃薯增产增收实施方案》以及《甘肃省马铃薯脱毒种薯质量管理办法》。在政府部门的大力扶持下，甘肃省马铃薯产业发展的政策支持体系日趋完善，这些政策的颁布和实施为甘肃省马铃薯产业的发展提供了政策保障。

为了切实发展好马铃薯产业，甘肃省政府先后制定了《马铃薯产业发展规划》和《关于进一步加快发展马铃薯产业意见的通知》，在《2011年省级整合财政支农资金支持重点农业项目实施方案》中，为了促进马铃薯增产增收，支持马铃薯产业发展，安排了马铃薯产业专项资金1 000万元、马铃薯扶贫项目资金1 000万元、马铃薯原种扩繁补贴资金2 900万元。2012年，甘肃省根据财政部《关于进一步加大支持力度，做好农业保险保费补贴的通知》，结合本省实际，围绕“三农”工作决策部署，展开了对全省马铃薯保险产业的补贴工作。全省在中央财政的支持下，大幅提高、扩大了农民抵御风险的能力，对防止农民因灾返贫、因灾致贫起到了重要作用。同年4月份，农牧厅与中华保险共同制定了《甘肃省2012年马铃薯保险实施方案》等条例，为全省马铃薯保险保费补贴工作的具体开展实施奠定了坚实基础。

在通过发展农业产业集群打造竞争优势的过程中，欠发达地区地方政府扮演着不可或缺的重要角色，地方政府可以通过有针对性地调整产业政策、改善产业环境来提高集群竞争力。甘肃省马铃薯产业集群发展目前所获得的成绩也在很大程度上得益于政策扶持，但是，这些政策和补贴资金并没有很好地发挥作用，存在落实不到位、覆盖环节和覆盖面不足以及后期的监督和管理力度不够等问题，致使提升甘肃省马铃薯产业集群竞争力的力度还不够。这些规范性文件大都涵盖了指导思想、基本原则、建设目标、主要内容、具体对策、保障措施等，政策的绩效是否达到了预期目标缺乏科学评估，产业发展总结报告多为数据材料的简单罗列。如何对政策绩效进行测度继而深入分析以作为政策调整的依据？农业产业集群发展的绩效内涵究竟该怎么解读？能否基于 PV-GPG 理论创新甘肃省马铃薯产业集群绩效评估的方法？未来应从哪些方面入手进行政策优化？农业产业集群化发展的方向如何？有鉴于此，提出了本书的核心问题。

1.2 关键问题

本书拟围绕以下三个关键问题进行研究：其一，能否在 PV-GPG 这一政府绩效管理前沿理论框架下研究甘肃马铃薯产业集群绩效内涵，应该如何予以解读，这也是本书研究的逻辑起点。

其二，甘肃马铃薯产业集群发展涉及许多主体，最核心的利益相关者是农户、企业、政府，如何基于 PV-GPG 理论的核心要素，从三种不同视角出发来构建与测度甘肃马铃薯产业集群绩效评估指标体系？

其三，基于 PV-GPG 理论的核心要素，如何把价值冲突整合、组织管理机制、协同领导系统紧密嵌入甘肃马铃薯产业集群绩效评估体系，从而实现政策绩效损失的缩减最大化？

1.3 研究意义

1.3.1 理论意义

连续多年，中央 1 号文件都针对农业、农村、农民问题出台政策，各地方政府也是如此，产业集群发展作为破解三农问题的重要战略选择已经成为共识，相关性的扶助政策频出，政策的规划制定与实施执行颇受重视，但政策的绩效评估与调查反馈几乎没有，本研究试图从这方面对农业产业集群理论有所丰富与完善。公共政策绩效评估是绩效管理学科领域的重要分支，也是当前整个公共管理学术界的前沿课题，本书拟运用绩效评估的理论与方法，选取马铃薯产业集群公共政策为研究对象，扎根欠发达地区展开实证研究，扩大了绩效评估理论与方法的应用范围。

1.3.2　应用价值

本研究拟选取甘肃省马铃薯产业集群为典型案例，比较研究相关政策绩效，概括归纳其内涵，为政策的延续、调整、中止提供决策依据，也为其他欠发达地区对农业产业集群政策进行绩效评估提供一定的参考借鉴。本书通过对欠发达地区农业产业集群政策绩效评估的实证研究，构建欠发达地区农业产业集群发展的政策绩效评估体系，对农业产业集群的经济、管理、政治、社会等多重绩效进行综合性测量与分析；针对性提出甘肃省马铃薯产业集群扶持政策的优化路径，有利于农业公共政策质量的提升，推动决策的科学化、民主化。

1.4　基本思路

全书以产业集群、农业产业集群等概念为切入点，在第 1 章绪论部分，明确提出该著作的选题依据、关键问题、研究意义、基本思路、核心内容、主要方法、技术路线、创新之处。第 2 章是文献综述和理论基础，对相关研究予以介绍梳理，尤其是作为典型案例的马铃薯产业集群，在绩效评估理论方面，重点阐释了 PV-GPG 理论（Public Value-based Government Performance Governance 以公共价值为基础的政府绩效治理），并对现有各种研究进行略评。第 3 章基于公共价值出发，聚焦甘肃马铃薯产业集群，分析政策的多重综合绩效，评估农业产业集群政策绩效的“公共性”“合作性”“可持续性”，研究农业产业集群政策绩效的内涵。第 4 章围绕政策绩效评估指标构建的主要原则，拟定农业产业集群政策绩效评估指标体系的基本框架，并在政府、企业、农民多元主体视角下构建与测度绩效评估指标。第5章首先分析影响农业产业集群绩效的主要问题，尤其是农业产业集群内农户的融资困境，继而对甘肃马铃薯产业集群化发展的条件、背景、方向、举措进行研究，运用SWOT法分析甘肃马铃薯产业集群的优势、劣势、机会、威胁，最后以张掖打造生态农业产业集群为典型案例，提出特色农业产业集群制度创新和对策选择。第6章研究了农业产业集群内不同主体的绩效评估，包括农民专业合作社绩效分析的理论假设、河南温县铁棍山药专业合作社绩效分析、农民专业合作社的绩效评估与创新实践、上市公司绩效评估的实证分析、普通企业的绩效评估等。第7章着重探索农业产业集群发展的区域化演进，分析农业产业集群区域化演进的主要原因、面临的挑战，对我国农业产业化演进和未来的集群化趋势进行预测展望，并提出农业产业集群区域化演进的基本策略。第8章对新时代背景下农业产业集群化发展与乡村振兴战略的关系进行研究，在国家宏观背景下分析了发展特色农业产业集群的必然性和重要性，通过对国外农业产业集群发展的先进模式进行研究，尤其是美国、西班牙、日本等农业发达国家的成功探索，以期总结优秀经验，为我国发展农业产业集群提供参考借鉴。

1.5 核心内容

1.5.1 PV-GPG框架内农业产业集群政策绩效内涵研究

充分研究并解读农业产业集群政策绩效内涵是进行政策绩效评估的逻辑起点，农业产业集群发展的政策绩效评估体系需以公共价值为基础，追求增进各方利益的共赢性博弈，基于PV-GPG理论出发，其政策绩效内涵包括地方公共财政、个体农户收入、企业组织利润、公民满意度等。甘肃马铃薯产业集群发展的扶持政策涵盖了集群中的多元主体，包括地方政府对整个产业的顶层设计规划、对龙头企业的重点关注、金融信贷的优惠支持、各种协会组织的建设、技术服务体系的保障等，梳理归纳这些政策的实践历程、类型特征、出台动因、预期目标，运用政策绩效评估理论予以解释。

1.5.2 农业产业集群政策绩效评估指标的构建与测度

从农业产业集群当中最主要的核心利益相关者——农户、企业、政府的视角出发，充分考虑农业产业集群政策的制定者、参与者、受影响者的不同情况与关注点，开发设计问卷，划分目标层、准则层、指标层，依托兰州大学地方政府绩效评价中心的数据资料，借鉴地方政府绩效评价的甘肃模式的设计思路和具体做法，构建农业产业集群政策绩效评估指标体系。以甘肃为案例区，联系省发改委、农牧厅等业务部门查阅近十余年的相关政策文件和产业数据，并到甘肃定西实地调查研究马铃薯产业集群发展情况，选取重要对象深度访谈，测量评估甘肃马铃薯产业集群政策绩效，对不同视角下甘肃马铃薯产业集群政策绩效评估指标体系进行比较分析。

1.5.3 基于PV-GPG理论优化农业产业集群绩效评估

本书属于欠发达地区农业产业集群绩效评估的一个体系性实证研究，试图在PV-GPG理论框架内，以甘肃省马铃薯产业集群政策绩效评价作为对象和样本，开发评价体系和指标，为农业产业集群政策绩效评估提供参考。从农业产业集群政策绩效评估中不同利益主体的取向着手研究价值冲突与整合，基于农业产业集群政策绩效的价值链条来研究其组织管理机制，通过农业产业集群协同领导系统合作生产可持续的公共政策绩效，对农业产业集群政策绩效评估中绩效损失的表征与缩减进行针对性分析。总之，基于PV-GPG理论优化甘肃马铃薯产业集群政策绩效评估体系，可以促动甘肃马铃薯产业集群的演化升级与良性发展，也能为改善欠发达地区农业产业集群政策的经济、管理、政治、社会等综合绩效提供一定知识增长。

1.6 主要方法

1.6.1 文献研究法

为了对欠发达地区农业产业集群政策绩效评估的内涵进行全面梳理，将充分检索阅读国内外相关研究成果，即通过各种渠道包括官方发布的数据、已经出版的著作及文章、学者和官员在公开场合发表的演讲、相关网站上发表的文章、内部参考等，来收集大量的研究资料。

1.6.2 问卷调查法

以欠发达地区农业产业集群政策绩效为具体考察对象，充分考虑农业产业集群政策制定者、参与者、受影响者的具体情况和不同关注点，紧密围绕如何评估政策绩效、政策绩效的影响因素、提升政策绩效的举措等核心问题来开发设计问卷，以便归纳概括关键变量时能够确保科学性、客观性。

1.6.3 案例研究法

欠发达地区幅员辽阔，所涉省份众多，甘肃是地处西北的农业大省，考虑分析研究的便利性、可得性，拟选取甘肃定西马铃薯特色农业产业集群作为典型案例，深入调查并实证剖析当前欠发达地区农业产业集群政策绩效评估存在的主要问题、类型特征，继而概括拓展至整个研究区域。

1.7　技术路线

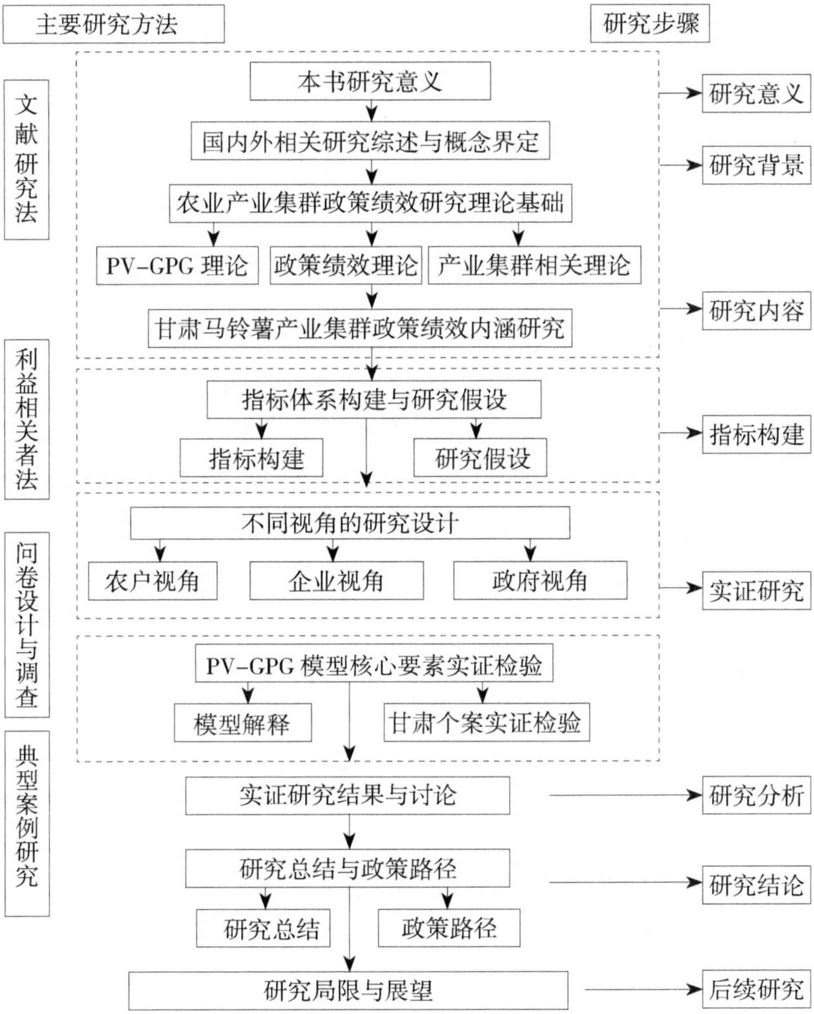

图 1-1　技术路线

1.8　创新之处

1.8.1　理论创新

在 PV-GPG 这一政府绩效管理前沿理论框架下研究农业产业集群政策

绩效内涵及其评估是一种全新的探索，也是对 PV-GPG 模型的验证，丰富了该理论的解释力，扩大了该理论的适用范围。

1.8.2 视角创新

基于核心利益相关者的不同视角，提出研究假设：农业产业集群中农户、企业、地方政府视角下政策绩效评估侧重点存在差异，通过指标体系的构建与测度进行验证，采取的视角比较特别。

1.8.3 方法创新

甘肃马铃薯产业集群政策绩效是本书选取的典型样本案例，如何概括归纳使其能拓宽至欠发达地区农业产业集群政策绩效这一研究对象进行政策绩效评估研究，则需要思考方法上的创新。

第 2 章　文献综述与理论基础

本书的研究对象是农业产业集群发展与绩效评估，文献综述按照逻辑递进顺序，从以下几个方面展开：其一，产业集群、农业产业集群研究；其二，绩效评估研究；其三，PV-GPG 理论阐释。

2.1　产业集群研究概述

产业集群具有极其长久的历史，早在手工业时期就已经开始有了，同时在手工业发展历程中产业集群更是非常突出的一种现象。“工业革命之后，产业集聚更是蓬勃发展，换句话来说，能够产生现代工业城市就是产业集群的杰作。”[①] 当今民众看到的产业集群是针对传统城市大工业来说的，这里主要是指“乡村小工业的集聚”，或是“城市边缘新兴产业群落的快速崛起”。第一个所列举的如意大利北部地域的纺织业集群、日本大田、德国巴登、中国的浙江、中国珠江三角洲的许多地域、顺德古镇灯饰产业集群、东莞厚街家具产业集群等；后者就像美国西部硅谷的 IT 产业集群，印度的班加罗尔，中国的苏州、昆山、台湾新竹等，以及各类科技园区和开发区等。

当今，全世界已经有了非常多的优秀产业集群模范。“比如：美国加

① 林泽玮．福建省东山县产业集群发展研究［D］．合肥工业大学，2009.

州的葡萄酒业集群、日本汽车产业集群，尤其要说的是瑞士。瑞士不单在钟表业界拥有产业集群，还在很多别的产业——纺织机械业、化工医药制造业、食品制造业、银行业、保险业、旅游业亦是拥有非常高的集群情况，这么多产业的产品为全世界服务。”① 以纺织机械业为例，瑞士在这个行业的产出能力甚至超过经济规模高于它许多倍的英国和德国，加上分布在国外的一些子公司，因此，它的纺织机械产品稳居全世界最高位。而在中国国内经济较发达的省份，也正是依托产业集聚效应才取得了经济上非常大的优势。在广东，产业集聚效应比较突出的一些行业包括玩具、食品、服装、电子、家电、陶瓷等。例如，玩具行业非常著名的中小企业群坐落在汕头市澄海区潮州为全世界第一的晚礼服生产基地，东莞的虎门镇是女装生产基地，南海的盐东镇是内衣生产基地，中山的沙溪镇是休闲服生产基地。

由上可知，集群就是一定数量的紧密生长在一起的同类事物或人的聚集，对产业集群的定义有许多，比较得到官方认可的是相同的产业高度集中于某个特定地区的一种产业成长现象。在许多国家的区域研究文献中，运用了多种与产业集群类似的称呼，如“产业群”“区域集群”“产业区”等，这主要是因为研究视角不一样而产生的不同名称。在国内，广东地区的专家对中小企业集群这个称谓的使用非常多，但在江浙一带更习惯于运用块状经济的讲法。

产业集群涵盖两个特点：位置相连性和产业关联性，位置相连性是说构成产业集群的各主体在空间上是在一起的，产业关联性是说构成集群的各主体之间是互有联系的。产业集群的特点是在集群内部各主体之间的互相联动，如协同效应、网络效应、合作创新、知识溢出和外部效应等产业集群各个主体之间互有联系的影响。波特认为，产业集群实际上有着一种合作与竞争的相互关系，合作与竞争每每立于为相互交易的基础之上，目的是大力促交易，减少交易成本，增加交易质量。位置互相连接不单单是

---

① 李启登 . 发展产业集群促中部崛起［D］. 首都师范大学，2006.

对交易主体之间相互了解、增加互信、加强合作十分有利，同时方便知道竞争对手，明白对方也明白自己，创造一个良好的竞争气氛。由此得出，地方相互连接可为产业集群的互动开拓极为便捷的通道，同时产业关联性是集群内部互动的基础。产业集群互相联动并非单单说集群内部互动，更是集群内企业与集群外企业以及集群与集群内成员之间的合作与较量。与传统规模经营和产业环境优化理论相比较，产业集群是组织经济拓展的新路径。

产业集群里面拥有自运行系统和较完善的机制，通过这些系统和机制，集群中公司相互竞争跟合作，同时经价格调整与网络连接更能使集群中的公司互相合作，这样让此集群拥有有力、延续的竞争条件。这些起重要作用的机制有：

第一，专业分工互相补充机制。集群中的单位企业经专业化分工，建立起联系十分高效的产业链条合作。集群的专业分工跟传统分工是不一样的，是一类将集聚经济做主引、将好的社会资金条件当前提的区域分工。集聚经济是将集聚成气候的经济与集聚区域经济一起协同来建立的一类组合经济，这能减少集群中各单位的投入，能生成“联合需求”，建立大区域性专业化的生产与服务，增强互相补充与相关行业的开展，并提高企业互相之间与企业本身的分工水平。社会资本可以通过支持协调方式来增强社会的信任、规范。其存在于每个人之间、群体间和组织之间各个层面中，成为一类拥有生产性的实际或者预估资源的汇总，是产业集群具有竞争力的十分关键的条件。

第二，合作竞争机制。产业集群中拥有很多公司企业，同时也会有激烈竞争，也能产生各类合资共营。经长时间多回合作，因未来利益思考，以可预见性与可依赖性的原则，公司企业相互就建立起一个将信任作为前提的合作竞争体系。信任作为守护产业集群的竞争合作规矩自身内里的准则，是加强企业相互的聚集力的关键。此类机制的基本特点为互相帮助、团体协作，经此类合作方法，中小单位能在培训、金融、技术研发、产品设计、市场营销、出口、分配等方面上，产生高水平互联网的交流互动与合作，弥补集群中单位企业规模不大、经济能力不强的弱点，这样的转变升级使其可以跟更强的竞争企业对垒；能通畅信息交流，增强观念、知识与技术的传递，缓和经济效益中的劣势，降低交易难度，使其整体效率得到提升；有利于企业创建战略盟友与伙伴关系，开展适时适度的专业化生产；同行企业在地域上聚集在一起就有了竞争压力，让技术增进、生产工艺增强等创新行为大量增多。

第三，交易费用机制。产业集群的地区汇聚与社会文化的特点对交易资金的降低很有帮助，集群企业的地域距离短能减少企业互相间合作的交易投入，然后于再次交易中，更加降低全面交易的成本。集群企业的经济交流合作存在于当地社会脉络里，单位企业和单位企业、人和人互相的合作建立于同样的社会文化大背景与相同的价值认知中，能降低经济活动的不可预知性。在信任和承诺的前提下，独家企业失信与违反合约的代价特别大，会让这家企业直接遭到集群全部企业的集体惩戒，此可降低贸易中不诚信事件的发生概率。而且，在一定范围里汇聚了相当数量的水平相应的同种单位企业，能让企业较容易地于本地找到代替的、同水平的贸易合作企业，建立代理人多元化组织，加强谈判力度，降低跟解决由于资产专用性而有可能发生的机会主义投机。

第四，技术扩散与共享机制。“产业集群于技术传递与分享这点上拥有无法替代的好条件，产业集群为有关企业于地域上搭配集聚，可以很好地形成知识与信息积攒效应，以供产生创新的关键基础。”① 地域上的距离近，让集群里企业专项技术保密投入十分不菲，但学习投入不高，学习别的企业的技术非常便捷，技术与信息交流形成一种互相有利的形势。因产业集群之中有着很多联系的组织关系，足量的专业的知识与信息就非常难仅存在企业里，企业会自然而然地将质量监管、设备完善、生产工艺流程设计、新产品生产方式、新技术信息、新产品研发科技等相通到别的企业里，尤其是从大企业传播到中小企业，这样生成了一个超市场的技术传

① 刘义圣，林其屏．产业集群的生成与运行机制研究［J］．东南学术，2004（06）．

播情况。产业集群里这类超市场的知识与科技传达改变了市场经济里技术拓展的产权障碍，可以增强集群中知识与技术的积攒，加快各种类型知识的交流，同时增强集群创新水平与竞争实力。

第五，创新机制。产业集群里面的单位企业，彼此竞争同时互相学习，让合作创新、增强地区竞争力成为整个产业集群共同的目标。希望创新、谈创新会形成一个独有的创新制度，鼓舞集群企业持续向着增进新知识与开拓新技术方面发展。根据实际情况而言，产业集群能创新有三个原因，即企业相互的合作、交换思路、营销网络。于同一片地区，因为企业在距离上互相并不遥远，企业家在通常的商业协作与沟通时，能直观地了解别的企业最新的生产营销模式与创新路径。其一，企业的经理在这些经营管理消息、技巧与知识外通的情况中不断受益；其二，同时也将自身的经验持续累计并提高自身的能力。如此，企业家们互相了解，互相沟通，能在区域中建立一种创新的外在条件。并且，于多变的专业化分工境况中，有相当创造力的优秀工人在运用多功能机器时，可以持续创造新产品与新生产模式，亦能加快产业集群中的持续创新。此类创新机制让集群中的公司企业则会更加拥有竞争条件。

第六，文化的向心机制。地区里的工商业老模式，当地的人文风貌、文化传统，劳动力的知识能力、心理素质，主导的价值观、社会风俗，社会关系脉络等社会资源让集群里的企业在一个模式或一个方向的文化条件里能够沟通学习，之后融合成一样的思维模式、处事模式、同种文化来聚合成一个向心力量。此类文化的向心机制，足以引领集群中的人们来分工合作和创新研发。意大利中小企业集群能拓展快速，这其中关键的就是区域用诚恳和互为依托为内涵的产业文化。

“中国西部欠发达区域因为受历史、地理位置、传统文化等情况的制约与不平衡发展策略的缘故，比较东部区域来说，于经济跟社会建立程度上存在很大水平的不一样，可西部区域地理资源十分多样，生态环境没有经受很大的毁坏，经济和社会发展还有相当大的发展空间。”[①] 经过改革的深入、社会的发展、制度的革新，于西部大开发的战略进程中集聚经济很有希望迎来快速发展。现在，西部地域的经济社会拓展综合竞争力不强，其中显示为经济总量较少、实力不够，产业组成欠规划，经济绩效不足，工业化发展迟缓，产业集群不多，市场经济拓展很不好，基础建设孱弱等。所以，西部区域完成经济升级就必须要完成工业化。

西部地域区县经济发展迟缓，工业进程与城镇进程程度不高，经济水平低下，中小企业是区域经济提升和产业拓展的必需要素。西部大范围区域于改革开放后经济的发展大大低于中国东南部沿海地区的发展，出现这个情况，关键一点是中国西部特别多的中小企业的拓展相对来说有些落后，此为中国东西部经济拓展变化加大的重要因素。根据中国国家信息中心、国务院发展研究中心中国企业家调查系统等部门共同调查发现，现今，根据市场化改革的增速，经济水平越高的地方，中小企业这个群体的增加越迅速。为加快地方经济与县地经济的发展，在西部大开发当中，西部地区相当多的地方政府均将加快中小企业的发展作为增速当地经济发展的关键部署，可中国中小企业集群的建立，打破了中小企业发展本来的竞争模式，这样非集群中的单位企业在竞争中占不到有利地位。集群外面的中小企业在快速提升的市场经济系统里，渐渐没有了市场，也许其可以努力坚持继续存在，可向前拓展就变得非常不易。就西部区域来说，工业化和城镇化是不能不说的经济发展进程。单位企业集群的建立与工业化发展有着十分大的关系，工业化发展加快了企业集群的建立，同时企业集群的建立亦帮助了工业化发展，互相推进，相互支持。企业集群可以增加本地企业的竞争能力，提升当地的经济水平，加快工业化发展，增加中小企业的竞争力。

产业集群就是运用独有的集群效应特点，让产业在地区里集中化、网络化与根植化，增强产业竞争能力与区域影响力，加快产业组成整合，提升西部区域经济总体水平，提升就业率，增加创收，加快农村工业化和城镇化进程。

---

① 张晓峰，曾昭宁. 地方政府与欠发达地区产业集群成长的研究[J]. 特区经济，2008年(01).

因此，建立产业集群对西部地区区域经济提升有着十分大的发展推动力。中国拥有现代产业水平的企业集群大多为近 20 年建立的。改革开放之后，中国南方省份临海地区就是因为中小企业的快速发展，有了分门别类各有特色的中小企业群专业化分工、专门化生产、网络化合作，逐渐显示了规模化成效，减少了投入资金，加强了全面竞争力，加快了地区经济快速提升。西部地区拓展企业集群对增速工业化发展十分有帮助，加快西部地区中小企业的迅速发展，提高西部一些当地的小单位小企业的自身能力，吸收农村待利用劳动力，将农村劳动力利用起来，加快农村往城镇化拓展，同时亦是改善西部乡镇企业从前“村村点火，处处冒烟”的发展模式，维护生态环境，增强经济可持续发展。可以说，产业集群是一个很好的区域经济建立跟企业拓展的方式，是西部区域加快提升地区经济全面竞争力的重要途径。

当今，西部地区贸易水平较低，经济情况较差，市场拥有生产要素的功能还无法全面高效地发挥作用，当地政府支持西部地区产业集群的建立与拓展，在实际中不单有着必要性，同时亦有可能性。当地政府不仅具有法律赋予的行政权力，同时有着比社会上更多的可使用的生产资料，政府机构与部门还拥有十分高效的网络与通道，在生产资料的运输、配给、调动、协调等方面都可以实操实作。比较当中，西部区域社会群众的中介整合能力不够，因为产业集群里的单位企业能力不够强，产业集群建立进程中的服务中介与本行业组织未组建起来。因此，当地政府就要扮起加快产业集群建立的重要角色：其一，建造市场，加强市场经济规矩，给中小企业打造优质的贸易拓展条件；其二，帮助甚至带领社会群众协会进行沟通协调，加快企业集群的建立。如此，可以克服市场成长不够成熟的情况下，产业集群自身在形成与发展中也许会带来的更加高昂的机会成本的弊端。所以，地方政府扮演的是加快西部地区产业集群建立与拓展的角色。

“随着中央向地方下放财权和事权，国有企业的‘产权地方化’以及陆续实行的财政改革，使地方政府成为本地公共产品投资的主要组织者和地方经济活动的主要决策者和管理者，地方政府已经成为相对独立的行为主体，具有独立的经济利益和分散的决策权。”① 而且，当地财政收入的提高，取决于当地政府组织经济开发的成绩与当地经济的增长情况。就是因为地方政府经济与财政权力的提高，经济才能全面发展，而且发展本地经济、加大本地财政资金任务，营造了地方政府主动进取地发展本地经济的强劲动力。在产业发展引领经济蓬勃与向着经济效益不断快速提升的目标下，当地政府一定会把加快产业集群建立与拓展当作加快地区经济发展的主要途径之一。

2.1.1 国外研究现状

马歇尔（1890）第一个比较系统地阐释了产业集群理论，他从新古典经济学角度出发，把经济规模分为内部和外部两种，提出产业集群的致因是企业对外部规模经济的追求，开创性地研究了产业集群的内涵与外延。熊彼特在《经济发展理论》（1912）中特别强调产业扩散中技术创新和企业家精神的重要作用。韦伯在《工业区位论》（1929）中首次提出聚集经济概念，认为企业聚集与否取决于所带来的好处和所付出的成本之间的比较，他把产业聚集过程分为低级和高级两个阶段，把产业集群的形成归结为市场化、技术设备、劳动力组织、经常性开支四个因素。胡佛（1948）提出了产业聚集的最佳规模，并把规模经济区划分成三个层次，依次递增表现为区位单元、联合企业体、产业聚集整体。佩鲁的增长极理论（1950）阐释了产业聚集的极化效应和扩散效应。20 世纪 70 年代各主要资本主义国家普遍陷入经济发展滞胀，以巴格纳斯科（1977）、皮埃尔、赛伯（1984）为代表的学者在研究“第三意大利”② 的基础上，着重研究了中小企业在产业集群中的竞争合作关系，创立了新产业区学派。波特在《国家竞争优势》中（1990）提出了“钻石模型”分析框架，并阐述了四个基本因素

① 陈旭．论西部地区地方政府在产业集群形成和发展中的作用［J］．四川行政学院学报，2004（06）．

② 意大利东北部地区依托中小企业产业集群，在 20 世纪 70 年代西方经济萧条时期却逆势增长，发展势头良好，被社会学者巴格纳斯科称之为“第三意大利”。

（要素条件，需求条件，相关及支撑产业，企业战略、结构与竞争）和两个附加要素（机遇和政府）之间的关系与内在逻辑，重构了全新的区域竞争经济理论。克鲁格曼（1991）十分关注企业间能量化的市场联系，他引入空间经济思想，运用规模报酬递增为分析工具，建立了中心边缘模型，深层次地揭示了产业聚集的内在形成机理。Andersen（1994）对传统的熊彼特主义进行了深入分析，对创新关联和国际专业化进行了探讨。[①]Alex Hoen（1997）从理论角度对群进行了研究与分类。J.Vernon Henderson、Zmarak Shalizi 和 Anthony J.Venables（2000）从地理与经济发展的角度对于为什么产业会集群以及新集群如何形成和脱离集群的后果等相关问题进行了深入剖析。D.Norman 和 J.Venables（2001）对于世界经济范围内产业集群的规模和数量等问题进行了深入探讨。Fujita 和 Thisse（2002）从公共部门实施土地政策和税收政策方面对产业集聚的影响进行了深入分析和研究。[②]Orjan Solvell（2003）从全球集群调查角度出发，对集群是一种个性化的市场经济现象做出分析，并解释其种类较多，运行机制也不尽相同。[③]Andersson（2004）指出了集群的方法、创新的体系方法与三重螺旋方法之间的相互联系。[④]Drabenstott（2005）分析指出美国对于国家层面的集群政策一直处于回避状态，而且，大多数州政府都较早地尝试了用集群方法发展区域经济。[⑤]Paul Waley（2009）对东京独特的发展模式进行了分析和探索，总结出工业化进程不仅可以带动城镇化，而且政府关于产业集群的相关政策将会导致人口与经济呈现聚集状态。[⑥]Yuichi

---

① 陈剑锋 . 国外产业集群研究综述［J］. 外国经济与管理，2002（08）.

② Fujita M.，J.F. Thisse. Economics of Agglomeration：Cities，Industrial Locationand Regional Growth. Cambridge University Press，2002（7）：35–39.

③ Orjan Solvell. The Cluster Initiative. Prometheus，2003（9）：31–42.

④ Andersson. The Cluster Policie. International Economics，2004（8）：125–180.

⑤ Drabenstott，Mark. A Review of the Federalrolein Regional Economic Development. Economic Development Quarterly，2005（9）：168 –173.

⑥ Paul Waley. Distinctive Patterns of Industrial Urbanization in Modern Tokyo, C. 1880–1930. Journal of Modern Economy，2009（6）：123–127.

Kimura（2011）分析了越南北部地区造纸加工厂演化过程，并且指出政府出台的集群政策会使乡村大量劳动力和生产资源聚集，因而，推动产业集群的形成，不仅增加了人均总收入，而且促进了经济快速增长，对于城镇化建设具有不可替代的作用。①

2.1.2 国内研究现状

国内对产业集群的研究始于20世纪90年代，王缉慈的《现代工业地理学》（1994）较早地引介了新产业区概念和理论，并结合我国区域情况的典型案例进行了实证分析。李小建（1997）从企业基本单位出发，阐释新产业区的形成过程，并提出界定标准，包括规模结构、联系程度、根植性等。仇保兴（1999）立足生态学的角度，重点研究了小企业集群的内涵、形成机制、主要特征。叶建亮（2001）从知识溢出角度分析了浙江省的企业集群，施纪平、张仁寿（2003）关注技术扩散对产业集群的影响，郑胜利（2003）倡导集群经济条件下的企业技术创新活动，姚先国（2008）着重研究了网络资源与集群企业绩效提升的相关性。唐杰（1989）首先在国内构建了CES产业聚集模型，并对天津市产业结构进行了聚集效果的测量和评估；汪炜、史晋川、孙福国（2001），王慧（2004）分别运用该模型对杭州市和河南省进行分析评价，吕晓英、吕胜利（2004）在该模型的基础上加以改进，纳入固定资产为主要变量，增强了模型解释能力和适用范围。王朋飞（2006）以青岛电子信息产业集群为例，对产业集群的发展阶段进行了研究；周涌（2011）研究了常州农业产业集群发展；丛瑞雪（2012）研究了山东寿光蔬菜的产业集群案例，并且实证研究了产业集群对于城镇化进程的推动。方崇辉（2012）以黄岩模具产业集群为例，对产业集群发展中的地方政府作用展开研究；周勇（2013）基于农业产业集群研究了地理标志品牌建设。阮建清（2014）对产业集群动态演化规律进行深入研究，

---

① Yuichi Kimura. Knowledge Diffusion and Modernization of Rural Industrial Clusters: A Paper-manufacturing Village in Northern Vietnam. Journal of World Economy，2011（5）：32-39.

构建了动态演化的三个阶段。[①] 柳州（2015）从“互联网 +”角度对产业集群进行了升级研究。[②] 黎文飞（2016）对产业集群、信息传递与并购价值创造进行研究，深化了人们对于并购价值创造的机制的影响。[③] 宋华、卢强（2017）对虚拟产业集群的供应链金融模式进行了深入研究，并且基于云计算、大数据等技术，运用案例进行分析，对供应链金融理论有一定的拓展作用。王节祥（2018）对双平台架构与产业集群进行了研究，从而为实体经济和互联网深度融合研究提供了样本参考。[④]

2.2 农业产业集群研究概述

2.2.1 农业产业集群的形成动因

农业产业集群之所以能够形成，主要是因为单一个体经营已经满足不了市场的需求，必须联合起来才能够发挥最大的效能。最开始和集群相关的解释出自经济学家亚当·斯密，他的观点分工是经济增长的始源，而且分工水平又会受到市场规模的制约。人口基数不大且生产经营分散是农村地区最突出的两个情况，这些直接造成农村市场没法大面积拓展、原材料和成品运输消耗成本很高与交易时耗费的各种成本高的经济情况。所以，在农村家庭中的手工类小规模市集不能支撑发达而又细致的分工经济，因此产业集群机制研究常常发生在城市中。并且，经济产业集群现象非常难在农村形成是因为农村各种受先天制约的现实条件抑制了分工，从对美国 20 世纪城乡经济发

① 阮建清，石琦，张晓波 . 产业集群动态演化规律与地方政府政策［J］. 管理世界，2014（12）：79-91.

② 柳州 .“互联网+”与产业集群互联网化升级研究［J］. 科学与科学技术管理，2015（08）：73-82.

③ 黎文飞，郭惠武，唐清泉 . 产业集群、信息传递与并购价值创造［J］. 财经研究，2016（01）：123-133.

④ 王节祥 . 龙头企业跨界创业、双平台架构与产业集群生态升级——基于江苏宜兴“环境医院”模式的案例研究［J］. 中国工业经济，2018（02）：157-175.

展落差变大的研究中得到了集群经济不易在农村形成的看法。

由于市场规模不大和生产经营不集中，所以有必要在农村运用集群发展战略来解决其先天不足的弱势。实际上，产业集群情况在农村地域十分常见，也对当地的经济有了很大的促进作用，如佐治亚洲北面的地毯产业集群和密西西比河的鱼类加工产业集群等。虽然产业集群大部分存在于农村，可其对农村经济的关键性在发展产业区集群时未给予相应的关注。对农村地区产业集群的定性研究显示，其与城市集群的结构组成和驱动机制是不同的。农村的产业集群表现出“小生镜”的形式，从理论经验来说，产业集群在城市和农村都是存在的，可产业集群在城市和农村的形成、发展和运行机理却并不一样。农业产业集群想要拥有更多优势资源，一定要展现出“小生镜”的情况，就是要开拓出适合自己生存的产业集群市场、竞争环境市场、自然环境优势、国家政策等一系列背景条件，而“小生镜”的形成对开创农村其他的产业经济起着助推器的作用。总之，农业产业集群要走出自己的特色，这条特色之路一定是与城市产业集群不一样的。

现今，中国经济发展成绩斐然，经济总量一直增加，人民生活总体上达到小康水平，经济每年以较高的速度稳定增长。可收入分配差别加大还没有从根子上改变，城乡贫困人口和低收入人口依然有非常大的数量，农业基础比较弱、农村发展滞后的情况仍没有改观，城乡二元经济结构也未有改观。减小城乡、区域发展的差别和促成经济社会协调发展的任务依然十分艰难。这些年来，国家一直在增加农业扶持的投入，其中对农业税、医疗、农业补贴、农村金融、教育等行业扶持的力度展示了国家为了改善目前农业状况的坚决态度。可“三农”的相关事情，单靠补贴、扶助的方式不能从根本上改善本身出现的状况，一定要探寻一种以农业为主体的、国家和地方政府为帮扶和引导的模式。全面拓展农村本地的资源、劳动力的优势利用点，发展农业产业集群的相关理念，通过农村产业的全面资源再配比，招商引资，发展以农业基地为中心、许多有关企业全面进驻一起创造利益的集群经济，实现农业经济完全交在农民手里和农业经济向外拓展，在根本上改善多年以来农业经济水平低下的情况。[①]

农业产业化集群是在地域位置上比较接近区域内部农业与有关联行业相互支持的组织综合体，所以农业产业化集群亦具备普通产业集群的基本特点，可是农业产业化集群拥有不同于一般产业集群的基本特点，同时拥有农业生产的技术特点又拥有农业产业化拓展发展中的组织化特点。从现今典型的农业产业化集群发展历程来看，农业产业化集群就是从普通向高级一直发展变化的过程，其依靠的组织形式也是一直发展、不断变化的。所以在一个国家农业产业化的进程中主要根据本国农业产业化发展的特点，选择和其适应的产业集群模式，让此产业集群模式可以更加全面地促进这个国家农业产业化的发展，是加速农业产业化进程和提升涉农产业参与国际竞争，并以此来提升竞争的合理道路。

有特色的农业产业集群一旦形成，相关产业和部门都会有更高更好的发展。此类竞争最重要的是规模经济优势、交易成本优势、区域品牌优势、技术创新优势。国外很多的地区拥有相当具有特点的农业产业集群模式，如美国中西部的玉米产业集群、荷兰中南部和西部威斯兰地区的花卉产业集群、法国波尔多的葡萄酒产业集群等。在中国很多地域亦有很独到的农业产业集群，如山东寿光蔬菜产业集群、甘肃定西马铃薯产业集群、宁夏中宁枸杞产业集群、河南漯河肉类产业集群、浙江安吉竹产业集群等。这样的特色农业产业集群的快速高质的拓展，让这个地区的农业产生了显著的竞争特色，成为当地的重点产业。全世界拓展特色农业产业集群的先进经验印证，一定要与区域农业实际相适应，利用农业的地域优势，走特色农业集群化发展的道路，这就是加速拓展现代农业的有效途径。农业产业集群形成的根本性动因是单个企业为了在竞争中获得更大优势而与性质相邻的企业共同合作以在市场形成一种合力。这种合力的优势主要包括：产品种类多、交易成本低、产品质量优、创新空间大、合作品牌效应佳。

---

① 高峰，元秀华. 我国农业产业集群形成机理分析［J］. 青岛农业大学学报（社会科学版），2008（06）.

“协调分工机制的使用要适应实际，可农业产业集群就可以在企业制度和市场规制不完善的情况下，增强分工能力。这类生产组织形式在不太发达地域有重要作用。探其根本原因，在分工网络联系的产业集群基础上，可以运用竞争机制减少交易资费。产业集群中囊括的企业增加，市场交易资费变得减少，地区全部的竞争特点会增强，这样可以反过来看到，还能使更多企业加入，并且会制约同地区的同一种产业集群的产生。”①

第一，产品种类多。农业产业集群内的成员企业相互联系、相互学习，原本一种原材料一个企业只能加工成一种副产品，在形成合力之后，原材料种类没有发生变化，但是每个企业之间可以相互合作，生产出更多种类的农副产品，这就大大提高了企业的产能。提高了企业的产能就会增加企业的收入，现在的产品已不再是单个手工作坊所能够满足的，单独一家手工作坊并不能满足经济效益。当今国家出台了大量的促进农业增效、农民增收的政策，如何增加农民的收入已成为一个重点问题，但在城镇居民收入不断增长的对比下，农民挣钱增速不快的情况还不能够得到高效实际的优化处理。从市场供给这一点出发来看，使农民挣钱变多的一种高效方法就是要以达到市场需要为方向，拥有各类的农副产品，拓展农副产品的消费市场，以此改善农业增高效率，达到农民增加收入的目的。以与这个时代的发展理念并行的方式来发展农业产业集群，生产优质的产品，最终达到增量增销。要想规避为了提高经济效益却未重视生态环境保护的缺陷，规避因为全开放管理型的生产经营致使的农业资料过度使用，一定要运用当今时代发展的思维来发展农业产业集群，看重环境与社会、经济协调发展，依照农业生态系统内各个物种共存、物质再利用、内部资源更全面更多利用的生态学原理，适应当地实际情况地让当今时代科学技术与传统农业技术互为配合，拓展生态农业。还有，精准农业是现在农业拓展的新趋势，它的突出特点是全面使用的精确分配，精准农业运用的方法是增强当地地域信息系统、遥感、全球定位系统等技术的研究与运用，结合智能农业机械、

① http：//www.docin.com/p-851950255.html2011.3 李春海、张文、彭牧青 .

作物生长机理和外在的实际情况。最后要增强竞争实力，用资本运营运作的理念来拓展资本农业。这样使产品的质量越来越好，加快与国际接轨，为农业产业集群获得持续竞争力提供资本保障。

第二，交易成本低。农业产业集群内的成员企业之间由于在一个集群里，大大缩短了交易时间，有效地提高了交易效率，还降低了交易成本。这是因为：其一，由于社会生产力的提高，各个领域专业化分工也变得非常细致，农业公司和别的公司发生贸易，以得到需要的产品和服务。公司相互的交易次数一直增加，交易成本在公司生产经营成本中的百分比也增加。同时，因为公司相互的贸易成本含有不低的区位成本，公司企业在地域上距离更远，交易次数更多，交易成本会更高。就农业产业集群来说，因为近邻农产品生产基地，公司互相的地域相近优势能减少交易成本。其二，在农业产业集群里，农民与农业作为依赖本地社会环境的要素存在，公司和公司互相的协作绝非单单因为一种利益，还基于共同的社会价值观。人们彼此相信，相互理解，地方社会环境的形成和发展一定是有着非常好的信任为根基。若针对交易效率来说，地方社会环境形成完整区域对公司相互有着信任而继续的合作有好处，能促进交易的达成。地方社会环境形成一片完整区域亦能减少企业探寻市场资讯的时间和成本。所以，由于地方社会环境形成完整区域使在信任根基上的交易变成合作，能大幅提升交易效率，减少交易成本。形成农业产业集群，才能高效率地抓住市场需求，而且可以减少空间成本。“农业要向前进步，存在的重要障碍其一为资讯的难题，以农产品组成与售卖路径的思考分析，信息对于农民加大收入是特别重要的。可农村公司绝大部分因为和信息中心非常远，收到信息不容易、时间漫长，同时收取资讯的价格不菲，使得企业与大部分农民总是丧失特别多的合作机会，而产业集群会给各个公司企业准备好精确高效、成本价低的信息通道和了解方式。”①

第三，产品质量优。农业产业集群形成之后，各企业之间彼此合作，

① 陈先锋 . 从营销战略视角看我国农业产业化经营［J］. 商场现代化，2007（28）.

彼此竞争，形成了一种良好的产业模式，在这种模式之下就会形成一家更比一家强的态势，从而在此集群内的企业生产出来的农产品质量会越来越优，产品质量是企业的灵魂，这种模式下质量大大提升，如此反复进而形成最优的循环。促进专业化也是使产品质量优的一个因素。在农业产业集群内，各家企业争相生产产品，提高本企业的专业化，大量引进专业技术人才，企业生产越来越高标准和严要求，得以进行现代化运作。而且市场对优秀的产品需要量亦变得逐渐增大，这为专业化生产提供了良好的发展条件，而逐渐提高的专业化水平使产品的质量更上一层楼。农业产业集群已是增强农业竞争力、引领农民增加收入与带动农村经济发展的高效架构方式。市场需要是企业持续前进的原因，亦是带动企业发展的缘由。市场需求是所有经济运作发生的根本原因，市场需求为经济活动的产生与发展给予了非常大的力量。同时很大的市场需求是农作物集中一起栽植的准则。农产品价格的上下走势确认了农业自身具有特别大的不确定性，若可以探知到一个固定长期没有大的波动的需求市场，农牧民完全就能安心地有计划大范围地种养殖。“集群是一个给予产品或者服务的经济团体，市场需求的产生成为它起始和增加发展的必需前提，同时市场需求越旺盛、越挑剔，对集群的出现与发展越是好的情况。意大利和法国的酒业集群的产生和这两个国家共同拥有要求质量高和需求特别大的市场不能分开。现今中国由于市场需求而产生的农业产业集群仍不多，发展方向不宽。”①

第四，创新空间大。农业产业集群的创新空间与方向更多来自农副产品创新背景和企业互相创新的空间大。一是农副产品创新资源的空间大。农副产品创新资源包括人才、资金、技术、产品。从人才资源讲，农业产业集群将各方面高级人才聚集在一起，企业吸纳人才的途径越简单快速，人才越能容易地在集群内部获得工作机会，是因为集群内拥有特别多的岗位。从资金讲，农业产业集群能使投资者探知农业产品发展情况，了解分析企业的发展目标和未来境遇，更加放心地把资金投入企业中。同时，

---

① http://www.doc88.com/p-5975645234711.html.

农业产业集群也使投资者寻找投资机会更为方便。因此，农业产业集群更容易获得投资者的资金，从而比单个企业发展前景更为广阔。从技术方面来看，产业集群可以全方位地引进先进的技术，不再是单一企业单一引进，而是大批量、大宗的技术引进，这样有利于农业产业的发展。总之，产业集群能够让集群中的企业得到各类创新资源，对企业快速拥有其需要的资源来进行优化配比有着很好的环境条件。二是企业之间创新空间大。集群内的企业虽然在一个集群，但是它们彼此是竞争与合作的关系，竞争就会产生优劣，处于优势的企业为了巩固优势而不断创新产品、革新技术，处于劣势的企业会不断地改革技术、努力创新，力争在不断的竞争中占得优势，这样良性的竞争就会使创新不断推进，在集群内部形成一套规范的创新体制，从而使创新空间不断扩大，增强整个集群的创新力。“技术创新种类能分成发明家型、实验室型以及创新网络型。创新网络型创新，意思是大部分企业与机构之间合作来进行产品创新或工艺创新。此类创新方法很适用正处于拓展前期的企业，一家企业能和几家企业一起加入研发，用花费不多的成本来获取技术创新而得到的成果。还有政府在技术创新里也有着特别作用，政府能以增加科研预算的方式促进开发新品种，以增加新品种来提高地区中农产品类别的质量。区域内农产品科技水平的增加肯定也增加了农民的收入，让集聚种植得到了加强。”①

第五，合作品牌效应佳。农业产业集聚不断地扩展，得到更全面的发展，将有规模地创收经济利益，让当地的农产品在技术、品种、数量、质量、价格方面竞争力一直增强，渐渐有了品牌效应。单一企业品牌很难凭一己之力走向市场，农业产业集群将多个企业整合形成一个合力，这个合力能够促进企业品牌的产生，将品牌打向市场。同时以网络形式的销售渠道，通过合作共赢来争取在市场上的最大利益。因为农作物受土壤环境、气候环境、自然条件的影响，农产品的质量会有许多不一样的优劣，所以，

① 徐本华．农业产业集群的形成机理分析及政策建议［J］．科技与经济，2012（01）．

建好集群以后的品牌效应的农产品可以让更有实力的企业源源不断地加入进来，共同感受这个品牌所拥有的资源优势。伴着进程的发展，集群网络持续增强，品牌效应越来越强，慢慢形成全部的集群品牌，越来越多的企业建立集群后能同时增强广告宣传投入，建立全面品牌。在宣传方面，独一企业发布广告花销不菲，往往造成浪费，产业集群中的众多企业通过合理开展广告宣传，能使每个企业都受益，并且比单个企业单独宣传更具有说服力，广告效应也会更长久。

农业产业集群产业区是增强农业产业化竞争力的一个顶级方式，为竞争型的农业产业化，同时从产业化与农业产业集群相较思考中交流了农业产业集群的机理。“农业产业集群是多维的、网络型和立体的，它着重每个步骤的专业化分工和合作线性网络——农业产业化里单独企业建立一套产业链，每套产业链互相交流不足且合作不佳，农业产业集群是因许多套不一样的串联模式相接其相应的产业链，每个链条间相互依托一起合作，建成有机网络体系并集聚了农业产业化的线性突出点。相较农业产业集群的网络特性来说，为打散各自的一体化营销与专业化分工，农业产业化着重一体化经营，农业产业集群着重产业互相打散与专业化分工。”① 从农业产业化和农业产业集群的思考能得到，多维、网络、集聚和专业化分工是农业产业集群形成的机理合成要素，所有机理存在的意义绝非单单拓展了产供销一体化的每个作用，同时还使得集群中每个产业建立起有机的网络体系，从而形成产业互相纵向与横向的分工，增强了生产效率；而且，也集聚了专业化的人才资本、技术资本与投资主体，对产业和产品技术创新十分有帮助。

2.2.2 农业产业集群的形成条件

农业产业集群是农业生产于人类世界并且得以建立的确定方向，是一

① 吴晓斌．农业产业集群机理研究——以湖北咸安苎麻产业集群为例［D］．华中农业大学，2007.

种优化资源配置的有利方式，它的形成与党和国家的政策倾斜密不可分，是市场经济顺势发展的必然结果，是资源整合的重要表现形式，是社会经济文化发展的重要体现，它始终伴随着配套服务和基础设施完善应运而生。建立农业产业集群是为增强农业区域竞争力而具有十分优势的发展道路，对当地经济情况改良有着举足轻重的增强作用。并且，农业产业集群也能做成集约经营，增强农业的规模效益，加快农村的城镇化、工业化进程。

第一，社会政策倾斜。中国为农业产业集群建立的大量促进政策对农业产业集群的建立有着很好的作用。主要表现为以下几方面：一是制定农业扶持政策；二是提供技术支持、人才输入；三是制定农业产业集群中长期发展战略；四是发展生态农业，既要金山银山，更要青山绿水。政府利用自身宏观调控的优势，从当地的地理环境特点与市场供有情况出发，在全面形成农业产业集群中起到了增速与促进的作用。独个单位公司因为多种资源制约，无法最大限度地满足市场，所以生产、营销各个方面都有着相当的不确定性，而政府能削减这种劣势。政府以宏观调控给企业提供好的政策，把更多性质相似的企业拉入一个共同圈里，给这些企业技术支持、人员输送、销售渠道，让这些企业形成一个蓬勃向上的态势。

第二，市场经济的必然结果。市场经济（又称为自由市场经济或自由企业经济）为一类系统，在此系统中产品与服务的生产和营销全面由市场的自由价格机制来带领，并非跟计划经济一样来让国家引领。市场需求是农业产业集群形成的必然结果。稳妥固定同时巨大的市场供求为农作物形成连片播种的条件。农产品营销价格的不定性使得农业经济包含相当的风险性，俗话说的“靠天吃饭”就很好地解释了其不确定性。若当地拥有一个固定长时间的供需市场，就能让农民安心地全面种植。在市场经济的今天，大量的市场供求为农业产业集群创造了许多生存与发展的条件，同时也有不断增加的压力，让企业在创新、技术、人员上不断精进，有力保证了农业产业集群的竞争活力。集群的形成更是为农产品的销售提供了一站式服务，使农民更加放心，这样就会有更多的企业加入集群中，从而发展壮大。

农业产业化是现代市场经济条件下实现农业现代化的必由之路。“有序推进农业标准化、规模化、组织化、产业化、信息化、专业化，在加快发展现代农业进程中，产业化可以说是重要载体、主要抓手、紧要环节。由于市场经济的发展和农产品的种类增多、量产增大，农产品市场随卖方市场缓步向买方市场逆转，这个转变就使得农产品市场的竞争增强。”[①]要想在互相争生意的过程中能够生存下去并占有优势的位置，企业就必须采用分工与合作的办法：其一，独个企业有必要跟相关的企业产生合作互利伙伴关系，一起运用这部分相关产业所提供的服务、信息、技术等，组建整体性经营，来降低生产产品的盲目性，投资市场直面销售；其二，用农产品做加工、销售、运输或研发目标的有关企业或机构也迫切想和独个的企业形成长期稳固的合作模式，这样能确保得到市场供给的农产品，同样科研等机构亦可拥有高效的研发或服务。农业产业集群的建立给这种分工和合作方法提供了保证。通过农业产业集群中的每个单位的共同协作，可在农产品的研发、产品设计、市场营销、人力培训和金融的各个点上，拥有高效的网络化合作，形成集体行动的相互机制，使信息的交换更加便捷，改善知识和技术的分散局面，减少合作流程里的制约，以增强集群与个体的市场营销能力。

其三，资源整理集合的体现重点。农业产业集群的建立常常与特别的资源条件、地理优势共存。一个农业产业集群在建立初期，各个资源是分散的、单一的，各个企业手中都掌握着独特的资源条件，将这些资源大力整合，就形成了资源整合体。资源整合体中的企业共同利用每个企业的资源，为了得到更大的利益而发展成为产业集群。农业产业集群区域也拥有良好的自然条件，集群内部物资丰富，企业各显身手，吸引更多的大型企业参与其中，更加充分地利用生产要素。在开创农业生产的过程中，缺少启动资金一直都是关键的限制条件，如何高效地利用国家和社会多个层面的农业投入就显得十分紧要。每个相关单位必须合理搭配，一起合力同拍

① http：//news.hexun.com/2015-10-01/179593217.html.2015. 刘毅 .

做事，增强资金合作协作综合利用的程度，在现有的各样支农资金投入方向比较确定的条件下，依照“统筹规划、明确分工、各负其责、加强配合、规范管理、运转高效”的方针，增强每个单位的协作与各类资金的统筹规划，寻求一条投资稳妥的道路，加强政府支农的投入宏观调控水平与程度。

其四，社会经济文化开创的显著呈现。社会资本是农业产业集群促成与成立的重中之重。农业产业集群中社会的链条线以资本渗透、长期合作的合同与协议、企业信誉、人际关系、传统习惯等为纽带联结而成。因此，社会经济文化的发展对农业产业集群的形成具有重要的影响。第一，社会经济文化的发展使得人民生活水平提高，对于产品的要求越来越高，使得企业之间不得不建立起紧密的合作关系。这种合作关系可以适应市场需求，适应消费者需求，也可以使企业得到越来越多的生产要素，增强企业拓展水平，促进农业产业集群的建立。第二，社会经济文化的共同认可感，可加强企业内部的凝聚力，促进形成人员的合力，进而促进农业产业集群的有力发展。

不同地域的农业产业产品由于区域发展历史、地理位置、资源分配等不同，形成了特有的农业加工产品，经济文化的设限让特色农业产业集群自动建立。尽管这种形成受到新兴技术、改革创新、资源引进等多方面的影响，但由于当地农业传统文化所形成的地域品牌效应，使相关产业在该区域集聚，且蓬勃发展，如甘肃省马铃薯产业的发展，就具有地方特色的文化传承特征。

其五，与之相适应的服务与基础建设日臻加强。相适应的服务和基础建设的日臻加强能为企业带来保障，能促进农业产业集群的建立。政府在产业集群的配套服务和基础设施完善中发挥主导作用，金融机构、服务类行业、技术设施、交通、教育等都属于配套服务和基础设施，这些基础设施建设如果滞后就会制约农业产业的快速发展，特别是在西北欠发达地区。俗话说“要想富，先修路”，政府在改善交通、水利和通信等民生方面起到了重要的作用。政府在集群中发挥自身公共管理的主体优势，敦促各个职能部门在集群中搭建民生平台，加强企业与职能部门的联系，让相适应的服务与基础设施高效发挥作用，所有相适应的服务与基础设施能为集群的建立提供强有力的保障，同时，作为加快农业产业集群建立的必需前提，其也有利于集群的长远发展。“公共物品存在特殊性，经过市场行为不容易被高效提供，但公共基础设施亦是限制产业成气候的关键所在。很多质优品高的农牧产品没有建立成气候生产，未冲出当地的小市场，交通的制约是一个十分严重的障碍。”① 加强政府对公共基础设施的投资，能够加强提升本地竞争力和可发展性。第一，加强公共基础设施建设，减少企业的运营投入，让集群中的单位和集群外的各个公司都能有较为便利的竞争条件；第二，企业集聚拥有的成气候的生产，亦会让公共基础设施的发展更加完善。

2.2.3 农业产业集群的发展路径

我国农业生产很长一段时间都受到“规模小、经营分散”的家庭联产承包责任制的限制，没法与发达国家农业自动化生产、专业化生产、规模化生产和集群化生产的现代农场相比较，处在全球农产品贸易市场中的不利位置，经济效益落后。从 20 世纪 90 年代起，中国农业政策开始重视农业产业化的规划发展，但是农业产业化重点在产业数量上扩增，却未重视产业规模、技术等的增加，农业生产从业者尽管可以依赖持续加大规模来提升效益，但没法得到比较多的经济利益。为提升中国农业生产效率和加强中国农产品在全球的竞争力，农业产业集群在此时开始建立。农业产业集群是我国综合国力提升、农业经济水平达到一个阶段的必然趋势。由于中国农业经济开发的持续向前与国家政策的配套实施，中国也渐渐有了定西马铃薯产业集群、新疆棉花产业集群、云南花卉产业集群等现代化农业产业集群，但是和西方国家的现代化农产型产业集群相比，中国还是在水平低下阶段。因此，农业产业集群化就是中国开发现代农业的未来趋势，这对农业生产转向现代化、转变农业生产模式和农业生产思考

① 徐本华 . 农业产业集群的形成机理分析及政策建议［J］. 科技与经济，2012（01）.

模式、开创科技农业具有十分重要的意义。

较落后地区农业经济的主要特征是经济发展水平相对较低，大多从事农产品的初加工，主要是以家庭手工作坊为主。在经济较落后地区培育和发展农业产业集群是实现由家庭手工作坊形式的农业聚集向现代农业转变的必经道路。所以，要想达到农业的产业化和现代化，一定要结合各地不同的产业条件，把相关的产业集群化，实现农业产业共同发展，增强地方农业的市场竞争力，促进地区经济又好又快地发展。

第一，促进一、二、三产业融合的政策是农业产业集群发展的方向性政策。

根据国家政策法规，完善工业、商业资源进入农业的相关政策，根据产业融合的动因理论，放松制约和降低进入集群的条件可以促进各大企业进驻的欲望，促进各个产业融合发展。如今，我国已有大量工业、商业资源开始逐步进入农业产业，但是出于粮食安全、耕地保护、农民利益和环境保护等方面的担忧，工业、商业等企业从事农业生产活动仍受到许多限制，工商企业无法在一个地区形成稳定的发展，制约了一、二、三产业的相互融合、共同发展。因此，对于工业、商业资源到农村发展产业集群的情况，应该遵循注重“疏导”减少“严堵”的原则，各地农业发展应出台相关政策鼓励和引导工业、商业资源，以便一、二、三产业相互融合。共同研发新品种、新技术，在生产服务、农产品加工、储藏、物流、销售、品牌建设等领域形成大的产业集群，同时也要强化工业、商业资源进入农业后的各种管制，保证农村土地、农民利益等不被侵害。

要想一、二、三产业融合互动，就要打破单一家庭手工作坊式的农业生产模式，过去的土地、资金、人才政策将无法适应现代农业集群的需要。例如，建立以休闲娱乐为主的农业产业，就需要酒店、游乐设施、生活服务设施等配套设施，这就需要占用更多的土地，但土地问题往往难以解决。而且，农用地上的附着物一般不能用于抵押贷款，现有的人员培训方式和人才引进策略也无法满足一、二、三产业相互融合的需要。所以，应开发一些项目来促进和激励一、二、三产业的相互融合，获得一、二、三产业相互融合的项目可以率先拿到土地使用权。同时，增加农业技术培训经费，支持成立“农民大学”，培育各类一、二、三产业融合急需的人才，实施技术人才下乡计划，为人才开辟“绿色通道”，采取各种灵活方式引导各类人才向农村流动。

当前的政府机构和财税政策是按照传统的产业分类配置的，一、二、三产业融合互动将会导致大量不同产业间的互通，所以应及时完善政府机构设置和相关财税政策，用以推动产业集群的发展。为此，应组建更具执行力和协调力的政府机构服务于一、二、三产业融合互动，整合农业产业化组织、农副产品加工、休闲娱乐为主的农业、农副产品售卖等涉及农业产业领域的政策扶持，以促进农业产业集群的发展。对促进一、二、三产业融合的企业给予各种税收的减免，政府应从本级财政中列支促进一、二、三产业融合互动发展的专项资金，对涉及农业产业集群发展的各类项目中需要得到水电、通信等基础设施建设、农业产业集群基地建设、产品储存、物流工厂等配套设施、品牌建设与质量把控、人才培训和引进等方面给予财政补贴和各种支持。

推动生产技术和商业发展模式的创新在不同产业间的应用和普及，可以创造新的市场需求或激活潜在市场需求，降低产业间融合互通的成本，简化供应程序、管理方式，加快产品供应速度，改善服务水平，更好地满足用户消费体验和产品需求。与此同时，商业发展模式的创新和应用可以更高效地将生产技术投入转变为经济效益产出，降低新技术导致的市场不确定性，将不同产业间的技术融合演变为产业融合。所以，农业与其他产业的融合互动也需要借助技术和商业模式创新。然而，现阶段，我国广大农村地区新技术和商业发展模式的普及还远远不够，为此，不仅要继续支持新兴信息技术和生物技术产业的创新能力建设、知识产权保护、科技成果转化以外，还要借鉴国内外先进经验，允许商业发展模式创新的企业申请成为高科技企业，享受相应优惠政策，并发展一、二、三产业融合互动商业发展模式示范产业，扶持、宣传和推广示范工程。同时，通过政府支持和激励，移动互联网等新技术和电子商务、定制服务、物流等新型商业发展模式在农村普及，并不断开展面向农民和农民工的新技术和商业发展模式宣传教育，向农村补贴用户宽带费用，物流快递企业加快开展农村地区业务、建设配套物流厂区，并且给予政策支持，将农业产业集群互联网化作为农村信息化的核心。

扶持农业产业集群与综合农业合作开发，加速农业产业集群建立成一、二、三产业相配套相融合的优质的市场条件，产业集群能借力集聚条件与市场相融合，让产业融合不单单能产生产业集群，也能产生在产业集群相互彼此中，有的产业融合会放大或加速市场竞争时生产要素的创造力，并鼓励专业化和投资。然而，我国农业生产仍以分散经营为主，尽管中国各省市创立了许多农业产业园区，可这些园区的单位企业多是各自为营的销售方式，互相联系不强，未生成比较有效的产业集聚效果。因此，要加快产业集群的发展，把生产要素向有条件的产区汇集，创立集群化农业种植基地，依照产业集群体系建立各种农业产业园区，采用相关产业一起引资模式，改善农业产业集群里每一个产业不一样的发展要求。按照“政府引导、企业为主”的模式，在产业园区中打造农业产业集群整合组织，一起规划产业集群开发方向的方案，增强集群中单位企业互相联手，建立集群交流文化氛围，一起申请政府资金，拓展跨区域、跨国往来生意，增强产业集群品牌营销管理。

第二，品牌战略是农业产业集群发展的首要路径。

一个优秀的品牌战略能够带动其整个区域产业发展，加快一片地区产业集群的建立，是农业产业集群可持续发展的重中之重，走“绿色、共享、发展”的品牌战略，是发展农业产业集群及现代农业的必然走向。建立当地特色资源的特色地区品牌是形成农业集群化开发的关键。在国内外日趋竞争激烈的农业市场环境下，建立绿色农业品牌策略是全球每个国家高效配置农业资源、增强农业经济利益的不竭动力与发展源泉，是提高国际市场竞争力最有利、最重要的途径。荷兰花卉业享誉全球，在国际花卉市场上持续走强 20 多年，成为荷兰农业的朝阳产业和出口创汇重要支柱产业，是未享有欧盟农业补贴的支柱产业之一，使得荷兰成为世界第三大农产品出口国。荷兰花卉产业之所以取得如此骄人成绩，离不开荷兰世界级的花卉区域品牌，它较大地提升了农产品品牌竞争力，赢得了世界市场的认可，花卉产品畅销海内外。法国葡萄实行严格的依据葡萄产地的土地、产量、品种、酿造工艺的分级与品质管理体系，维护法定产区的葡萄酒优质品牌，每年举行新的葡萄酒推介会，打造富有市场影响力的葡萄酒品牌，为法国勃朗第干葡萄酒畅销各大洲创造了购买市场。美国加州葡萄酒产业通过走绿色农业产业集群品牌战略发展道路，创造了具有世界影响力的集群品牌，提升了美国葡萄酒业的综合价值，吸引葡萄业的生产、加工、物流、销售等环节企业相互集聚，发挥集群内葡萄科研院所、行政服务管理部门的资源协同、组织协同、管理协同和服务协同效应，降低葡萄业的产、供、购、销成本，从而推动加州葡萄农业产业集群良性循环发展。①

如今区域经济开发渐渐产业集群体系化，很多专家认为应该有农业产业集群的地区品牌化创立、对产业集群的农产品地区品牌化理念的思考，在产业集群的前提下，以农业产业化为基础，将一片行政或者经济地区作为轴心，建立适合当地的全面整合的优等农产品和支柱品牌，引领大部分农业企业与农业劳动者，加强地区农产品核心品质，增强此地区的经济开拓。在工业品生产中产业集群的品牌化应用广泛，波特采用“声誉”或“名声”一词概括产业集群发展所累积的集群整体品牌形象，强调“集群不仅降低交易成本、提高效率，而且改进激励方式，创造出信息、专业化制度、名声等集体财富”“每个集群总是在持续不断地提高某地在特定领域的声誉，这一行为使得买者转向卖者集聚地的可能性更大”②。所以，农业产业集群不单单组成农村经济发展的框架脉络，也是这片地域增强竞争力的强有力的方式，其能把外部经济、规模经济等联系起来，进而拥有产业竞争特点。

---

① 黄福江，高志刚．发达国家农业产业集群发展经验与我国路径选择［J］．商业经济研究，2015（24）．

② 章一柳．农产品品牌集聚理论与现实基础解析——基于浙江省的实证分析研究［J］．中国集体经济，2013（09）．

产业集群以其规模优势、专业分工和协调发展表现拓展的各项优点，在整个行业内形成强有力的竞争力。

如今，品牌在每个行业都是能力水平的证明，农业产业品牌创立是大势所趋。现代农业产业品牌不单含有地区质量水平还包含产业集群，产业集群为农业产业品牌创立的前提，唯有创立产业集群，才能提升整个产业的水平，升高其价值，吸引更多尖端人才和技术支持，构筑具有更强竞争力的产业集群。从产地到品牌再到产品的农业产业集群品牌模式必须依托政府、农户和企业的三方共同协作，政府主要推广地区宣传，企业致力于品牌建设，农户通过技术让产品更加优质。政府协调好农户、企业的关系，通过集群内部的自我审验检查做好产品质量工作，单位企业做好品牌的创立宣传工作，三方共同配合，将地区品牌做响做亮，引领企业产品品牌化，最终创立拥有影响力、品牌名号反响好的农业产业集群品牌，让农业产业发展持续向前。

第三，“互联网+”战略为农业产业集群建立的展望。

“核心企业＋全产业链增值”的创新路径是指具有带链竞争能力的核心企业通过产业链的纵向延伸和横向拓展，将全产业链上各环节业务单元网络化聚合起来，借助互联网技术，整合现代农业科技、信息、金融等现代服务业，建设涵盖生产、加工、物流、销售等方面的全产业链服务体系。[①]在重点单位企业的带动下，老模式开发方式中的农村合作社、农业支柱企业、农产品手工业行业等模式的营销体在这个系统产业链的各自岗位上体现出自己的能力，组成高效的衔接配合。这类经营体能使重点单位企业成为创新途径上最为基本的资源，它们不仅在这个系统产业链条中选择自己所求的需要，也可为整个系统与系统上别的企业带来自身所具有的服务，能促进整个产业链每个链接资源的完善，让产业链中的服务变得更为细化，增强整体服务水平与效率。

在整个产业链最高端的大范围播种、园艺建设、畜牧业水产养殖业的

---

① 寇光涛，卢凤君．“互联网+农业产业链”的实践总结与创新路径[J].农村经济，2016(08).

历程中，农业合作社的劳动者必须改变生产模式，形成一个“购买者需求什么再生产什么，购买者需求量是多少再生产多少”的理念，依照市场而定产品，经过大力宣传农业订货生产，处理生产面对的优秀产品不能以较高的价格卖给消费者的情况。为增强高品质农产品的市场核心竞争力，产业链最高端的生产者依托核心企业拥有的“互联网＋”智能化、便利化等方式，大幅度提高农业生产方面的水平，加快生产营销模式的完善。全新的营销方式不仅可以为生产者带来更多层次的、价格有优势的农业生产要素运输服务，而且还能为他们带来农业知识、人才引进宣传、农村用地等服务。

以农业支柱企业引领的产业链中间阶段——加工交流为例。农业支柱企业依照国家改革的目标，降低无用产能的资金，完善农产品供给侧发展的构成。整个产业链上的大单位大企业利用市场改善机制，把产业集群里的生产资料优化组合。许多大企业从以前单一地增加市场规模，转变成利用自身特点，建立农产品深度加工与运输的整体化工厂，塑造一代特长技术人才，在行业里遥遥领先，创立全体行业的模范。企业自带农产品加工运输系统，完成自加工商至服务商的变化。

以每个产业联盟引领的产业链终端——消费阶段为例。全部产业链终端能够依赖产业协会，使用电子商务不仅可以创立营销通道，在市场里形成配合，同时也为有关企业成员提供综合整理后的信息、政策、质量、融资等服务。适用电子商务让协会合作更加方便，使用大数据整合准确找到客户群所在，依照消费者的需要来引领农产品的生产和销售，完成农产品无剩余，在根本上改善产品目标不清楚、产品剩余的情况等。政府出面监管利用电子商务联盟产出产品的质量，整体达成农产品质量从产地可追踪的目标，敦促农产品生产劳动者提高农产品品质，形成诚实有信用的营销意识，增加高品质农产品市场知名度与占有率。

农业互联网服务为“平台生态圈＋中小企业集群”创新道路形成提供科技能力基础。对于产业链阶段而言，生产环节的初级农产品的质量检测相对较为容易，也最容易被加工企业忽视。运用互联网的信息集成、远程控制、数据处理等农业物联网服务，可以从源头上杜绝任何存在质量缺陷的初级农产品进入流通环节和消费市场。采取的具体措施包括：一是大面积种植过程中的准备、生产、收货环节都将基于互联网技术，实现土地使用、施肥插秧等均使用现代化大型农业机器智能化、高效化等精确定量生产，并与水土资源、农业资金补贴、大数据结合，实行农业产品质量安全、生产、产能监测监管；二是在畜禽业、水产养殖业、农业设施等领域，建立严格的农业产品质量保障机制，进行农业产品生产的全程质量监控，建立终身追责制，保障农业产品质量绝对过关。

农业农村的互联网使用效率较低，基础设施不完善，给“互联网＋农业产业链”的发展造成了一定的制约。政府需要整合利用已有的资源，着力突破各部门、各行业、各企业之间的诸多障碍，由政府牵头，农业产业有关企业、行业商会、产业联盟等多方参与，建设覆盖全面的农业产业信息化和网络化，选出最为优质的农业生产基地、加工物流基地和对外销售基地，作为“互联网＋农业产业链”资源配置的示范区域，提升全产业链信息系统互联互通和业务互通。农业科技服务需要在优良种子的选取、生产规模化的加大、农业智能化普及上持续加大支持力度，提高农业生产效率；在农业信息服务上，需要及时准确地把握产业链各环节的生产、管理与经营信息，提升全产业链运营的决策水平；在农业金融服务上，完善农业金融服务支撑体系，优先筛选链条上有能力、有潜力的资金需求者，为其提供及时的、全方位的资金支持。

第四，特色农业战略是农业产业集群的特色路径。

特色指的是经济发展的地域性、独特性和差异性。特色农业则是在农业发展的新阶段提出的一种新的发展思维与发展模式。特色农业是指在特定区域与资源优势条件下，通过发展与市场经济相适应的特色农产品与农业多功能服务，形成具有明显特色、有很强市场竞争力和显著经济效益、有一定生产规模和产业化程度的农业生产与服务体系。[①]

① 苏师苗 . 特色农业园区引领三明现代农业发展［N］. 三明日报，2014-06-27（A01）.

特色农业的内在要求：首先，地域性特征。农业依赖于资源与环境，特色农业所要求的气候、物种、技术水平和生产条件是非常严格的。环境和资源作为农业生产最重要的要素，在一定程度上决定着区域特色农业发展的方向和模式，是特色农业的基础支持系统。由于特色农业建立在独特的区域资源基础上，在生产上局限于特定区域范围，其产品具有特定的市场，满足特定消费需求，并形成专业化生产，因而具有明显的地域性。其次，独特性特征。所谓独特性，就是要做到“独一份”“我最优”。“独一份”是指本产品只有本企业才能够生产，即使在同样的条件下对手也不可能生产出一模一样的产品。“我最优”是指在众多企业生产的产品中，只有本企业生产出的产品才是质量好的产品。独特还包括祖祖辈辈相传的手艺，祖辈们在各个不同的区域，在种植、养殖、加工方面有自身优秀的特色和绝招。特色农业是对传统农业的继承和发展。发展特色农业应当继承，而不是简单的创新，更不是想当然地重新组织。特色农业所生产的农产品和提供的服务具有独特品质，这是特色农业区别于常规农业的显著标志，是特色农业发展追求的重要目标。再次，规模性特征。发展特色农业要发展一条龙经营模式，将特色农业各个环节联系起来形成一个完整的产业系统，实现特色农业稳定、持久的规模经济。通过规模化、产业化强化其区域优势和产品优势，形成优势循环网络，进一步提高特色农业经济效益，对当地经济起牵引和带动的作用。最后，效益性特征。在市场经济条件下，特色产品要通过市场去实现其价值。而市场是一只无形的手，制约和引导着特色农业发展的规模与方向。一方面，市场需求促进和催生了特色农产品的流通与消费；另一方面，市场竞争可以实现农业产品的优胜劣汰，推动和促进特色农业的发展。所以在选择特色农业发展项目时，既要考虑效益，更要考虑市场需求，考虑消费者的消费能力。特色农业是针对市场需求开展的农业生产活动，特色农业的最终目标是实现较高的社会经济效益，提高农业的经营收入，增加农民收入。因此，发展特色农业必须是有效益的，而且必须有较好的效益。

第五，创新战略是农业产业集群发展的必经之路。

农业产业化经营组织创新，一方面表现为各类农业企业节约成本、增加效益、优势互补，为增强企业竞争能力、抵抗风险能力和可持续发展能力，而努力扩大生产和追求经济效益；另一方面，表现为各类农业企业之间为增强互助协作和互联网作用，更好地对接市场增强竞争优势，而采取的产业链一体化行动。农业企业的创新，往往表现为集聚化、专业化、社会化、网络化相结合的新型农业企业经营的形成和发展。集聚化发展，有利于解决农业产业化过程中联系不紧密、生产松散、创新能力差等问题，也能够使企业之间互相联系，节约成本，提高技术，加大产出。强调专业化，有利于更好创新，促进农业产业化经营更好地实现节约成本、增加产能、降低产业风险，但也对生产和服务提出更高层次的要求。注重网络化发展，是在构建新型农业企业的过程中，将普通的生产销售转变为大规模的网络渠道销售。

影响农产品产业化经营的因素复杂多变，参与者众多。在深化农业企业创新的过程中，不同农业企业面对的共同问题是如何越来越强，形成集团式规模。按照曼瑟尔·奥尔森对集体行动逻辑的分析，小集团比大集团更容易组织集体行动，相容性集团组织集体行动需要提供有选择性的激励——对集体的每个成员区别对待。当大集团是小集团的联邦时，有选择性的激励更容易组织集体行动。[①] 借鉴这种思维方式，为了强化农业产业化经营的创新模式，必须对农业产业化过程中的核心企业提供激励机制。发展农业产业化的过程，实际上也是农业产业链不断深化、产业之间互联互通不断深化的过程。随着信息技术的发展和产业链深化、产业之间互联互通更紧密，不同农业企业之间的联系会从单一联系转化成网络联系，核心企业在农业企业中的整合、协调作用更为关键。在深化农业企业创新的过程中，要增进不同农业企业间的互联互通和合作，要形成农业产业化行业协会或产业联盟，特别是农业产业化集群和产业区的发展取得一定的成绩，往往是因为这些产业集聚的组织内部各个企业之间的资源、能力得到

---

① 曼瑟尔·奥尔森.集体行动逻辑［M］.上海：上海三联书店，1995.

有效的发挥和互通。核心企业具有更大的社会责任意识，正如许多学者对产业区的研究所揭示的，制定新的产业区政策，应承认领航企业的主角作用，促进价值链向国外开放，并鼓励中介机构的创新。当新型农业产业企业出现互联网发展趋势时，更要注意培育能够发挥新技术、重用高端人才的核心企业。

第六，物流和信息服务是农业产业集群发展的一个路径。

加强物流和信息服务，建立健全物流服务体系。独立的、有资质的物流、信息公司在农业产业集群发展中具有十分重要的作用：首先，有利于农业产业集群整体化发展，形成快速的市场信息交流，保证供应的及时性。其次，减少整个链条上的资金投入，提高企业竞争力。再次，能够使农村剩余劳动力动起来，使农业产业集群成为提高农民收入的重要途径。农业产业集群不是单独、孤立发展的，必须有一个完善的物流服务及配套设施体系，包括：其一，各种规范的咨询和中介服务机构，如管理、技术、信息、人才、财务、金融、法律等方面。其二，完善的创业咨询服务中心，依托大学、科研机构和高新技术企业，组建能够为产业集聚提供技术的咨询平台。其三，教育培训体系，提供高精尖人才的保障。同时根据不同企业的不同发展阶段和不同业务范围，提供相应的服务，为促进产业集群发展提供良好的发展基础。最后，完善集群中间产品市场体系，强化各企业间的互连互通，打通互联网销售。

根据农业产业集群的内部构成以及物流产业在集群中的重要地位，农业产业集群物流支持可分为两方面：一是农业产业集群中心的物流，二是农业产业集群周边的物流。农业产业集群中心的物流，是指在农业产业集群中主导农业产业的重点核心企业，以及与其在同一产业链上的农产品供应链与第三方物流服务商共同组成的农业产业集群的最中心部位。这主要缘于农业产业集群的产生与发展主要是多个单一的家庭手工作坊形式的企业围绕一个主题整合而来的，随着农业产业集群的升级和跳跃，农业产业集群内部分工的细化，农业产业集群企业物流方面会选用第三方物流商，让其与农业产业集群企业合作，成为农业产业集群生产链条上不可或缺的一部分，共同为农业产业集群的中心部分服务。农业产业集群周边的物流，是指农业产业集群物流周边的配套设施，这也是共同服务于产业集群内部不可缺少的部分。

（1）国外研究现状

国外对农业产业集群的研究主要可归纳为三个方面。

一是农业产业集群的内涵与分类。国际经合组织（OECD）将农业产业集群列入“部门或层次产业的范畴”，把其定义为“一组在地理上相互邻近的、以生产和加工农产品为对象的企业和互补机构，在农业生产基地周围，由于共性或互补性联系在一起形成的有机整体”。美国俄克拉荷马州劳动力与经济发展理事会认为农业和食品加工产业集群包括农业生产活动、农业支持活动和农业增值加工活动，卡西诺司塔和汤姆普森把农业产业集群按照组成标准分为农业生产集群、加工集群和农场投入制造集群。[①]

二是农业产业集聚效益的实证研究。Henry（1996）、Marton（2002）、Kelsey （2004）、Suren（2005）对农业产业集聚的经济效益进行研究，Schmitz（1995）、McGranahan（1999）、Scorsone（2002）、Feldman（2005）对农业产业集聚的社会效益进行研究；Porter（1999）、Associates（2002）、Visse（2004）对美国加州葡萄酒产业集群和南非花卉产业集群以及荷兰花卉产业集群进行调查研究。

三是农业产业集群政策研究。杜能在他的代表著作《孤立国同农业和国民经济之关系》（1826）中首次提出农业区位理论，系统阐述了农业产业布局。Peneder（1997）对澳大利亚产业集群进行深入研究，他认为这种方法有利于确定最好的政策，并且对微观层次的系统反馈机制较为敏感，随后，强调了制度障碍的消除以及制度扭曲的重要性。进入 21 世纪之后，以 McGranahan（2001）、Cairney（2002）、Jerry（2003）、Joong-wancho（2004）

① 唐玲．广西特色农业产业集群化发展研究［D］．广西大学，2013.

为代表的研究者认为农业产业集群发展需要政府更加重视对公共设施的投入，不同类型的产业集群扶助政策也应有所差别，政策之间的配套协调会影响最终的有效程度。

（2）国内研究现状

国内对农业产业集群的研究主要体现在四个方面。

其一，农业产业集群的定义。吴河（2008）认为农业产业集群是以农业产业链为主要核心，以农业生产的专业化和分工为基础，通过大量的生产性服务、企业流通以及相关组织形成的竞争合作关系。宋玉兰（2009）认为，农业产业集群是指农业生产基地和农业关联产业在一定区域范围内的集群现象。[①] 李春海（2011）对各种不同的定义进行综合，最后总结出农业产业集群是一种由农户、企业、中介组织和服务机构等组成的空间形式。王晓（2012）将农业产业定义为某一特色农产品，或者说其生产基地在某一范围内，并在空间上集聚形成具有独特竞争优势的有机群体的现象。周新德（2013）对绿色农业产业集群进行研究，绿色农业产业集群是绿色农业的产业化发展、产业的空间集聚而形成的一种产业组织形式，其内涵是绿色农业和产业集群的有效统一。[②] 陆萍和陈晓慧（2015）对农业产业集群的概念和演化特点进行辨析，并且提出了农业产业集群化的相关对策。[③] 晏小敏和李启平（2016）对农业产业集群与农村劳动力迁移、城镇化的关系进行研究，并且得出农业产业集群对农村劳动力具有促进作用等结论，对中国城镇化均衡发展做出重大贡献。[④] 乔金杰和赵旭强（2017）从城乡发展一体化角度出发，对农业产业集群影响的门槛效应进行深入研

① 唐玲．广西特色农业产业集群化发展研究［D］．广西大学，2013.

② 周新德．绿色农业产业集群的内涵、特征与效应分析［J］．湖南社会科学，2013（06）：141–144.

③ 陆萍，陈晓慧．农业产业集群概念辨析、演化特点与发展对策［J］．农业现代化研究，2015（04）：575–579.

④ 晏小敏，李启平．农业产业集群与农村劳动力迁移、城镇化的关系研究［J］．求索，2016（02）：93–96.

究，得出农户企业化是农业产业集群的关键因素等结论。[①] 刘学华和杜建军（2018）对农业集群、信息获取与农业收益进行研究，通过实地调查数据得出了一些启示。[②]

其二，农业产业集群的类型。王建国（2005）依据农业产业的不同发展阶段，将农业产业集群分为五种类型：纵向一体化型、公司加农户型、同心多元化型、龙头互补带动型和市场中心型。王爱东等（2007）则根据我国农业产业集群的不同发展模式，把农业产业集群分为养殖业产业集群、种植业产业集群、农产品流通产业集群、农产品加工产业集群和农业科技产业集群等。丁雪梅（2010）将中国农业产业集群的发展模式分为四种：合作组织带动型、龙头企业带动型以及专业批发市场带动型和高科技产业带动型。胡平波（2011）对江西省特色农业产业集群的形成与发展进行深入研究，主要是对文化生态机理进行研究，并强调了文化生态的重要作用。[③] 剡谨（2012）以甘肃定西的马铃薯产业为例，对西部欠发达地区特色农业集群进行研究，提出了若干思考和对策。[④] 许烜和刘纯阳（2014）通过 GEM 实证模型进行分析，对湖南粮油加工产业竞争力进行研究。[⑤] 卫龙宝和李静（2015）以安徽省为例，对农村产业集群主体合作关系进行研究。[⑥] 李铜山和杨绍闻（2017）对现代农业发展的动力机制和对策取向进行研究。[⑦]

---

① 乔金杰，赵旭强．城乡发展一体化对农业产业集群影响的门槛效应［J］．经济问题，2017（03）：50–55.

② 刘学华，杜建军．农业集群、信息获取与农业收益［J］．经济经纬，2018（04）：1–11.

③ 胡平波．江西省特色农业产业集群形成与发展的文化生态机理［J］．华东经济管理，2011（07）：19–22.

④ 剡谨．西部欠发达地区特色农业集群研究——以甘肃定西马铃薯产业为例［J］．西北农林科技大学学报，2012（01）：28–31.

⑤ 许烜，刘纯阳．湖南粮油加工农业产业集群竞争力研究——基于 GEM 模型的实证分析［J］．经济地理，2014（02）：120–124.

⑥ 卫龙宝，李静．农业产业集群主体合作关系对农户和关联企业收益的影响分析——以安徽省为例［J］．江西财经大学学报，2015（01）：75–84.

⑦ 李铜山，杨绍闻．论现代农业产业集群发展的动力机制及对策取向［J］．中州学刊，2017（04）：43–49.

张月莉和王再文（2018）对美国“新奇士”品牌进行探索性研究，对农业集群品牌的经营价值进行研究。①

其三，农业产业集群的特征。任青丝（2007）分析了农业产业集群典型案例，对农业产业集群的特征进行总结。于聪（2009）对农业产业集群的特点进行归纳，得出其以农户为基本主体单位、具有地域性、较强的可持续发展能力、自然风险特征强等结论。尹慧娟（2010）归纳后认为，农户是产业集群的基础，网络交织的产业链条、较强的地域性、发达的农业合作关系、农业技术水平的优势是农业产业集群的特点。陈淑霞（2012）将其特征总结为：产业关联效应大，产业链为多维结构，集群成员要素聚集效应强，专业化分工明确，农户是基础单位，农业合作体系健全，存在共同的历史或传统。张五钢（2013）对河南省农业产业集群进行深入研究，并对河南省农业产业集群过程存在的问题进行分析和提出相应的对策。②张月莉和刘峰（2015）对农业集群品牌提升的关键影响因素进行深入总结和研究，得出价值链体系建设具有重要作用的结论。③储霞玲和黄修杰（2017）对农业产业集群创新网络研究进展进行研究和简要述评，并对未来做出了展望。④

其四，农业产业集群的形成。张冠兰（2005）认为，农业产业集群的形成受外部因素和内部因素的影响，外部因素有区位、经济和社会环境，内部因素指规模化、合作性和依赖性的动力。⑤李家明（2008）提出，农业产业集群的驱动因素有龙头企业市场化、分工与专业化、企业家的精神

① 张月莉，王再文．农业集群品牌经营主体价值共创行为产生机理——美国“新奇士”品牌的探索性研究［J］．经济问题，2018（04）：40–45.

② 张五钢．河南省农业产业集群研究［J］．地域研究与开发，2013（08）：156–159.

③ 张月莉，刘峰．农业集群品牌提升的关键影响因素研究［J］．经济经纬，2015（01）：31–36.

④ 李嘉明，衣亚苹．产业集群发展与＂五个重庆＂建设及财税扶持政策研究［N］．重庆大学学报：社会科学版，2011（2）.

⑤ 李嘉明，衣亚苹．产业集群发展与＂五个重庆＂建设及财税扶持政策研究［N］．重庆大学学报：社会科学版，2011（2）.

动力、农户的利益动力以及地方政府利益动力。[①] 徐胜华等（2009）对于湘西地区农业产业集群的形成机制进行了深入研究。张晗、乔朋华和黄海平（2011）对农业产业集聚的效应和影响因素进行研究。刘萍（2011）以河南省鄢陵县花木产业集群为例，着重研究知识网络对农业产业集群形成的影响。徐本华（2012）结合驱动因素对于农业产业集群的发展进行分析，最后提出相关建议。[②] 张萌（2014）对农业产业集群的形成机理进行深入分析，并提出相关对策和建议。[③] 李铜山（2016）对现代农业产业集群的形成机理与策略进行研究。

2.3　马铃薯产业集群研究概述

农业产业集群种类繁多，为了能更深入地研究其绩效评估，特选取马铃薯产业集群绩效评估作为最主要的聚焦剖析对象，故而专门针对该产业集群的国内外研究予以文献综述。

2.3.1　国外研究现状

Manrakhan（1975）研究了 1963 年以来毛里求斯马铃薯生产的相关支持性政策措施对马铃薯产业发展的影响作用，认为应该展开更多涉及马铃薯产业发展的绩效研究，从而促进马铃薯产业在未来的良好发展，增强马铃薯产业竞争力。[④]Love（2002）通过研究发现，对于马铃薯的研究有利于马铃薯产业的发展。Fuglie、Adiyoga、Asmunati（2006）通过建立模型，对马铃薯的市场需求进行了深入研究，并且得出结论：信息不对称对市场的供应有一定影响。Glasbergen 等人（2008）通过考察荷兰马铃薯供应链的周边网络背景，采用连锁网络的方法，从企业管理及公共管理两个角度对有机马铃薯的生产

① 唐玲．广西特色农业产业集群化发展研究［J］．广西大学，2013（05）．

② 徐本华．农业产业集群的形成机理及政策建议［J］．科技与经济，2012（02）：62-66．

③ 张萌．浅论农业产业集群的形成机理及政策建议［J］．现代商业，2014（06）：35-36.

④ 马林旺．甘肃省马铃薯产业竞争力及其影响因素研究［J］．四川农业大学学报，2012（06）．

因素进行了深入研究，发现马铃薯链条中各个角色之间也存在着相互依存关系。Muthusamy、Mcintosh、Patterson（2008）通过使用自回归条件异方差模型，对美国爱达荷州在进行合作之前和合作期间新鲜马铃薯的价格形成进行了深入分析，对合作社在爱达荷州新鲜马铃薯市场上的影响力大小进行探究，并发现在有合作社时马铃薯的价格波动相对较小。Keijbets（2008）对全球马铃薯的加工业状况进行了描述，并从马铃薯的产业发展、消费以及新产品发展等几个方面研究了未来马铃薯加工业的发展趋势。Rana 等（2010）基于印度马哈拉施特拉邦州 442 个家庭的调查数据，对其马铃薯的加工品消费进行统计分析，从而对印度马铃薯加工生产做出了展望。Onaran（2010）对土耳其马铃薯产业发展进行了总结，在土耳其马铃薯产业过去发展和现状的基础上，评价了土耳其马铃薯产业发展的优势和劣势，并提出了增强马铃薯产业竞争力的路径。Scott（2011）利用世界粮农组织（FAO）的数据，对 20 世纪后半叶以来拉丁美洲马铃薯种植面积和产量与马铃薯生产增长率最主要变化趋势的关系进行了深入分析，总结出影响马铃薯产业竞争力的最主要因素为：马铃薯的消费水平、生产技术以及营销方式。

国外的研究通常立足于某一区域，运用经济学、管理学的相关理论和方法，构建模型进行定性分析，结合调查数据进行定量研究，归纳影响马铃薯产业集群发展的主要因素，有针对性地提出能够增强马铃薯产业集群竞争力的对策。

2.3.2 国内研究现状

国内研究马铃薯产业方面的成果比较丰富，按照研究对象区域可以划分为宏观研究和微观研究两个方面。

对于马铃薯产业的宏观研究，我国主要着眼于马铃薯发展的整体情况。王凯和严加勇（2004）从农业产业链管理角度探讨了中国农业产业链的组织形式，并通过对中国现有各种农业产业链组织形式的形成动因、运行机制的对比分析提出建设农业产业链的基本原则、前提条件以及组织形式的发展形势。陈华宁（2008）从生产、消费、加工、贸易等多个角度对中国马铃薯产业的发展现状进行了全面分析，并且评测了未来马铃薯产业的发展前景。李崇光和章胜勇（2008）对中美两国的马铃薯产业进行了对比，主要是从马铃薯生产和产业结构两方面进行比较，他认为从马铃薯产业的整体发展来看，中国同美国等发达国家还存在较大差距，而造成这一差距的一个重要原因在于中国马铃薯的商品化程度和加工比例都严重偏低。张晓菊和魏永红（2008）对有利于马铃薯产业发展的因素进行了深入总结，认为发挥政府职能、加强马铃薯产后深加工、加强市场信息网络建设、健全专业协会组织等措施对马铃薯产业的发展有一定促进作用。孙东升（2009）对中国马铃薯加工业的发展现状、特点、制约因素及趋势进行了深入浅出的分析，并指出中国马铃薯产业在生产和加工环节上面临的一些问题，诸如马铃薯产业科研相对滞后、生产水平低、加工专用品种少和科技创新不足等。李勤志、冯中朝和李然（2009）运用 DEA 方法对中国马铃薯生产效率的变化趋势和影响因素进行了总结，并提出了相关对策。秦建军和马骥（2009）从马铃薯加工业价值链的分析角度出发，从供应链利益分配角度衡量了农户在收益分配中的地位，最后得出在部分西部贫困农民的家庭收入中，马铃薯种植收入占有很高比重，而在马铃薯加工价值链中价值增值的部分，农民所得份额较低的结论。王伶（2009）以世界马铃薯生产、贸易的历史及现状为背景，选用国际市场占有率、显性比较优势指数、贸易专业化指数和国际市场价格四项指标测算和分析了中国马铃薯的国际竞争力情况。刘洋和罗其友（2010）运用曼奎斯特指数方法，从全国和主要城市这两个层面出发，对 1998—2008 年间中国马铃薯生产的全要素生产率的变化趋势及其构成变化进行了测算。杨海魔和云庭（2010）在研究中国马铃薯种薯生产与市场发育现状、存在的问题以及发展潜力的基础上，提出建立脱毒种薯繁育体系、质量检测监督体系、原种生产体系、种薯繁育基地、种薯市场准入制度、规范种薯销售市场等促进马铃薯产业持续健康发展的初步思路和建议。李福和岳云（2011）从影响因素、政府扶持等方面对甘肃省马铃薯产业的发展做了深入研究。[①] 米健、罗其友和高明杰（2012）对南方冬作区马铃薯的发展趋势进行研究，指出几个有利于南方冬作区马铃薯增产的因素。[②] 刘文奇（2013）对广西马铃薯产业发展现状和潜力进行分析研究，最终提出了适应广西马铃薯健康发展的建议。[③] 赵学尽（2014）对欧洲马铃薯生产进行分析及其对中国城镇化背景下马铃薯生产的启示进行相关研究，以期从欧洲马铃薯在现代化水平和产品创新方面得到一些启示。[④] 陈萌山和王小虎（2015）对中国马铃薯主食产业化发展与展望进行研究，最终提出了一些关于中国马铃薯产业化的政策与举措。[⑤] 达存莹和岳云（2016）对甘肃省马铃薯产业发展现状进行分析，从而提出了一些关于甘肃省马铃薯发展的建议。[⑥] 杨雅伦和郭艳枝（2017）对我国马铃薯产业发展现状及未来展望做了深入分析，从我国对马铃薯的需求量、产量和加工比例方面进行深入研究。胡晓宇（2018）对内蒙古马铃薯产业健康发展进行研究，主要是从科技创新驱动方面分析，论述了科技创新对于马铃薯产业的重要性。[⑦]

微观研究则立足于某一区域进行实证分析，考虑代表性、典型性、便利性，本书在这里仅选取甘肃省马铃薯产业集群的研究文献予以综述。王淑新（2008）基于种植、流通、加工环节，对定西市马铃薯产业进行成本收益分析。彭会萍（2008）对甘肃定西的马铃薯产业链物流体系进行了分析，指出了一些存在的问题和认识上的误区，并提出了几种整合

---

① 李福，岳云．甘肃马铃薯产业集群发展思路［J］．作物杂志，2011：11-15.

② 米健，罗其友，高明杰．南方冬作区马铃薯发展趋势、区域格局和增产潜力［J］．安徽农业科学，2012（03）：73-79.

③ 刘文奇．广西马铃薯发展产业现状和潜力分析与对策思考［J］．南方农业学报，2013（05）：535-539.

④ 赵学尽．欧洲马铃薯生产分析及对中国城镇化背景下马铃薯生产的启示［J］．世界农业，2014（09）：101-104.

⑤ 陈萌山，王小虎．中国马铃薯主食产业化发展与展望［J］．农业经济问题，2015（12）：4-10.

⑥ 达存莹，岳云．甘肃马铃薯产业发展现状及主粮化发展分析［J］．中国农业资源与区划，2016（03）：38-42.

⑦ 胡晓宇．科技创新驱动内蒙古马铃薯产业健康发展［J］．科学管理研究，2018（02）：53-56.

产业链的思路。李珊珊（2009）指出，在生产规模、质量、成本与价格、技术、市场营销等方面的不足，是影响甘肃省马铃薯产业国内竞争力的主要因素。朱渭峰（2009）根据农业产业化理论和政府管理理论，对定西市马铃薯产业开发中的政府行为展开研究。庞芳兰（2010）基于钻石模型，分析了定西市马铃薯产业集群的形成与发展。秦燕和姚永鹏（2010）从企业纵向价值链角度进行分析。何三信等（2010）研究发现，甘肃省马铃薯产业生产、加工、销售等环节已发展完备，但发展不平衡、不配套，产业链没有形成有效对接，缺乏产业整体的市场竞争力，认为应该设立育种专项等措施进一步提升马铃薯产业特色优势。张明（2010）分析了定西市马铃薯产业发展的优势与现状。曹子坚和冯哲英（2010）认为产业集群对定西市马铃薯产业发展有一定的促进作用。吕萍、牛旭斐和蒲明芳（2011）以甘肃定西为例，根据调研所获的数据资料，对以马铃薯开发加工为核心的价值链进行分析，从而提出了延伸、优化定西马铃薯价值链的应对措施。张世福（2011）对定西市马铃薯产业可持续发展的优势进行分析，主要是从区位特征、自然环境、国内消费加工状况等方面分析。郭欣旺等（2011）运用 GEM 分析模型，对于甘肃省定西市马铃薯产业集群竞争力进行了分析，主要是从基础、企业和市场三个角度进行分析，他认为农业产业集群对于区域竞争力的提高具有一定的正面作用。史永良等（2011）基于钻石模型，对影响甘肃省马铃薯产业竞争力的因素进行分析，总结出影响因素主要有科研能力、劳动力、市场需求、相关产业与同业竞争、机会和政府等。李福和岳云（2011）从政府扶持、企业支撑、影响因素等方面阐述了甘肃省马铃薯产业发展现状，提出了甘肃省马铃薯产业集群发展的大体思路。杨剑（2012）在评价定西市马铃薯产业竞争力的基础上，结合定性定量分析，得出产业竞争力的提升路径。马旺林（2012）利用统计数据和因子分析法，评价了甘肃省马铃薯产业竞争力在全国范围的综合状况，并运用期望值法测算不同因素的影响力度。雷婧（2013）以甘肃定西马铃薯产业发展为例，对农业产业化进程中的政府职能进行研究。陈珏颖和王静怡（2014）对中国马铃薯进出口贸易进行研究，进而提出一系列对策。① 卢肖平（2015）对马铃薯主粮化的战略意义进行研究，从政策层面分析了马铃薯主粮化的主要瓶颈。② 赵辉和乔光华（2016）对内蒙古马铃薯的生产进行比较优势研究，分析了其波动的原因。③ 高明杰和张萌（2017）对我国马铃薯价格波动的时空差进行分析，对我国马铃薯的年度波动和季度波动进行深入研究。④ 仲乃琴和刘宁（2018）对中国马铃薯化肥农药减施的现状与挑战进行研究，提出了应对策略和建议。⑤

2.4 绩效评估研究现状

2.4.1 国外研究现状

哈罗德·拉斯韦尔的《政策科学》（1951）奠定了政策科学研究的基本框架，引入用于实证分析的定量模型，把政策绩效评估纳入决策过程。查尔斯·琼斯在此基础上发展阐释了政策绩效评估的内涵。叶海卡·德洛尔从方法论的角度加以补充完善。20世纪60年代之后，爱德华·萨齐曼的《评估研究》、约瑟夫·豪利的《联邦评估政策》、卡罗尔·韦斯的《评估研究：项目有效性的评估方法》、托马斯·戴伊的《理解公共政策》和《政策分析：政府做什么，它们为什么做，以及造成什么差别》、魏特的《评估研究》、利彻菲尔德等的《政策规划过程中的评估》、罗西等的《评估的系统途径》

① 陈珏颖，王静怡．中国马铃薯进出口贸易分析及对策［J］．世界农业，2014（12）：100-104.

② 卢肖平．马铃薯主粮化战略的意义、瓶颈与政策建议［J］．华中农业大学学报，2015（04）：1-7.

③ 赵辉，乔光华．内蒙古马铃薯生产的比较优势研究［J］．干旱区资源与环境，2016（02）：128-132.

④ 高明杰，张萌．我国马铃薯价格波动的时空差异性研究［J］．价格理论与实践，2017（09）：104-107.

⑤ 仲乃琴，刘宁．中国马铃薯化肥农药减施的现状与挑战［J］．科学通报，2018（06）：1693-1702.

成为这一时期政策绩效评估研究的代表性著作。弗兰克·费希尔的《公共政策评估》（1995）整合工具理性与价值理性，提出了后实证主义的政策评估范式。埃贡·古贝和伊冯娜·林肯（2008）认为绩效评估是一种政治与社会过程，它应采取响应式聚焦评估模式，运用事实建构方法，强调外部宏观环境因素，包括经济、政治、文化、社会、人性等，融合多元价值观，倡导利益相关者的公共参与。在政策绩效评估的准则方面，威廉·邓恩提出效果、效率、充足性、公平性、回应性、适宜性六个标准；卡尔·帕顿和大卫·萨维奇则基于现实的约束条件提出技术可行性、政治接受性、经济可能性、行政操作性四大指标；斯图亚特·纳格尔的《公共政策评估手册》从过程评估角度出发，提出政策绩效评估的公众参与、可预见性、程序公正三个维度。在具体政策的绩效评估方面，Kuroynagi（1982）选取日本北海道农机投资与支出项目的扶助政策为研究对象，通过若干方程组的建构，分析政策的综合绩效；Vedung（2000）归纳出政策绩效评估的效果模型、经济模型和专业模型三大类型，再根据政策的专业特点、公众的需求关注等实际情况，细化为 10 种政策评估模型。

2.4.2　国内研究现状

按照所聚焦问题的不同侧重点，可以将国内绩效评估的研究大致分为三个主要方面。

其一，基础理论研究，集中体现在绩效评估的概念、内涵、分类、标准等方面。陈庆云（1998）、张国庆（1997）强调绩效评估本质上是对价值判断的追求与实现。徐家良（2000）也把绩效评估的定义落脚在目标群体价值的满足程度上。朱志宏（1995）倾向于关注评估工作的反馈应用。陈振明（1998）则把绩效评估界定为一种政治行为。张金马（2004）认为绩效评估应该是综合性的，包括执行过程与最终结果。张国庆（1997）提出绩效评估标准的首要、次要之分。陈振明（1998）则将绩效评估归纳总结成生产力、效益、效率、公正、回应度 5 个标准。林水波和张世贤（1999）将其具体化为工作量、绩效、效率、生产力、充分性、公平性、妥当性、回应程度、过程、社会指标 10 个标准。谢明（2004）依据事实和价值两个维度将绩效评价标准进行划分。姚刚（2008）针对国外绩效评估进行研究，并从中获取一些借鉴。[①] 郭俊华和曹洲涛（2010）针对知识产权政策评估体系的建立与推进策略进行研究，并对我国的知识产权政策评估提出建议。[②] 邓旭和赵刚（2013）针对制度规约下教育政策绩效评估框架的建构展开研究，从几个维度进行深入分析。[③] 张家瑞和杨逢乐（2015）对滇池流域水污染防治财政投资政策绩效评估进行深入研究，并提出一系列的解决措施。[④] 俞立平和章美娇（2018）运用面板回归和分位数回归模型，针对中国地区高技术产业政策评估及影响因素进行研究。[⑤]

其二，实证案例研究，主要表现在技术方法的运用和具体政策绩效分析。朱正威（2015）以重大公共政策的社会稳定风险评估为例，依据公共政策过程理论，利用 CIM 分析法，识别和测算潜在风险因素，提出政策建议。魏淑艳和刘振军（2003）指出评估方式应由政策主体和所属类型决定。马朝琦和雷晓康（2006）总结了公共政策绩效评估的成本收益法和成本效果法，后者适用于难以货币化的公共政策效益分析。崔元锋和严立冬（2006）运用数据包络分析（DEA）模型，实证分析了农业支出资金绩效。李燕凌和李立清（2009）立足于湖南农户的抽样调查，采取倾向得分匹配法，研究新型农村合作医疗制度下的农村卫生资源利用绩效。李二斌（2010）、李斌宁（2011）分别对城镇社会保障政策进行绩效评估指标体系的构建和多角度、多层次研究方法的尝试。郝亚涛、马瑛和张建勋（2012）采取熵

① 姚刚．国外公共政策绩效评估研究与借鉴［J］．深圳大学学报，2008（07）：80-85.

② 郭俊华，曹洲涛．知识产权政策评估体系的建立与推进策略研究［J］．科学与科学技术管理，2010（03）：31-38.

③ 邓旭，赵刚．制度规约下教育政策绩效评估框架的建构［J］．教育学术月刊，2013（08）：39-43.

④ 张家瑞，杨逢乐．滇池流域水污染防治财政投资政策绩效评估［J］．环境科学学报，2015（07）：43-51.

⑤ 俞立平，章美娇．中国地区高技术产业政策评估及影响因素研究［J］．科学研究，2018（01）：28-36.

权法和综合评价法，构建政策绩效评价指标体系来评估乌鲁木齐住房保障政策绩效。黄俊辉和李放（2013）选取 27 个省域的农村养老保障政策为研究对象，结合指标体系对政策绩效进行测度、排序和聚类分析。樊胜岳、陈玉玲和徐均（2013）从公共价值角度出发，构建生态建设政策绩效评价指标体系，并运用 AHP 法来量度政策绩效分值，比较研究不同生态建设政策的绩效。顾素娜（2014）以顾客满意度指数模型为工具，运用二元回归法分析影响因素，对我国援疆政策绩效进行评估。孙春升（2016）对区域一体化下的京津冀地区的能源政策绩效评估进行研究，并且引入 L–R 模糊数，对京津冀的能源政策绩效进行评价。[①] 马蔡琛和赵笛（2018）针对公共政策绩效评估的国际经验与改革建议进行研究，并且提出对我国财政政策绩效评估支出的借鉴参考。[②]

其三，指标体系研究。厦门大学卓越（2004）设计了一套地方政府通用评估指标，由基本指标与指标要素或评判方法两个层次 54 项指标构成，主要包括思想建设、组织建设、政风建设、制度建设、一票否决、依法行政、举止文明、环境规范等 15 个方面。北京师范大学唐任伍（2004）提出了中国省级地方政府效率测度指标，通过政府公共服务、政府公共物品、政府规模及居民经济福利 4 个方面 47 项指标来衡量地方政府的工作效率。兰州大学中国地方政府绩效评价中心的包国宪等（2005）则指出，政府绩效评价指标体系应由职能履行、依法行政、管理效率、廉政勤政、政府创新 5 个一级指标，经济运行等 14 个二级指标，40 个三级指标构成，所有指标，按非公有制企业、省政府评价组和专家委员会三类评价主体分别设置。浙江大学范柏乃（2005）在对 200 多名 MPA 学员调查的基础上，设计了行政管理、经济发展、社会稳定、教育科技、生活质量和生态环境 6 个领域的 66 项指标，并筛选得出具有代表性的 37 项地方政府

① 孙春升 . 区域一体化发展背景下京津冀能源政策绩效评估［J］. 技术经济，2016（06）：91–95.

② 马蔡琛，赵笛 . 公共支出政策绩效评价的国际经验与改革建议［J］. 地方财政研究，2018（01）：100–106.

绩效评估指标。湘潭大学彭国甫（2005）提出了衡量地方政府公共事业管理绩效的业绩指标、成本指标、内部管理指标3方面共33项指标。范柏乃和汪基强（2012）针对国家土地督察制度实施绩效评估的理论基础与指标体系进行构建，并且得出建立评估理论分析框架和指标体系是开展国家土地督察制度实施绩效评估的基础和前提等结论。[①]蒲鸿春和王志伟（2017）针对我国全民健身政策评估指标体系构建进行研究，其中构建的评估体系包括3个一级指标、6个二级指标、12个三级指标、38个四级指标，并且确定了各级指标的权重，通过检验内部一致性和内容效度比，最终验证了该指标体系良好的信度和效度。[②]

2.5 PV-GPG理论的简要阐释

新公共管理产生了诸如“公共性”的忽视、“合作生产”主体缺失、“可持续性”的缺乏等一系列现实问题，彭锦鹏（2005）、竺乾威（2008）引介整体性治理思想，周志忍（2006）、彭国甫（2007）、张玉亮（2008）等学者也相继展开总结与反思。包国宪（2012）等进一步提出以公共价值为基础的政府绩效治理，并开拓性地建立了系统分析工具PV-GPG模型。PV-GPG理论认为，政府绩效是一种社会建构，以公共价值为基础的政府绩效治理，产出即绩效，这是整个体系中的基本命题。而现实的复杂性、不确定因素等使得绩效损失成为必然，最大限度地缩减绩效损失成为未来研究的重要课题。包国宪（2015）以鄂尔多斯“煤制油”项目为例，基于PV-GPG理论框架研究政府绩效损失，启发学者们对绩效损失的思考。[③]

---

① 范柏乃，汪基强．国家土地督察制度实施绩效评估的理论基础与指标体系构建［J］．中国土地科学，2012（04）．

② 蒲鸿春，王志伟．我国全民健身政策评估指标体系构建研究［J］．体育文化导刊，2017（02）：11-16.

③ 包国宪．基于PV-GPG理论框架的政府绩效损失研究——以鄂尔多斯“煤制油”项目为例［J］．公共管理学报，2015（07）：117-125.

政府绩效的价值建构是一个政府与公民和社会的对话协商过程，在不同的社会制度、政治制度、经济环境和文化背景下是不同的。公共政策作为政府绩效管理的主要手段之一，呈现出类似特征，甘肃马铃薯产业集群政策绩效中的价值建构也离不开欠发达地区这个特殊情境。政府绩效的组织管理反映了理性工具内容，是对政府绩效的价值链进行分析和管理的过程，目的是为了在既定价值建构的基础上，通过对公共资源与权力的投入、政府的战略管理和对绩效的科学管理使得政府绩效最大化。协同领导系统在 PV-GPG 模型中处于连接绩效管理过程和绩效产出的关键位置，包括价值领导、愿景领导和绩效领导三个部分，通过协同领导系统的政治协调和要素协同来提升政府绩效并使其可持续发展。协同领导系统作为一种催化剂，在公共价值的创造网络中不断进行着协调和沟通。绩效结果和绩效产出之间的差距就是绩效损失，具体到本研究对象中就是农业产业集群多个利益相关者的价值判断综合，可以通过政治系统、社会系统、政府战略系统的互动关系，揭示分析其形成机制，农户、企业、地方政府在政策出台前对绩效内涵的共识至关重要。

2.6　国内外研究略评

马歇尔、韦伯、胡佛、佩鲁等人对产业集群理论的早期研究，可以归结为经济地理学的范畴。波特、克鲁格曼从不同角度做出了重大发展，这为后来学者的研究奠定了坚实的理论基础。自王缉慈较早在国内开展产业集群研究开始，对其的探究和讨论逐渐成为学术界一大热点，也产生了众多的成果，它们集中体现在企业产业集群方面，尤其是江浙地区的中小企业产业集群。国外农业产业集群的研究比较成熟，得益于相对发达的农业现代科技程度、土地适度规模经济优势和产业集群扶持的公共政策，涌现出美国加州葡萄酒产业集群、荷兰花卉产业集群等经典案例。国内农业产业集群研究也十分全面，包括定义、分类、特征、形成等的质性理论研究，还有对新疆棉花产业集群、云南花卉产业集群、山东蔬菜产业集群、清河羊绒产业集群展开的实证案例研究，这为本研究提供了良好的参考和借鉴。

对甘肃省马铃薯产业发展的研究比较丰富，然而把它上升至产业集群高度来研究的并不多见，通过中国知网等检索不到硕博论文，散见于寥寥几篇期刊论文，对该问题的系统研究几乎没有。国外公共政策绩效评估的实践与政府改革同步推进，专业化程度较高，组织体系相对完备，法规制度保障有力，理论与方法逐渐成熟，评估内容主要包括实施结果、执行能力、政策满意度等，评估技术上重视定性与定量的结合，评估对象大致可分为综合政策与单项政策两大类。绩效评估引入国内后，从中央到地方各级政府都青睐有加，并进行各具特色的创新实践，主要表现为自上而下的目标分解与任务考核及总结报告，然而究其实质来看，在很大程度上是政府内部控制的管理工具，需要转型变革以适应未来政府的服务型趋向。经过文献梳理后发现，国内学术界很少有人以 PV-GPG 模型这一新兴前沿理论为指导，来研究农业产业集群绩效评估，如何基于政府部门、金融机构、龙头企业、个体农户、合作组织等多方利益来实施产业集群的绩效测度与方法创新是值得深入研究的课题。

第 3 章 基于公共价值的农业产业集群政策绩效内涵研究

近些年来，我国马铃薯产业的发展得到了政府部门的大力支持。在各级政府部门的大力扶持下，甘肃省马铃薯产业发展的政策支持体系日趋完善，这些政策的颁布和实施为甘肃省马铃薯产业的发展提供了政策保障。本章拟选取甘肃省马铃薯产业集群为典型案例，基于公共价值出发，分析政策的多重综合绩效，研究农业产业集群政策绩效的内涵。

3.1 甘肃省马铃薯产业集群政策绩效分析

3.1.1 政策对马铃薯产业发展的影响

截至 2016 年，定西市马铃薯产业发展势头良好，在马铃薯种植面积、种薯培育、产品的加工升级、品牌的建设与推广等方面都有所提升，具体表现为：

第一，马铃薯的标准化种植面积进一步扩大。“2016 年全市完成马铃薯种植 302.14 万亩，其中主食专用品种 120 万亩，建立标准化示范基地 271.04 万亩，主食加工企业建立专用品种标准化基地 5 万亩，主动衔接引进马铃薯‘草膜三覆盖、一年两季’粮蔬高产高效栽培试验示范 24 万亩。”[①]

---

① 《甘肃日报数字报刊平台》，http：//epaper.gansud.

市政府制定印发了《2017 年马铃薯草膜三覆盖种植实施方案》，积极推广应用黑色地膜全覆盖技术和马铃薯机械化种植技术，马铃薯标准化生产水平不断提升。

第二，脱毒种薯生产能力进一步增强，良种繁育体系健康运行。2016 年生产原原种 10 亿粒，其中主食专用品种 3.03 亿粒，良种化率达到 80% 以上；一、二级种薯繁育基地 150 万亩。制订印发了《马铃薯脱毒种薯“一分田”工程实施方案》：“2016 年全市实施‘一分田’工程 14 729 亩。”为加强种薯质量管理，制定印发了《马铃薯脱毒种薯质量管理办法》，“充分发挥马铃薯种薯行业协会作用，积极与种薯企业进行对接，狠抓种薯扩繁基地建设，脱毒种薯已在市域内实现全覆盖，还主要销往全省及内蒙古、贵州、河北、安徽、青海等 10 多个省区，部分原原种还出口沙特阿拉伯、土耳其、埃及、俄罗斯等国家和地区”。①

第三，马铃薯加工能力和水平进一步提升。2016 年全市万吨以上马铃薯加工龙头企业发展到 28 家，其中国家级重点龙头企业 2 家、省级 16 家，加工能力达 79 万吨，其中精淀粉及其制品加工能力达 50 万吨、变性淀粉 15 万吨、全粉及主食产品 12 万吨、高档休闲食品 1 万吨、生物质基材 1 万吨。争取到薯香园、长清、巨鹏三家企业主食化项目试点资金 440 万元。全市现有马铃薯主食生产企业 15 家、生产线 22 条，产能已达到 12.57 万吨，其中全粉产能 2 万吨。“已经研制开发生产了一批主食产品，马铃薯馒头、混合面粉、清真薯馕、无矾方便粉丝、挂面、清真烤饼等主食化产品已投放市场。同时，我们积极引导企业与国内省内大专院校、科研机构合作研发贮备了一批主食加工技术，一批以生产马铃薯营养早餐冲剂、饼干、挂面、速冻系列食品等主食产品的企业正在开工建设中，马铃薯膳食纤维、营养羹、口服冲剂等功能保健食品也正在研发中。”② 为了有效促进主食产业开发和产业转型升级，制定印发了《2016—2018 年定西市马铃薯主食产业

① 《马铃薯脱毒种薯“一分田”工程实施方案》，《马铃薯脱毒种薯质量管理办法》，2016 年。

② 《2016—2018 年定西市马铃薯主食产业开发实施方案》和《定西市支持马铃薯主食产业开发专项奖补资金管理办法》《2016 年马铃薯主食产业开发创新十大行动》，2016 年。

开发实施方案》和《定西市支持马铃薯主食产业开发专项奖补资金管理办法》《2016年马铃薯主食产业开发创新十大行动》等政策文件。甘肃巨鹏清真食品股份有限公司、定西市伊口香清真食品有限公司荣获年度马铃薯主食加工“十大企业”，甘肃巨鹏清真食品股份有限公司的马铃薯多纳圈荣获马铃薯主食加工“十大休闲食品”的头衔，迷你清真烤馕和定西市伊口香清真食品有限公司的马铃薯葱花饼荣获马铃薯主食加工“十大特色小吃”的头衔，巨鹏公司的清真薯馕出口中东、东南亚等地。

第四，品牌营销战略进一步推进。“甘肃省共经省质监局批准发布定西市旱地马铃薯膜际垄作深播栽培技术等马铃薯种子、种苗、栽培、加工等地方标准15项。”[①]“注册马铃薯品牌商标37个、国家原产地地理标志注册产品5个，甘肃名牌产品企业6家。马铃薯及其制品获国家绿色食品认证26个。渭源、陇西、临洮、安定四县区的马铃薯生产基地被认定为省级无公害农产品标准化生产基地，安定区、渭源县分别被命名为‘中国马铃薯之乡’‘中国马铃薯良种之乡’，‘定西马铃薯’被国家工商总局认定为中国驰名商标。安定区被命名为‘全国马铃薯产业知名品牌示范区’，‘定西马铃薯’荣获2015年全国十大魅力农产品荣誉称号。”[②]

第五，市场流通体系不断健全。定西马铃薯综合交易中心一期工程建成并投入运营，完成投资3.3亿元。“新建和改造乡镇马铃薯交易市场12个，甘肃巨鹏工贸有限公司和甘肃田禾源农产品有限公司的马铃薯冷藏库及信息系统建设完成。”[③]同时，紧抓淘宝网“特色中国——甘肃馆定西分馆”建设的机遇，在淘宝、天猫、京东、善融等大型网络零售平台开设了马铃薯及其制品销售网店220多家，已实现网络零售额2 200多万元。全市已建成各类贮藏窖（库）94.7万座，全市马铃薯贮藏能力稳步突破355万吨，年鲜薯外销稳定在200万吨左右，贫困户新建马铃薯贮藏窖200多座，贮

---

① 定西加快建设中国薯都促进产业转型升级［N］. 甘肃日报，2016-10.

② 定西马铃薯：西北干旱地区脱贫致富的“金蛋蛋”［J］. 中国农民合作社，2017（08）.

③ 定西加快建设中国薯都 促进产业转型升级［N］. 甘肃日报，2016-10.

藏能力 3 000 吨。[①]目前，全市农民专业合作社（联合社）8 030 个，从事马铃薯产业的农民专业合作社 1 012 个，占合作社总数的 12.6%，302 个马铃薯合作社与 56 个龙头企业建立结对购销关系；全市家庭农场总数 229 个，其中从事马铃薯生产、购销的家庭农场 65 个，占家庭农场总数的 28.2%，带动贫困群众加入企业和合作社 5.8 万户，户均增收 1 800 元；全市各类马铃薯交易市场吸纳贫困户季节性就业近 6 万人，贩运大户 3 200 余户，带动 6 900 多户贫困户从事马铃薯鲜薯销售经营。

第六，产业研发创新能力不断提高。“依托市农科院、腾胜集团、圣大方舟、巨鹏食品组建成立了马铃薯、马铃薯淀粉加工、马铃薯变性淀粉、马铃薯与特色果蔬速冻 4 个省级工程技术研究中心；依托圣大方舟新组建成立了甘肃省变性淀粉工艺与应用重点实验室，并推荐申报国家级变性淀粉工程技术研究中心；依托爱兰薯业等企业组建了 18 家市级工程技术研究中心。29 项专利已被国家知识产权局受理审查，11 项专利已获得授权；13 项科技成果经省科技厅组织的专家鉴定均已达到国内领先、国际先进，8 项科技成果获省、市科技进步奖、技术发明奖；41 项企业标准，部分已上升为国家标准，并同时形成了 47 项原淀粉、38 项变性淀粉共性和特性指标的标准化操作规程。质量标准和检测认证体系建设得到加强。全市已建成渭源马铃薯种薯产业化国家级农业标准化示范区、安定区马铃薯种薯国家级农业标准化示范区。”[②]建成安定区马铃薯脱毒种薯综合省级农业标准化示范区。定西市农产品质量安全监督管理站（定西市农产品质量安全监督检测中心）通过省级检测资质评估颁证，有效提高了种薯质量监管工作水平。

第七，产业外宣工作有新的突破。为了有效提升定西马铃薯社会认知度，2016 年以来，中央电视台先后播出了定西马铃薯全国十大魅力农产品颁奖晚会和专题片《土豆的机会来了》。2016 年 11 月按照中央领导批示精神，中宣部、原农业部组织《人民日报》《光明日报》《新华网》《农民日报》和中央人民广播电台、中央电视台等媒体，先后以《定西：土窝窝挖出金

---

① 《甘肃日报数字报刊平台》，http://epaper.gansud.

② 定西马铃薯：西北干旱地区脱贫致富的“金蛋蛋”［J］. 中国农民合作社，2017（08）.

豆豆——发展特色产业　推动精准脱贫》《甘肃定西："洋芋蛋"成农民脱贫致富"金蛋蛋"》《甘肃定西："救命粮"变"致富薯"》《甘肃定西：马铃薯成了富民产业》《定西："致富薯"引领脱贫路》《甘肃定西特色产业产值过百亿推动精准扶贫》和《产业扶贫，马铃薯也会七十二变》为题进行了宣传报道。通过对会展功能的进一步提升，代表甘肃省组团参加了第七届中国国际薯业博览会，制作了《马铃薯主食化行动在定西》宣传画册和《丝绸之路上的瑰宝——定西马铃薯》专题片，定西市被大会组委会评为"最佳组织奖"。组织清吉马铃薯馒头、沁园春马铃薯挂面、巨鹏公司清真薯馕、薯香园公司马铃薯糕点、定西凉粉美食工作室马铃薯凉粉、甘肃乡草坊土特产品有限公司马铃薯糕点等产品参加"中国土豆 100 美食"评选活动；成功召开"2016 中国·定西马铃薯大会"，组织市内马铃薯种薯、加工企业及合作社 40 多家，全面展示了定西马铃薯产业发展情况，马铃薯馒头、挂面、薯馕、复配粉、方便粉丝、冲调羹、饼干、曲奇等马铃薯主食产品参加大会展览。甘肃巨鹏清真食品股份有限公司获得阿联酋 HALAL 海湾认证，"陇上绿莹"牌马铃薯及其制品被认定为全国首家马铃薯生态原产地保护产品。通过产业宣传推介，有效提升了定西马铃薯产业知名度。

3.1.2　政策对当地农民收入的影响

马铃薯产业政策对农民收入的影响体现在产业链发展的各个环节，从马铃薯的种植、种薯培育到产品加工、产品储存、产品销售，都体现着惠及于民及精准化扶贫的政策设计。2016 年，定西市按照项目资金跟着贫困村、贫困户走的模式，瞄准建档立卡贫困户，集中安排农产品产地初加工、马铃薯脱毒种薯全覆盖工程和新型职业农民培训项目以及投放精准扶贫产业贷款等方式发展马铃薯特色优势产业；在有条件的贫困村建立标准化种植原料基地，带动贫困户 3 600 多户。"户均实现收入 2 万元以上；每年建设加工原料基地 70 万亩左右，带动贫困户种植 15 万亩。"① 带动贫困

① 定西加快建设中国薯都促进产业转型升级［N］. 甘肃日报，2016-10.

户 9 600 多户，户均实现收入 1.5 万元。其中，主食加工企业建立了专用品种标准化基地 5 万亩，带动 1 万贫困户种植 2.5 万亩。① 完成马铃薯保险面积 187.5 万亩，签单保费 6 562.5 万元，预赔付金额 5 031 万元，使全市 95% 的马铃薯种植贫困户受益；年培训薯农 3.5 万人次，其中贫困户 1.6 万人次。主动衔接引进马铃薯“草膜三覆盖、一年两季”粮蔬高产高效栽培试验示范 24 亩，经省市专家现场测产，马铃薯亩平均产量达到 3 577.3 公斤，蒜苗平均亩产 4 800 公斤，亩综合收益 3 万元以上。② 马铃薯加工企业 2016 年带动贫困户就业 472 人，全年人均增收为 2.2 万元。“全市已建成各类贮藏窖（库）94.7 万座，全市马铃薯贮藏能力稳步突破 355 万吨，年鲜薯外销稳定在 200 万吨左右。”③ 贫困户新建马铃薯贮藏窖 200 多座，贮藏能力 3 000 吨。“全市农民专业合作社（联合社）8 030 个，从事马铃薯产业的农民专业合作社 1 012 个，占合作社总数的 12.6%。”④302 个马铃薯合作社与 56 个龙头企业建立结对购销关系；全市家庭农场总数 229 个，其中从事马铃薯生产、购销的家庭农场 65 个，占家庭农场总数的 28.2%，带动贫困群众加入企业和合作社 5.8 万户，户均增收 1 800 元。定西市已建立起马铃薯综合交易中心和安定巉口、陇西文峰、临洮康家崖等 6 个大中型交易市场，有中、小型马铃薯交易市场 50 多个，参与马铃薯交易的农贸市场 196 个。市内各类马铃薯交易市场吸纳贫困户季节性就业近 6 万人，贩运大户 3 200 余户，带动 6 900 多贫困户从事马铃薯鲜薯销售经营。

3.1.3 政策对龙头企业发展的影响

目前，定西市对马铃薯龙头企业发展的政策扶持主要体现在免征税收与产研结合的项目资金支持两方面，故借着政策东风，随马铃薯产业链上下游发展起来的种薯繁育、淀粉加工、食品加工企业纷纷涌现，其中以甘

---

① 定西加快建设中国薯都促进产业转型升级［N］. 甘肃日报，2016-10.

② 定西加快建设中国薯都促进产业转型升级［N］. 甘肃日报，2016-10.

③ 定西加快建设中国薯都促进产业转型升级［N］. 甘肃日报，2016-10.

④ 《甘肃日报数字报刊平台》，http：//epaper.gansud.

肃爱兰马铃薯种业有限公司、甘肃蓝天马铃薯产业发展有限公司、甘肃省凯凯农业科技发展股份有限公司发展势头最好，堪当业界龙头。

甘肃爱兰马铃薯种业有限公司是 2001 年由农业科研人员创办的民营科技企业，现有资产总额 15 200 万元，其中固定资产 4 800 万元，拥有 4 800 平方米组织培养室、420 平方米办公楼、560 座日光温室和 1.3 万平方米贮藏设施以及先进的组织培养快繁设备和马铃薯机械化耕种设备。现有职工 350 人，其中技术人员 35 人，中级以上技术职称 8 人。公司技术力量雄厚，已形成一整套管理与生产技术体系和引进开发与市场营销体系，主要从事专用型马铃薯品种选育、脱毒种苗组织培养、种薯规模化生产及订单商品薯购销等产业化开发经营。在安定、通渭、渭源、靖远不同气候类型区拥有标准化生产基地及示范基地，种植种薯和商品薯订单生产基地 2.5 万亩，年产脱毒微型种薯 1.5 亿粒以上，带动农户 1 100 户。目前，已成为全国马铃薯脱毒种薯繁育供应的重要来源地，产品销往全国马铃薯主产区和省内马铃薯主产区，订单数量逐年增加。在全省大力发展马铃薯区域特色优势产业的大好环境下，企业立足当地资源优势，不断加大自主创新和科技投入力度，提高品种选育能力和市场竞争力。两年内，选育定名马铃薯新品种 3 ～ 5 个，参与和独立完成标准及规程 5 ～ 7 项。2012—2013 年确定规模为扩建组培室 3 000 平方米，原原种生产日光温室 300 座，2014 年原原种生产能力已达 2.5 亿粒。公司投资 19 800 万元建成年生产 2.5 万吨马铃薯速冻薯和 3 000 吨马铃薯雪花粉生产线，新增销售收入 2.8 亿元。产品已通过国家质量监督检验检疫总局原产地标志认证和国家商标总局商标注册并获得“甘肃省著名商标”称号。公司先后被评为全国马铃薯产业技术创新战略联盟成员单位、甘肃省马铃薯产业协会理事单位、定西市专家协会理事单位。公司已连续四年被省农行和省农发行分别评定为“AA 级信用企业”，被省工商行政管理局评为“守合同、重信用”单位，被中国科协、财政部授予“全国先进科普惠农示范基地”。同时，在“十二五”期间公司牵头组织有关单位组成产、学、研一体化省级联盟攻关队伍，以市场为导向，优势互补，在产学研合作中实现资源的优化重组，形成具有较强的科研力量和技术队伍的研发机构，逐步建立以企业为主体的商业化育种新机制，以充分发挥龙头企业在农业产业化开发中的示范带动作用。

甘肃蓝天马铃薯产业发展有限公司，其前身为定西蓝天淀粉有限公司，创建于2002年，占地面积8.6公顷，总资产3.8亿元人民币，注册资本1亿元人民币，公司现有员工150多人，其中专业技术人员35人，拥有30吨马铃薯淀粉生产线3条、年产5 000吨水晶粉生产线1条。公司注册“幸泽”“福景堂”两个商标，其中“幸泽”商标为甘肃省著名商标，公司通过了ISO22000：2005食品安全管理体系认证，2013年取得中国绿色食品认证。自2010年以来，公司先后被省政府评为“农业产业化重点龙头企业”，被农业银行评为“AA+级信用企业”，被定西市工商行政管理局、定西市消费者协会评为“诚信单位”，被安定区人民政府评为“支持地方经济建设先进单位”。为了进一步扩大企业生产规模，公司抢抓市区加快工业园区建设步伐的良好机遇，以当地马铃薯产业基础为依托，致力于打造循环经济产业链，2011年以来，公司启动了两个五年计划，实现总投资7.16亿元。第一个五年计划，总投资3.66亿元，已提前建设完成年产4万吨马铃薯精淀粉改扩建项目及2万吨醋酸酯变性淀粉项目，建设年产20万吨淀粉糖（果脯糖浆）生产线项目，建设2万吨壁纸胶生产线项目。公司认真落实科学发展观，走“既好、又快、还省”的投资道路，充分利用上下游资源，变废为宝，梯度利用，在节能、环保和可持续发展的基础上，公司引进了丹麦KMC最先进的核心设备和最先进的核心技术。第二个五年计划，总投资3.5亿元，建设膳食纤维生产线3条、提取食用蛋白生产线3条、液态肥生产线3条、马铃薯全粉生产线1条、土豆酒厂2个。公司在不断提升企业技术水平、加工能力的基础上，努力将马铃薯产业做大、做精、做强，引领西北地区马铃薯淀粉加工行业，打造最大的马铃薯淀粉加工“航母”；力争将甘肃蓝天马铃薯产业发展有限公司打造成全国薯类清洁能源生产示范企业，实现国内马铃薯淀粉产能前三。

甘肃凯凯农业科技发展股份有限公司（凯凯农科）成立于2000年9月，公司占地5 200多亩，总资产2.3亿元，注册资本6 155万元，公司现有职工 171 人，专业技术人员 25 人，并聘请了甘肃省农科院马铃薯研究所所长、知名马铃薯育种专家王一航教授，甘肃农业大学经管学院王生林教授，甘肃农业大学农学院师桂英教授，定西市植保专家骆得功研究员为公司技术顾问。公司下设甘肃省昕农福农业科技有限责任公司、定西市凯凯马铃薯产业生产力促进中心有限公司和定西市天润园马铃薯专业合作社 3 个子公司。凯凯农科的产品主要分为两类：第一类是马铃薯脱毒组培苗；第二类是马铃薯种薯，主要有原原种、原种、一级种种薯。种薯产品主要分为 9 个品种：新大坪、陇薯 3 号、陇薯 6 号、大西洋、青薯 9 号、青薯 168、费乌瑞它、夏波蒂、黑美人。公司 2008 年被列为全省马铃薯种薯网棚生产 16 家企业之一，2009 年被列为原国家农业部马铃薯原原种生产补贴 6 家单位之一，先后被评为“全市农业产业化重点龙头企业”“全省农业产业化重点龙头企业”“质量服务信誉保障 AAAAA 级单位”“AA+ 级信用企业”“守合同重信用企业”，获得甘肃省名牌产品、甘肃省著名商标、甘肃省著名诚信企业、安定区政府质量奖等荣誉。公司承担各类农业项目 5 项，申报专利 5 项，取得科技成果 3 项，获得科技进步奖 3 项，其中 2011 年取得的“脱毒马铃薯组培苗快繁培养基配方技术”将脱毒苗繁育周期从 30 天缩短到 15 天，生产效率提高了 1 倍，有效降低了种薯生产成本，在国内同类地区处于领先水平；2012 年公司完成了“马铃薯脱毒苗切段扦插快繁技术研究与应用”项目，该项目 2012 年 10 月 31 日通过省科技厅成果鉴定，在国内同类地区处于领先水平。公司于 2013 年 12 月 26 日在天津股权交易中心挂牌，并已引进北京和合润鑫投资管理有限公司为战略投资者，成为我国马铃薯种薯业行业的领军企业和最具市场竞争力的产品供应商和服务商。

3.1.4　政策对区域经济发展的影响

马铃薯产业政策实施以来，马铃薯产业的发展壮大对定西市地方经济的增长、社会驰名度的提高、城乡均衡和谐发展都有积极建树。

首先，马铃薯种植产业的发展优化了定西市农业产业结构。定西市近年来立足于自身的立地条件，综合考虑当地的海拔、日照、温差、降水量、耕地条件与马铃薯的生育规律，逐年扩大、调整马铃薯种植面积与种植模式，加强标准化种植的技术服务，积极引进先进机械耕作技术，努力提高农业机械化水平，切实提高了单位面积产量和劳动生产率。实施条块化布局生产，构建以市场需求为导向的多元化马铃薯良种生产格局，着力打造洮、渭、漳河流域河谷川水区优质早熟菜用薯和加工专用薯，南部高寒阴湿区优质菜用薯和脱毒种薯，北部半干旱区高淀粉薯和优质菜用薯三大生产基地。农业结构与农业布局日趋合理，提升了农业产值，最大化地发掘了农业资源的效益，促成第一产业在经济产值中的比率不断提高。

其次，马铃薯加工产业的推进带动了地方工业发展。定西市本着立足“农业办工业”的思路及打造“中国薯都”的方略，依托马铃薯资源，坚持把提高精深加工能力作为延长产业链条、提高附加值的重要抓手，高度重视科技研发，以马铃薯淀粉、膨化食品、主食产品为主的绿色食品加工业蓬勃发展，马铃薯加工品广泛应用于生物、医药、化工等多个领域。目前，定西市已有万吨以上马铃薯加工龙头企业 28 家，其中国家级 2 家、省级 16 家，加工能力 80 万吨。全市现有主食化加工企业 12 家、加工能力 10 万吨以上，巨鹏公司生产的清真薯馕出口中东、东南亚等地，“陇上绿莹”牌马铃薯及制品被认定为全国首家马铃薯生态原产地保护产品。

最后，增加了经济总量，成为农村扶贫脱贫的重要抓手。2014 年，定西市播种马铃薯 300 万亩以上，产量在 500 万吨左右，总产值达到 120 亿元，农民人均产业收入达到 1 050 元左右；2016 年，总产量达到 550 万吨，全市马铃薯产业总产值达到 148 亿元，成为地方经济重要的增长点，尤其是马铃薯加工企业的日益壮大，为财政增收发挥了积极作用。与此同时，定西市政府还把马铃薯产业作为精准扶贫的重要支点，制定了《关于进一步深入推进马铃薯产业助推精准扶贫精准脱贫实施方案》，对马铃薯富民产业培育工作提出了年度目标任务，并细化分解到各县区，确保马铃薯富民产业培育各项工作落到实处。自相关举措实施以来，近五年全市依托马铃薯产业直接带动脱贫 4.1 万户 17.2 万人，定西市贫困人口由 1982 年的 170 万人下降到 2016 年的 33.28 万人，贫困面由 78% 下降到 12.58%。2016 年，农民人均产业收入 1 422 元，占人均纯收入的 22%。

3.2　农业产业集群政策绩效评估的公共价值导向

“公共价值”这个概念是哈佛大学教授 Mark Moore 提出的，其核心思想是提倡公共管理者寻求、确定和创造一种集体表达的、政治协调的公民偏好的反映，以此提升公民对公共管理部门的信任。公共政策作为公共管理部门实现公共利益的主要载体同样也要体现公共价值导向，即要正确认识“公共性”，追求政策目标群体的合作共赢与政策自身的可持续发展。

3.2.1　农业产业集群政策绩效的“公共性”评估

美国学者本恩、高斯与尼古拉斯·亨利曾提出应从三个方面来理解“公共性”，即行为者维度、利益维度与可进入维度。行为者维度是指，公共物品与公共服务应由政府部门提供，但是随着新公共管理运动和公共治理理论的兴起，越来越多的公共事务由政府、私人部门与社会第三方合作供给，这使得从行为者维度看公共性有些片面，但在我国涉及国计民生、国家安全、公民基本权利与利益的纯公共物品仍由政府予以提供。利益维度是指，公共部门制定的行动、制度及采取的技术都应体现公共利益，最大限度上创造满足公众生存、发展、享受所需要的条件。可进入维度是指，社会多元主体诸如公民个人、利益集团、社会团体等都有权利参与公共组织的各项活动，故以政府为代表的公共组织要受到多方力量的制衡，要重视公开、透明、参与、回应性、责任等价值因素。三位学者对于判断公共性三个维度的界定，对衡量政策的公共性有一定借鉴意义。

结合实际，农业产业集群政策的公共性应着重把握公共利益的实现与各方主体的可进入性。公共利益的实现程度主要从宏观与微观两个层面把握：宏观层面衡量政策实施后对区域经济发展的贡献、对基层基础设施建设的推动、对地方环境治理的改善等方面；微观层面衡量政策实施后对农民人均收入水平的改变，对龙头企业产业规模、产能、收益的提升，行业协会类型及数量的变化等方面。主体的可进入性，主要衡量政策制定、实施、评估各环节各利益相关者的参与程度，如政策制定过程中是否广泛地收集民意、听取民声；实施过程中是否有积极的政策宣传，让受众充分了解自己的权利；评估过程中是否做过全面的顾客满意度调查。

3.2.2 农业产业集群政策绩效的“合作性”评估

史蒂芬布鲁克斯在《新公共领导的挑战》一书中提出，在日益复杂的环境中，政府绩效的获得既取决于纵向上的组织、控制与科学管理，又取决于横向上与其他利益相关者，比如公民、私营企业和非营利组织的合作。这一观点与公共治理理论有异曲同工之妙，该理论的核心观点是主张多元公共管理主体通过合作、协商、伙伴关系、确定共同目标等途径，实现对公共事务的管理，政府在社会公共网络管理中扮演“元治理”的角色，仅为公共事务管理主体之一，其本质是构建一种新型的公民社会与政治国家关系，引入合作网络、集体行动，力求创设政府负责、社会协同、公众参与的新的社会管理格局。新公共治理的思想落实到具体操作层面：首先，政府要承担建立指导社会组织行为主体的大方向和行为准则，要作为“同辈中的长者”，在战略计划、资源分配、项目管理、监督以及与其他利益相关体沟通等方面发挥重要作用；其次，在社会经济领域，要积极培育私营部门与第三部门的社会责任意识，并使其自愿承担政府让渡出的公共管理职能，各社会组织彼此间是权利依赖与互动伙伴关系，他们通过协商、谈判和交易机制，推动公共目标的实现；最后，通过建立制度安排来提升公民沟通与参与，增强公民需求的回应性，直接吸纳公民参与政府绩效评价或间接搜集公民对政府绩效的感知，让公民承担起“问题形成者”“共同生产者”“绩效所有者”“绩效评估者”等角色，以此坚实政府绩效的社会价值基础，促进公众对政府的信任。

基于此，农业产业集群政策绩效的“合作性”评估也应遵从以上思路开展，测评与此项政策存在直接利害关系的社会主体，如政府部门、龙头企业、金融机构、行业协会、农民等，在政策的制定、执行、评估过程中是否呈现“多中心”协商、参与、合作；政府是否在制定政策过程中，尊重民意，考虑多方利益主体诉求，为政策执行提供充足的条件、创设良好的环境；金融机构是否为龙头企业和农民在政策框架内创造了宽松的投融资空间，弥补了资金不足的短板；龙头企业是否能充分利用各项支持政策，与同行企业、行业协会、技术研发机构加强合作，以提升产品的科技含量，并不断发掘延展产业链；行业协会是否能做好政府、企业的黏合剂，把产业发展的新动向及企业发展的新需要及时有效地传递给各方信息相关者，为产业的健康发展保驾护航；农民是否能积极加入合作社、企业等组织的生产制造活动，以增加种植收入，获得就业机会，提高人均收入，摆脱家庭贫困。诸如以上所述，都可视为农业产业集群政策合作性方面的表现。

3.2.3　农业产业集群政策绩效的“可持续性”评估

政策绩效评估是一个动态过程，需要不断反馈、沟通、改进才能促进绩效水平的改善、提升。绩效管理中的可持续性主要体现在两个方面：第一，评估行为和评估内容的可持续性。西方国家，通常以立法的形式确定政府绩效评估的指标、过程，并定期向社会公布评价结果。我国的政府绩效评估却多显现出随意性、自发性，还未形成共识性的评估模式及实施办法，各地方政府也是根据自身偏好确定评估原则与评估内容，并未将绩效评估工作常设化、制度化，往往追求短期效益，无法实现“评估是为持续改进绩效”的初衷。第二，绩效结果使用的可持续性。当前政府部门的绩效评估多关注“绩效得分”，而轻视绩效评估信息的利用。虽然通过绩效评估找到了政策执行中存在的问题，却放弃了解决这些问题的有效信息。造成政府绩效评估不可持续的原因：首先，绩效评估相关立法缺失，绩效评估得不到法律法规的支撑与保障，无实施依据。解决这一问题，需要中央至地方自上而下的推动与长期努力。其次，绩效评估的人治色彩突出，评估活动与领导的价值判断与个人偏好有重要关系，评估工作往往围绕领导确定的“工作重心”或“焦点问题”展开，随领导系统的更迭而更迭。兰州大学在国内首开先河，探索创造了第三方评价政府绩效的“甘肃模式”并付诸实践，但由于种种原因，面临重重阻碍和困难，也仅仅执行两个年度，未能持续开展。最后，绩效评估重经济效率而轻社会效率，有很强的管理主义倾向，把政策绩效简单等同于经济增长、投入产出比等，一叶障目，只截取政策绩效内涵的某一层面，忽视了政策对公民满意度达成及地方发展战略促进的功能。归根结底，这些原因都产生于政府部门对公共价值的践行不足，故公共政策绩效可持续性的内在激励机制应该是能反映公众集体偏好的公共价值。

农业产业集群政策的“可持续性”评估，主要从以下几方面开展：第一，公众对这项政策的认可程度，包括赞成与反对的比例范围，目标群体的利益实现程度、政策实施利弊判断等；第二，政策的法制化建设进程，是否出台了能确保农业产业集群政策可持续推进的法律法规；第三，政策在不同领导执政期间内有无反复或更迭；第四，农业产业集群政策执行过程中有无问题反馈及解决机制。

以上分别从“公共性”“合作性”“可持续性”三个层面分析了农业产业集群政策的公共价值导向。公共价值理论重视政治方面的作用，主要关注集体偏好，大力推行网络治理并且重新定位民主与效率的关系，最后，全面应对了效率、责任与公平等问题，这些突破对公共政策绩效评估具有重要的指导意义。

3.3 农业产业集群政策的多重综合绩效分析

农业产业集群政策是为了最大限度地发挥该行业的利益，并将重点放在该地区整个行业的运作上。

3.3.1 政策对农业产业集群的直接效益

农业产业集群政策促进了产业集群的发展，为区域内集群企业的发展节约了交易成本，带来了创新效应和外部经济效应。

第一，降低了生产交易成本。农业产业集群相关政策的出台，在集群企业的内部，相关人员会为企业和农户之间构建起信息的桥梁以便双方能够快速地了解市场风险，有效地规避因为信息不对称所引起的各种风险，降低了双方的生产成本。因此，每个企业可以根据自身发展的需要，用调整劳动力数量的方法来减少相应的支出耗损，使得劳动力在区域产业集群内部充分流动，有利于企业自身的发展。当然，产业集群内部的单个企业并不能全部包揽所有的生产环节，这就需要企业之间的相互合作来弥补这一缺陷，这样逐渐使得集群内专业化分工愈来愈明显，从而达到满足市场和企业的双重目的。在区域内农业产业的发展过程中，集群内的企业之间基于同样的产业文化和价值观，在双方达成默契的条件下，会慢慢地发展成为合作关系，在这种合作关系的条件下，无论是在信息掌握还是沟通能力方面都有可能降低企业的交易成本。

第二，带动了创新集聚效应。创新是产业集群内的每个企业在发展探索阶段中，在经济深层次结构中，能够给企业带来经济效益的流入的一种形式。在集群内企业的生产过程中，一般为了提高竞争力、享誉知名度，都会出现“区位品牌”效应。与该地区的个体企业品牌相比，“区位品牌”凝聚了该地区企业的精华，影响更大、更直接，其品牌兼具广泛和持续性的特征。在产业集群的内部，由于技术性人才的涌入和过硬的硬件设施，使得良好的氛围得以在其周围扩展，在这种情况下，加速了技术和知识的流动，集群内企业间竞争逐步升温，也加速了创新效应的溢出。

第三，拉动了外部经济投入。在区域内集群企业经过合作获得了外部经济范围，相互之间的合作最直接的表现就是互相之间可以用较低的成本获取需要的生产要素，各企业之间还可共享资源和专业的技术人员，最后使得单个企业活动获得外部规模经济。

3.3.2 政策对农业产业集群的整体促进效益

农业产业集群政策提高了区域内产业集群的区域竞争力，随着企业的快速发展，产业集群政策的植入是建立在推广和建立企业形象的基础上的，伴随着区域品牌根植于灵活的市场中，区位品牌的定位有效地吸引了外部资金的汇入，同时，区位品牌的形成大大提高了产业集群的产业形象，为来自各方面的资金、人才、物资、政策等提供了十分优渥的条件，从而为当地的发展做出积极的贡献。我们在发展农业产业集群的过程中，因为其发展迅速，致使农业产业集群中的企业也跟着发展了起来，企业之间相互合作，促进了人才流动，实现了企业发展的共赢机制，促使区域内企业的竞争力愈来愈强，竞争优势越来越显著，也逐渐形成了区域品牌，再加上广告宣传的植入，使得企业在这一时期的竞争力持续呈走高趋势，保证了企业竞争力的持续发展。区域内企业在人才的流动方面促进了隐性存在与知识的交换，这样做的好处就是促进了学科之间的交叉和产业之间的融合。区域内企业的集群政策通过建立公共的产业平台，鼓励企业在这样一个平台上合作交流，从而促进了区域内顶尖科研团队的合作，以创新的形式不断产出新的技术。

就河南省农业产业集群整体来看，截至 2017 年底，全省农业产业化重点龙头企业就有 562 家，各地区龙头企业数量如下图所示：

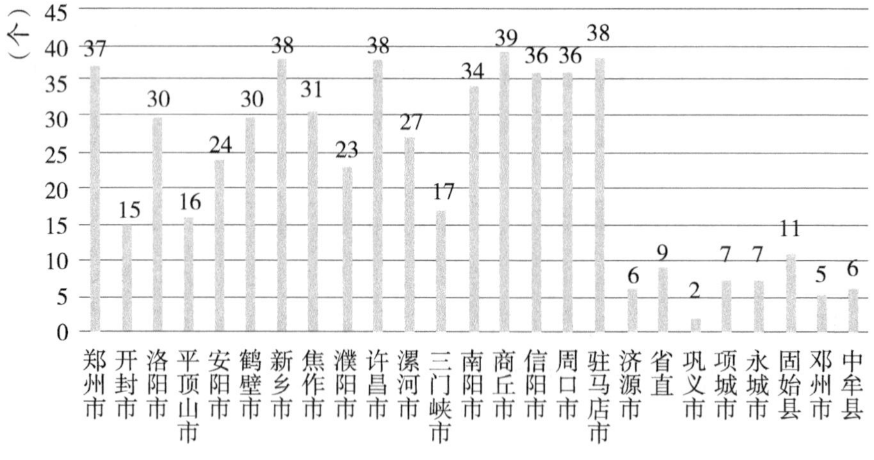

图 3-1 2017 年河南省各地区龙头企业数量分布统计图

地方政府利用其地位的权威性，主动推动农业产业集群向高质量、高效益方向发展，主动向社会公众展示特色品牌，积极扩大区域品牌的宣传影响，缩短市场认可企业的过程，提高企业知名度。通过组织龙头企业举办博览会、展览会、交易会等活动并与媒体合作进行宣传，帮助农业产业集群主体进行产品宣传，树立品牌形象，农业产业集群品牌的树立可极大地增强集群体内企业和农户的生产积极性，同时吸引更多的资金、技术、优秀人才，促进农业产业集群的持续发展。

3.3.3　政策对农业集群相关产业的带动效益

农业产业集群政策是通过集群产业的发展促进上下相关产业的发展，同时也注重横向和纵向产业链的发展。农业产业集群政策主要体现在相关产业的表现上，如农产品加工工业产值、相关服务业产值以及运输业产值。农业产业集群的相关政策促进了该区农业产业集群的发展速度和进步。带动了相关产业的发展，将上游的培育、播种、配料、采摘、喂养、加工、包装和下游的销售、运输进行产业链拉长，加速生产与销售，工业、贸易和农业的有机结合。以河南省为例，河南省依靠其自身条件的发展优势，运用本省独特的自然资源，积极培育农业产业化集群，聚焦发展农产品的深加工，加快发展农产品运输、储存、销售一条龙，促进多种产业的深度融合，进一步拉伸了产业之间的合作和彼此的依赖程度，通过完善农产品的流通体系，使得城乡边缘的农产品流通的覆盖面进一步扩大，加快了运销行业的快速发展。这样不仅壮大了农业产业的队伍，又逐渐形成了强大的竞争优势。

第 4 章　农业产业集群政策绩效评估指标的构建与测度

农业产业集群政策的执行效果需要通过系统科学的绩效评估指标去测度，该政策是否惠及了千万农民群众，是否发展了各利益相关体，是否成就了政策目标与公共价值，都有待政策指标的检验。对绩效评估指标体系的构建将本着着眼实际、科学客观且围绕公共价值理论这一初衷的思想开展。

4.1　政策绩效评估指标构建的原则

绩效评估指标构建主要包括政策目标实现最大化、整体考量与系统协调、科学合理的可操作性、围绕公共价值为核心四个重要原则。

4.1.1　政策目标实现最大化

政策目标是决策者凭借一定的政策手段，最终获得的东西，它是政策的出发点和归宿，制约着公共政策全过程。政策指标是政策目标的具体化，是政策目标的具体尺度（质的尺度或量的尺度）。二者的关系类似战略与战术，战略统摄战术，战术成就战略。故设计农业产业集群政策绩效评估的指标体系，首先必须围绕国家实施该政策的战略目标，战略目标的实现是通过层级分解的具体目标达成的，这就要求设计的指标体系与战略目标的层级分目标相适应。曹子坚、冯哲英认为："产业集群能力是地区竞争力的重要体现，是区域可持续发展的重要支撑。”[①] 这就说明产业集群能力作为一种重要的战略支撑，对于政策目标实现最大化具有巨大作用。

4.1.2　整体考量与系统协调

首先，基于农业产业集群政策涉及多方利益主体，包括企业、农户、政府等，因此需要指标体系能全面、系统地反映出政策实施对各利益相关体在量与质方面带来的改善或提升。其次，任何政策的测评都是多维度的，所以指标体系要把经济、政治、社会三种指标统一起来，综合反映政策实施后社会各子系统的变化。再次，要考量农业产业集群政策能否与现存的其他政策相互补充、促进，以为更大的元政策服务，以推动实现更大层面的公共价值及公共利益。在农业产业化背景下，我国的农业产业集群获得了迅速发展，这种粗放型的发展给我国农业产业集群带来了巨大的挑战。郭新旺、周云凤认为：“要加强企业相互之间的团结协作，不断优化和整合资源，防止企业之间形成恶性竞争。”[②] 因此，只有优化整合资源，才能使公共价值或者公共利益达到最优。

4.1.3　科学合理的可操作性

可操作性原则是指，首先，指标体系要有的放矢，针对政策目标的关键变量设置，是对核心测评维度的系统分解，目标层与指标层相互照应，不能脱离相应的概念范畴；其次，指标设计要合理，本着实事求是的原则，每一个指标与要测评的问题紧密相关，既不能主观臆断，也不能降格以求，要能切实反映农业产业集群政策的个性特质，要与一般政策绩效测评指标体系建立区分度；最后，指标体系要有可操作性，即量性指标数据好收集、好分析，

---

① 曹子坚，冯哲英 . 定西市马铃薯产业集群发展现状与对策［J］. 现代商贸工业，2010（07）：98-99.

② 郭新旺，周云凤 . 基于区域品牌战略的农业产业集群研究——以甘肃省定西市马铃薯产业集群为例［J］. 古今农业，2010（06）：38-43.

质性指标的结论判断信息可获取、较客观。陈绪敖认为："以市场需求为导向，促进市场销售方式转型，完善产品流通渠道建设，使产品进入深入营销阶段。"[①] 因此，政策目标绩效的可操作性原则也具有重要的作用。

4.1.4 围绕公共价值为核心

本书基于对马铃薯产业集群政策绩效评估的思路，围绕公共价值理论为核心来展开，故指标体系的设计也需从公共性、合作生产、可持续性几个方面对政策效果进行反思，对指标测度的每一主体都要从这几个层面进行测评。结合马铃薯产业政策的特点与公共价值理论的主张，落实到具体操作层面，指标体系应该从公平性、参与性、可持续性和效率性四个方面选取评价因子。

4.2 政策绩效评估指标体系的基本框架

本着公共价值理论的基本理念及一般公共政策测度所截取的常见指标，以甘肃马铃薯产业集群为典型案例，构建政策绩效评估的基本框架，旨在通过该评估体系反映政策对政府、农民及企业的影响及对推动社会全面发展的建树。如表 4.1 所示，对马铃薯产业政策绩效评估从公平、可参与性、持续性及政策实施后产生的社会效果四个维度，对照政府、企业、农民三个主要利益相关体进行指标设置，所涉及的指标主要覆盖政治、经济、社会三个层面。

政治指标主要包括：第一，政策在保持国家独立自主、法治建设、民主自由、维护国内安定团结方面的贡献，具体指标有选民参加选举程度、政府权力转移、言论自由等，这些指标往往难以量化，只能用质的指标；第二，公众对政策的满意程度，通常用民意调查的方法，确定人民对政策的主观感受。

① 陈绪敖．安康富硒食品特色农业产业集群发展的 SWOT 分析［J］．湖北农业科学，2012（12）：2620–2623，2627.

经济指标主要包括：经济增长的指标，如国民生产总值、国民收入、人均国民收入等；经济稳定的指标，如综合物价指数、国民生产指数、充分就业指数等；公平分配的指数，如基尼系数等。

社会指标，主要反映政策带来的社会各领域的改变，即测量政策所带来的社会效果。20 世纪 70 年代初，社会指标运动从美国走向世界，发达国家、发展中国家纷纷建立各自的社会指标体系，其中联合国统计处编印的《社会与人口统计体系》被公认为最具有代表性的文献之一。我国也于 1985 年出版了《中国社会统计资料》，全书共有 15 个大类，1 000 多个指标，比较全面地反映了我国社会发展的全貌，并于 20 世纪 80 年代后期，国家统计局、各地研究机构对社会指标的理论及应用进行了系列研究，代表作有《社会指标的应用》、社会指标理论研究等。社会指标通常包括的主题有：人口与家庭、健康与营养、住宅与环境、交通运输、公共安全、教育与培训、工作、社会安全与福利、收入与生产力、社会参与、文化休闲与时间利用等。

表 4-1　基于公共价值的马铃薯产业政策绩效评价指标体系

<table>
<tr><th>目标层</th><th>准则层</th><th>主体</th><th>指标层</th></tr>
<tr><td rowspan="18">马铃薯产业集群政策绩效评价指标体系</td><td rowspan="6">公平</td><td rowspan="2">政府</td><td>专项补贴资金发放率</td></tr>
<tr><td>对不同的扶助对象是否有差别对待</td></tr>
<tr><td rowspan="2">企业</td><td>产业发展投融资率</td></tr>
<tr><td>产业发展研究项目核准率</td></tr>
<tr><td rowspan="2">农民</td><td>政策覆盖率</td></tr>
<tr><td>贫困人口参与率</td></tr>
<tr><td rowspan="6">参与性</td><td rowspan="2">政府</td><td>产业政策的普及率</td></tr>
<tr><td>政策执行过程中的服务态度是否积极</td></tr>
<tr><td rowspan="2">企业</td><td>问题反馈率</td></tr>
<tr><td>项目申报率</td></tr>
<tr><td rowspan="2">农民</td><td>政策熟知度</td></tr>
<tr><td>问题反馈率</td></tr>
<tr><td rowspan="6">可持续性</td><td rowspan="2">政府</td><td>产业发展投入率</td></tr>
<tr><td>行业组织的成熟度</td></tr>
<tr><td rowspan="2">企业</td><td>政策的认知度</td></tr>
<tr><td>对自身发展的好处</td></tr>
<tr><td rowspan="2">农民</td><td>政策满意度</td></tr>
<tr><td>对自身发展的好处</td></tr>
</table>

续表

目标层	准则层	主体	指标层
马铃薯产业集群政策绩效评价指标体系	效果	政府	第一产业增加比重
			第一产业劳动者占全部就业者比重
			第一产业 GDP 占比
			森林覆盖率、农村公路覆盖率、工业三废综合处理率
		企业	马铃薯龙头企业增长率
			马铃薯企业 GDP 占比
			新增劳动力占比
			资产总量
			品牌化程度
		农民	人均纯收入
			马铃薯产业收入占比
			马铃薯产值增比
			恩格尔系数

4.3 多元主体视角下绩效评估指标的构建与测度

对政府、企业、农民这三个与马铃薯产业集群政策直接相关的利益相关体，测评的主要维度源于公共价值理论的核心理念，确立为公平性、参与性、可持续性。在此基础上，还增加了一般政策测评的社会效果维度。

首先，公平性可以理解为每个人或每个群体得到同样的利益。对于公平有三种认知标准：“一是贡献标准，即按每个人的能力及努力程度所做出的贡献大小进行分配，通过市场机制来进行分配依据的就是此标准。二是需求标准，即根据生存水平的必要性进行分配，并通过社会保障的形式来实现。这种标准可以减少收入差异，保证每个人的基本生存条件。三是机会均等标准，这是一个分配准则公平与否的问题，提出这一准则是出于能否公平地确立分配方式的考虑。”① 一般而言，实现公平应该综合这三个标准，但在现实中，各国对公平标准的侧重有所不同，无法实现面面俱到，故对政策相关主体的公平性测度也要根据实际情况选择其中一种或几种标准来配置指标。陈天祥认为：“政府对绩效评估的研究应当致力于研究开

① 顾建光 . 现代公共管理学［M］. 上海：上海人民出版社，2011.

发一套普适性的指标体系。”[①]

其次，参与性通常是指公民个人、利益集团、社会组织等卷入公共决策的程度。这种卷入包括被动卷入与主动卷入。被动卷入是指，政府在管理公共事务、制定与执行公共政策时能否征询公众意见，履行民主决策程序，如听证会、田野调查等收集民意的环节是否落实，与社会各方沟通的渠道是否顺畅，是否开放社会监督系统等。这种参与是由政府主导，公民的参与度取决于政府政务公开的程度及公民对政府的信任程度。主动卷入是指，公众能秉承公民社会的精神，以主人翁的姿态自觉自愿地参与到公共管理的各环节，积极为维系社会公义、实现社会公共利益去努力。这种参与是由公民主导，公民的参与度取决于对自身权利、义务及社会责任的认知成熟度。刘朋朋认为：“政府绩效评估作为行政管理体制改革的突破口和行政学科领域研究的聚焦点， 已成为地方政府实务界和学术界关注的热点内容。”[②]

再次，可持续性是指政策能否统一、连贯地执行，能否有足够的政策资源支持政策系统运转，能否从目标群体获取较高的政策满意度。政策是否具有可持续性取决于政策执行控制、资源禀赋条件及利益相关者的支持。政策执行控制受制于对政策执行失控的矫正程度。公共政策执行失控主要表现为四个方面：第一，政策敷衍，所谓政策敷衍，就是在政策执行方面，只做了一些表面上的宣传和应对，并没有采取一些可操作性的具体措施，也没从具体的行动上去落实，这就使得一些政策基本都是一纸空文；李乐、杨守涛认为：“为公民服务始终是民主政府存在的理由。”[③]第二，政策附加或阻截。政策的附加和阻截就是在政策的实施和执行的过程中，并没

① 陈天祥．政府绩效评估指标体系的构建方法——基于治理过程的考察［J］．武汉大学学报，2018（01）：82-87.

② 刘朋朋．中国地方政府综合绩效评估指标体系设计的比较研究［J］．中共福建省委党校学报，2017（11）：58-65.

③ 李乐，杨守涛．试论公共责任视域下以公民为本的绩效评估指标体系的构建——英国的经验与启示［J］．中国行政管理，2018（06）：141-146.

有按照政策所规定的对象、范围、目标、力度等进行实施，而是受限于某种利益的驱使和需求。第三，政策抵制，就是说政策执行者在执行政策的过程中，只是从局部利益或自身利益出发，对于某些政策有意或变相不执行；第四，政策扭曲，也就是说政策执行者对某些政策的精神或者内容进行有意曲解，为自己所用，并以对自己有利的方式去解释政策和执行政策。公共政策资源，是指满足政府实施公共政策所需要的人力、物力、财力。政策资源充当着政策执行的蓄水池，为政策的落实提供实现条件。在各类政策资源中，政府的资金投入与政策的法制化建设最为重要，分别从物质基础与上层建筑上为公共政策执行创造空间。公共政策优劣的最终评价权掌握在政策目标群体手中，如果政策的执行效果有利于目标群体，能满足他们某方面的需求，那这项政策就会被拥戴，反之，就会被漠视或弹劾。

最后，社会效果是指政策实施后产生的各种实际效果及影响，主要包括政策目标的达成程度，对其他政策的建设性，给利益相关体带来的好处。评价任何一项政策都务必对照回归政策目标，看其能否最大限度地实现政策目标的初衷，是否兑现了政策目标对产生结果的关键预期，是否从经济、效率和公平等层面回应了政策的价值理性。从生态系统理论出发，每一项政策都是总政策系统的子系统，各子系统之间寻求平衡与共赢。一项政策的实施能否有助于其他政策目标的实现或改善其他政策的执行效果，推动政策系统整体功能最大化，也是评价其社会效果的重要维度。公共政策通常有的放矢地解决某类社会问题，调整某类社会群体的行为，满足或抑制某类社会群体的需求，所以对公共政策社会效果的评价一定要参考政策实施后产生的群体效益，多大幅度增进或改善了利益相关者的福祉，这是在政策评价时必须要关注的。尚晓贺、吴晓忠："对2012年我国各省级地区政府预算绩效情况的研究表明：地区间政府预算绩效极不平衡，东部地区的预算绩效要高于中部和西部地区。"①

① 尚晓贺，吴晓忠．政府预算绩效的外部评估［J］．广东财经大学学报，2015（04）：74-83.

4.3.1　政府视角下政策绩效评估指标的构建与测度

测评马铃薯产业集群政策对政府的影响，主要涉及的指标有：第一，公平维度：专项补贴资金发放率、对不同的扶助对象是否有差别对待。第二，参与维度：产业政策的普及率、政策执行过程中的服务态度是否积极。第三，可持续性维度：产业发展投入率、行业组织的成熟度。第四，社会效果维度：第一产业增加比重、第一产业劳动者占全部就业者比重、第一产业 GDP 占比、森林覆盖率、农村公路覆盖率、工业三废综合处理率。对以上指标根据数据化程度的不同，采取定性分析与定量分析相结合的方法描述指标的演进与政策实施的相关性。

（1）公平性测度。2017—2018 年间，先后向定西市农业局、马铃薯产业办、代表性龙头企业、农户等马铃薯产业政策的利益相关群体发放问卷 120 份，其中回收有效问卷 110 份，对问卷中的公平性指标进行数据统计，得到以下频数分布表：

表 4-2　马铃薯产业发展专项补贴资金发放及时程度的频数分布

程度	频数
很及时	20
比较及时	80
不太及时	10
很不及时	0
合计	110

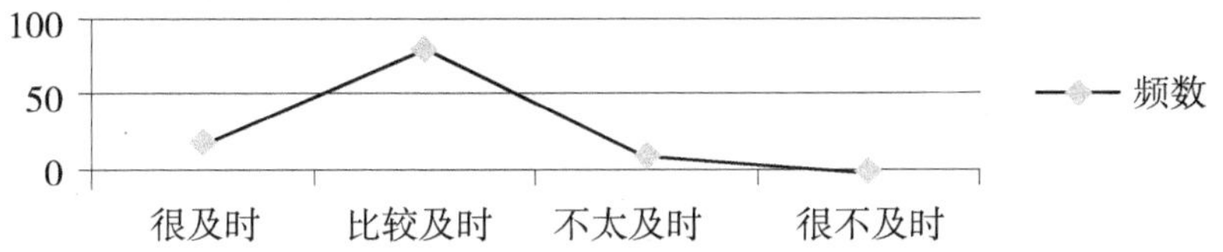

图 4-1　马铃薯产业发展专项补贴资金发放及时程度的频数分布图

表 4-3　对不同扶助对象是否有差别对待的频数分布

差别对待	频数
有	5
没有	85
不清楚	20
合计	110

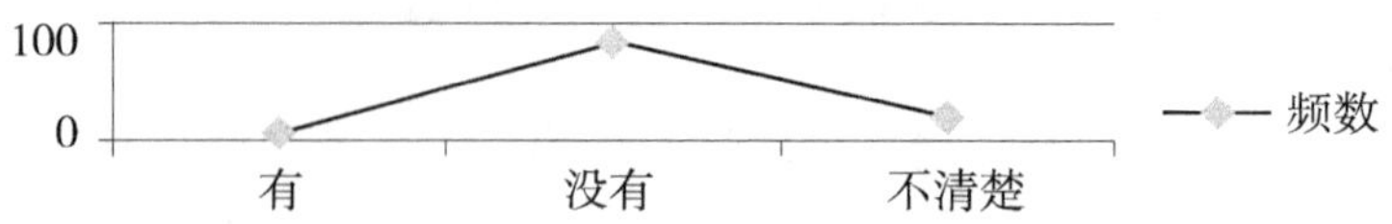

图 4-2 对不同扶助对象是否有差别对待的频数分布图

由以上图表可见，定西市政府在贯彻马铃薯产业政策时遵循到了公平、公正的原则，基本能做到对所有政策目标群体一视同仁，无差别对待，并且专项发展建设基金的发放也较及时，无政策拖延情况。

（2）参与性测度。参与性主要通过产业政策普及率及政策执行服务态度测评。首先，定西市全年通过“定西农业信息网”网络平台，发布信息 969 条，网站独立 IP 访问量 18 710，页面访问量 97 216 次；编发《定西农业简报》18 期、《农业信息快报》41 期，发布信息 210 条；通过“甘肃农情信息调度系统”按时填报各类农情调度表 200 多份；按照农业生产动态 10 天一报制度，统计农业生产进展情况统计表 20 多份；通过“全省信息联播管理系统”为“甘肃农业信息网”报送农业信息 1 500 多条。从以上事项的落实及信息发布共享的程度可见，定西市政府对产业政策的宣传、执行反馈较为及时。其次，从调查问卷中的统计数据可见，约 77.3% 的政策相关者认为政府部门在落实马铃薯产业政策时积极主动，服务意识强，能体现出政策执行者良好的政治觉悟及务实的办事精神。

表 4-4 落实马铃薯产业政策的服务态度频数分布

服务态度	频数
很积极	85
较积极	25
不积极	0
合计	110

（3）可持续性测度。首先，定西市马铃薯产业发展投入最近 10 余年来一直维持较为稳定的投入比。2007 年，《定西市马铃薯良种工程项目财政专项资金扶持方案》中提出 2007—2008 年两年市政府将补贴资金 1 936.52 万元用于马铃薯良种工程，全面提升了马铃薯产业化经营层次和水平，促进了精深加工和品牌营销。2015 年，全市共落实粮食直补、农资

综合补贴、良种补贴、农机具购置补贴四项补贴 43 910 万元，较上年同期增加了 1 975 万元。但是从调查问卷中对马铃薯产业发展金融信贷落实情况这一变量收集的信息可知，约有 80% 左右的被调查者认为金融信贷体系不够完善，仍存在着申贷难、放贷慢、程序多、手续复杂的问题，鉴于该问题异常突出，后面专门有章节就此进行深入分析，这一现状必将从某种程度上影响马铃薯产业的精深化发展。其次，定西市马铃薯行业组织的成熟度与集群发展。如下表所示，约 82% 的调查者认为，自实施各项马铃薯产业政策以来，定西市的相关行业协会及研究性组织都取得了长足发展，其对马铃薯产业的发展将会产生持续的助推作用。

表 4-5 马铃薯产业政策对马铃薯行业协会的发展促进频数分布

产业化政策对行业协会发展的促进	频数
促进很大	20
有促进	90
无促进	0
合计	110

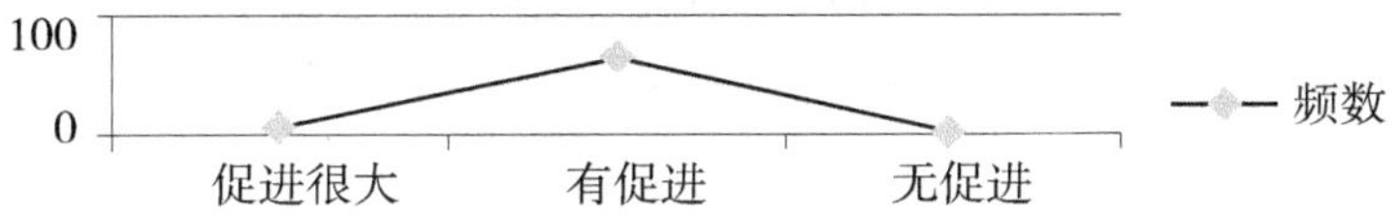

图 4-3 马铃薯产业政策对马铃薯行业协会的发展促进频数分布图

（4）社会效果测度。如表 4-6 所示，2013—2017 年定西市马铃薯的播种面积总体来看略有下降，但基本稳定在 300 万亩左右，薯制品加工能力、产值、农民人均薯业纯收入、收入占比都呈逐年增加趋势。由此可见，马铃薯产业政策的实施对定西市社会经济发展及人均 GDP 都有所贡献。

表 4-6 定西市马铃薯生产情况统计表（2013—2017 年）

汇总 年份	面积（万亩）	薯制品加工能力（万吨）	产值（亿元）	农民人均薯业纯收入（元）	占农民人均纯收入比重（%）
2013	314.05	57.54	105.00	860	21.0
2014	290.54	60	114.00	1020	21.5
2015	293.52	65.8	135.00	1280	22.0
2016	302.14	79	148	1422	22.0
2017	305.19	79	163	1590	22.9

数据来源：定西市马铃薯产业总结 2013—2017 年。

如表 4-7 所示，定西市 2013—2015 年的第一产业增加值基本呈上升趋势，增减比也略显反复，由于第一产业构成复杂，故无法判断增减比与马铃薯产业发展的相关程度。

表 4-7 第一产业增加值（2013—2015 年）

年份	绝对数（亿元）	增减（%）
2013	74.18	5.8
2014	73.61	5.4
2015	76.97	5.5

数据来源：《定西市国民经济与社会发展统计公报》。

由表 4-8 可见，2013—2015 年间，定西市第一产业吸纳的就业人数日益增加，结合实地调查收集的信息基本可以判断，新增的就业岗位主要源于马铃薯种薯培育及马铃薯产业链延伸带来的就业机会，这部分就业不仅吸纳了农村闲散的剩余劳动力，而且助增了第一产业生产总值及农民的人均收入，改善了农村社会的基础设施建设及农民的生活水平。

表 4-8 第一产业就业及生产总值占比

年份	就业比（%）	生产总值占比（%）
2013	57.48	29.4
2014	56.21	25.4
2015	58.35	29.8

数据来源：《定西市国民经济与社会发展统计公报》。

4.3.2 企业视角下政策绩效评估指标的构建与测度

根据研究收集到的统计资料及调查问卷中反馈的相关信息，测评马铃薯产业集群政策对企业的影响，主要截取的指标有：第一，公平维度：产业发展投融资率、产业发展项目核准率。第二，参与维度：问题反馈率、政策了解程度。第三，可持续性维度：政策认知度、对自身发展好处的评价。第四，社会效果维度：马铃薯龙头企业增长、企业资产总量、企业品牌化程度。对以上指标的评价分析仍采用主客观相结合、定性与定量测评相辅相成的方式。

（1）公平性测度。“2015 年甘肃省政府确定对陇西清吉、巨鹏食品、薯香园、沁园春 4 家龙头企业重点扶持，共安排试点项目资金 850 万元，占全省试点资金 1 000 万元的 85%。”① 从这一数据可见，出于全省马铃薯产业发展的战略布局安排，无法实现对各层次马铃薯生产、加工企业的扶持兼顾，只能有所侧重地扶持一批技术领先、品牌知名度高、发展潜力较大的大中型企业，这对小型企业或处于创业初期的企业可能有失公允，无法做到真正意义上的绝对公平。2017 年共争取到薯香园、长清、巨鹏、清吉、沁园春、田地六家企业主食化项目试点资金 1 790 万元，而且几家龙头企业的发展明显能更多地受益于政策因素。关于马铃薯企业的发展项目申报工作，鉴于地方政府经费有限，故企业申报的项目立项率较低，但项目评审的程序科学、专业性较高，评审过程规范，无暗箱操作、利益输送中标等违法违规现象。

（2）参与性测度。对企业参与性的测度，主要从问题反馈率及政策了解程度两个方面进行测度。首先，通过对定西市几家大的龙头企业进行走访，获知企业通常较关注经费补贴、信贷、投融资、税费减免方面的政策，而在这几项政策中意见较多地集中在信贷领域，企业管理者认为地方信贷政策办事环节多、审核时间长、发放速度慢，往往搁置了企业项目上马的进程，降低了企业项目运作的效率，但这些意见通常不会过多与政府部门沟通，究其原因，各访谈对象也是讳莫如深，不愿多讲。其次，通过对定西市 30 家龙头企业进行问卷调查收集到的信息进行统计分析，如表 4–9 所示，80% 左右的企业经营者对相关的政策规定有较深入的了解，他们表示企业的发展与政策导向关系重大，对政策的透彻解读有助于从中寻找企业发展的支点与支持力，可以帮助企业识别、规避市场风险，并借着不同的政策东风获取发展资源。由以上两个测度指标反映的现状可见，政府部门的官僚制作风及官本位思想仍然存在，企业与政府部门还未建立起顺畅的问题反馈机制及沟通渠道，仍需改进。

① 定西加快建设中国薯都　促进产业转型升级［N］. 甘肃日报，2016–10–10.

表 4-9　企业对马铃薯产业政策了解程度的频率分布

政策了解程度	比例（%）
非常了解	20
比较了解	60
不太了解	20
很不了解	0
合计	100（n=30）

（3）可持续性测度。对企业而言，政策的可持续性源于企业管理者对政策的认同度及政策执行对自身发展好处的评价。首先，通过对 30 家龙头企业的负责人进行访谈，其中 70% 的被访谈者对现行的政策持较满意态度，20% 的被访谈者对现行的政策持一般满意态度，10% 的被访谈者对现行的政策持不太满意的态度；60% 的被访谈者对政策的未来走向表示较有信心，30% 的被访谈者表示政策的未来走向不好预测，10% 的被访谈者不太看好政策未来的演进。其次，由表 4-10 可见，80% 左右的被调查者认为，马铃薯产业政策对马铃薯加工、制造企业的发展有较大促进作用，政策分别从技术、资金、税费减免、项目投融资等方面为企业注入了发展的动力。各类各型马铃薯产业链上下游的企业都积极争取政策机遇，引进现代新兴科技及管理方式，自主开发与合作引进相结合，科学战略定位，生态环保生产，构建市场区分度及产品多样化经营，在各项产业化政策的指引下发展思路更加清晰，效率、效益都有大幅提升。

表 4-10　马铃薯产业政策对相关企业发展的促进作用频率分布

促进作用	比例（%）
促进很大	20
有促进	60
无促进	20
合计	100（n=30）

（4）社会效果测度。首先，2017 年定西市万吨以上马铃薯加工龙头企业发展到 28 家，其中国家级重点龙头企业 2 家、省级 16 家，全国主食加工示范企业 2 家，加工能力达 79 万吨，其中精淀粉及其制品加工能力达 50 万吨、变性淀粉 15 万吨、全粉及主食产品 12 万吨、高档休闲食品 1 万吨、

生物质基材 1 万吨。[①] 从这一数据可见，自马铃薯产业政策在定西推行以来，促进了该区域马铃薯生产制造企业的规模化经营，受知识溢出效应的影响，马铃薯脱毒种薯的跟进研究及加工品的持续开发，为地方民营企业创造了良好的发展契机，使马铃薯生产制造类龙头企业不论从数量、规模还是加工能力方面都取得了长足发展。其次，“定西市已经注册马铃薯品牌商标 37 个，国家原产地地理标志注册产品 5 个，甘肃名牌产品企业 6 家，全市认证马铃薯、马铃薯淀粉、马铃薯水晶粉丝等 26 个马铃薯及其制品绿色食品，渭源、陇西、临洮、安定四个省级无公害农产品标准化生产基地，安定区、渭源县分别被命名为‘中国马铃薯之乡’‘中国马铃薯良种之乡’，‘定西马铃薯’被国家工商总局认定为中国驰名商标 [②]”。马铃薯已然成为定西的地理名片，品牌效应带来的经济效益及社会声誉无不受益于马铃薯产业政策的辐射带动。最后，从马铃薯加工企业近几年的资产总量及加工品产量可见，淀粉产量逐年上升，农副食品加工业资产总量也呈逐年递增趋势，马铃薯产业链随着技术水平的提升不断延伸，终端产品日益实现多样化与差异化，尤其在国家“马铃薯主粮化”战略的推动下，马铃薯农副产品加工力求精耕细作，以满足当前各类消费者“舌尖上的需求”。

4.3.3　农民视角下政策绩效评估指标的构建与测度

测评马铃薯产业集群政策对农民的影响，主要涉及的指标有：第一，公平维度：贫困人口政策覆盖度。第二，参与维度：政策普及率、意见征询率。第三，可持续性维度：政策满意度、好处评价。第四，社会效果维度：人均收入增加、农村居民社会保险参保率、恩格尔系数。基于农民群体文化水平的限制，相关指标信息的收集主要采用结构式访谈法，访谈对象抽取了定西市安宁区宁远镇、新集乡，通渭县什川乡、通安驿镇，陇西县永吉乡、

① 2017 年定西市马铃薯产业总结。

② 甘肃省定西市政府 . 定西马铃薯：西北干旱地区脱贫致富的“金蛋蛋”［J］. 中国农民合作社，2017（08）.

和平乡的 80 位村民。

（1）公平性测度。对公平性的测度主要考虑产业政策对农村社会弱势群体的生活改善建树，主要以贫困人口为测评契入点。马铃薯产业政策在带动农村贫困户脱贫方面功效卓著。2015 年以来，定西市市委、市政府制定出台了“1+16+5”精准脱贫方案，16 个专项方案其中之一就是《关于富民产业培育工程支持精准扶贫实施方案》，提出要在贫困村精心培育马铃薯、中药材、草食畜、蔬菜、旱作农业等富民增收产业。市、县均成立了富民产业培育支持精准扶贫工作领导小组及其办公室，制定了《关于进一步深入推进马铃薯产业助推精准扶贫精准脱贫实施方案》，对马铃薯富民产业培育工作提出了年度目标任务，并细化分解到各县区，确保马铃薯富民产业培育各项工作落到实处。全市贫困人口由 1982 年的 170 万人下降到 2016 年的 33.28 万人，贫困面由 78% 下降到 12.58%，全市 10.6 万户贫困户（约占全市建档立卡贫困户 16 万户的 70%）种植 29 万亩，产量 48 万吨。近五年全市依托马铃薯产业直接带动脱贫 4.1 万户 17.2 万人。由以上数据可见，马铃薯产业政策确实扩大了农村贫困人口的经济增收福利，为定西市的扶贫工作注入了经济活力。

（2）参与性测度。首先，就马铃薯产业发展相关的惠农政策普及率收集了相关数据，简单统计结果如表 4–11 所示，其中 20% 的访谈对象认为自己对系列政策了解透彻，60% 左右的访谈对象认为自己对政策体系较为了解，20% 左右的访谈对象认为自己对政策体系一般了解。

表 4–11　马铃薯产业政策知晓度的分布

政策是否清楚	频率（%）
非常清楚	20
比较清楚	60
一般	20
不清楚	0
合计	100（n=80）

其次，由表 4–12 可见，有 65% 左右的受众反映，政府部门在政策制定及执行过程中都会征询群众意见、建议，25% 左右的受众反映政府在制

定、执行部分政策时会做民间调查，10% 左右的受众称从未接受过政策调研的意见征求。由此可见，政策对象对政策的认知度较高，政府部门在政策制定前做了较为充分的田野调查，广泛地收集民意，了解目标群体的政策诉求，政策执行过程中不间断反馈群众意见，适度调整修正已有政策，以提高政策的执行效率。农民群体政策整体参与性水平较高，但基于这个目标群体自身的文化素质及民主意识的局限性，对政策的认识、理解及应用仍存在可待改进的空间，政府部门要不断强化政策制定、执行的民主决意程序，加强政策宣传力度，使其真正融入政策系统，自觉自愿地履行政策，并从政策中寻求发展空间及利益满足。

表 4–12　马铃薯产业政策制定过程群众意见征求率分布

是否征求意见	频率（%）
都征求	65
部分征求	25
从不征求	0
不清楚	10
合计	100（*n*=80）

（3）可持续性测度。对访谈问卷中农民对马铃薯产业政策的态度评价进行数据分析，由表 4–13 可见，农民对马铃薯产业发展资金补贴政策的满意度较高，约 90% 左右的受访者表示国家出台的各项农业税费减免及农业种植补贴极大地减轻了耕种成本，降低了耕种风险，强化了农民耕作的信心。

表 4–13　农民对马铃薯产业发展专项资金补贴政策的满意度分布

补贴政策满意程度	频率（%）
非常满意	20
比较满意	70
一般	10
不满意	0
合计	100（*n*=80）

表 4–14、表 4–15 反映了几乎所有的受访者都认为马铃薯产业政策的执行带来了家庭整体收入的增加及单位面积耕地产值的增加，对农村地区经济社会发展有极大的推动作用，故积极响应及支持政策的持续推进及更新。由此可见，马铃薯产业政策是一项重要的惠农政策，拥有较强的群众

基础，深受政策目标群体的认同，具有可持续发展性。

表 4–14　马铃薯产业政策对农村家庭收入影响的分布

对收入的促进作用	频率（%）
促进很大	60
有促进	40
无促进	0
合计	100（*n*=80）

表 4–15　马铃薯产业政策实施后耕地产值变化分布

单位面积耕地的产值	频率（%）
有很大提高	60
有提高	40
无提高	0
合计	100（*n*=80）

（4）社会效果测度。

首先，农民增收方面。从表 4–16 可见，近 5 年定西市农民人均马铃薯产业收入呈逐年上升趋势，结合入户访谈收集的信息，马铃薯产业的发展对农民纯收入的增加贡献较大。统计数据也表明，定西市农民人均马铃薯产业收入占农民人均纯收入的比重最近 5 年呈递增轨迹发展，产业发展政策从生产、流通、销售、加工等各环节为农民打开了致富通道，农民的马铃薯种植技术得以提升，马铃薯销售渠道得以拓宽，并能从马铃薯加工企业及集约化生产企业那里获得就业机会与生产订单，极大地提高了生产资料的生产率及人力资源的价值创造空间。

表 4–16　定西市马铃薯产业对农民收入的影响（2013—2017）

汇总 / 年份	农民人均薯业纯收入（元）	与上年度的增减比例（%）	占农民人均纯收入比重（%）
2013	860	基准年度	21.0
2014	1020	18.6	21.5
2015	1280	25.5	22.0
2016	1422	11.1	22.0
2017	1590	11.8	22.9

数据来源：定西市马铃薯产业总结 2013—2017 年。

其次，从社会保障的角度看，近几年定西市农村居民的各类社会保险参保率都有所提高。2017 年年末，全市新型农村合作医疗参合人数 231.68 万人，参合率达到 98.2%，较上年提高 0.07 个百分点。全年新型农村合作医疗基金支出总额为 13.05 亿元，比上年增长 9.02%；累计受益 483.17 万人次，比上年增长 11.49%。农村居民参加社会保险的推进，一方面是农民感受到了参保的好处，另一方面得益于经济条件的改善及生活水平的提高，收入的日益增加才让他们放下后顾之忧。所以，从侧面也反映了马铃薯产业政策的实施成效。

最后，恩格尔系数参考。2014 年，定西市农村居民家庭恩格尔系数为 40.26%，比上一年度降低了 2.66%；2015 年，定西市农村居民家庭恩格尔系数为 39.37%，比上一年度降低了 0.89%；2016 年定西市农村居民家庭恩格尔系数为 37.1%，比上一年降低了 2.27 个百分点。2017 年，农村居民人均可支配收入 6 855 元，比上一年增长了 9%；农村居民人均生活消费支出 6 870 元，增长了 8.6%；农村居民家庭恩格尔系数为 36.7%，比上一年降低了 0.4 个百分点。恩格尔系数反映了一个地区的富裕程度及人民的生活质量。按照国际通用标准，“恩格尔系数达 59% 以上为贫困，50 ～ 59% 为温饱，40 ～ 50% 为小康，30 ～ 40% 为富裕，低于 30% 为最富裕”，可以判断当前定西市农村居民正在步入富裕的行列，促使这一历史性转变的重要动力无疑包含着马铃薯产业的发展。

第 5 章　农业产业集群的绩效影响因素与机制创新

5.1　影响农业产业集群绩效的主要问题

在这个阶段，影响农业产业集群绩效的主要问题有以下几个：

第一，农业企业研发能力薄弱，缺乏创新。在生产过程中，公司与科研机构合作，引进创新技术，为农业产业增添活力。企业保持与科研机构的密切联系，会促使企业的相关技术、农产品质量、生产周期、产品的性能与外观、工艺水平等各个方面快速发展，使公司在行业内崭露头角，增强企业的综合竞争力。但是就目前来看，因为各种原因，我国的农业产业对技术的产出有限，大多数企业对相关技术的资金投入与人才引进不足，并且规避创新失败的风险，只有极少数企业能够意识到创新所带来的正面效应。欠发达地区的甘肃省受市场经济等因素制约，虽然拥有一定规模的农业产业区，但企业之间缺乏互补性，农产品研发、种植、生产、市场营销的纵向链条衔接不够畅通，投资回报率低。农业产业集群发展更多停留在硬件建设上，农业产业集群的扩大升级受限于企业家精神等社会软环境，一般的农产品加工业普遍发展，存在较低水平重复建设和过度无序竞争。2016 年发布的中央农村工作会议一号文件指出，要积极推进农业结构的创新，优化产业区域布局，提高产业集群竞争力，满足市场经济需求。现阶段，农业产业集群经营管理状况仍然是较为传统的农业发展模式，并不太适应现代企业发展的模式，传统的家族式管理仍然占据大部分，并没有引进采用现代化的科学管理制度与经营方式。

第二，信息、市场、劳动力等体系不健全。截止到目前，我国的社会化服务体系依然赶不上农业产业集群的发展要求，行业协会内部管理还需进一步完善，信息技术不对称制约着我国关于农业产业集群社会化服务体系的发展。市场是农业产业集群发展的动力，甘肃省的营销水平不高，市场、信息和资本等生产要素极为稀缺，经济基础薄弱，农业产业集中度不明显，相关产业集群的辐射吸引力较弱。以河南商丘为例，全市农村人口 606.5 万，农村劳动力总人数 414.8 万人，其中，受过技能培训的劳动力数量虽逐年增长，却总体跟不上经济发展的速度。[①] 而在农业产业集群的发展过程中，农民的作用不可小觑，农村劳动力综合素质对我国农业产业集群发展至关重要，在一定程度上制约着农业产业集群的发展。体制不完善是影响农业产业集群顺利发展的一个重要因素，一个完善的体制会促使利润的形成从而获利，如果农业产业体制不能很好地调整就会降低农民的相对收入，这样产业就不能更好更快集中，形成不了完整的产业链。农民的权益不能得到更好的维护，产业结构调整力度不够，会阻碍农业产业群的集中，延缓整个社会产业结构的优化。土地、价格、运输、电力、通信、税收以及工商业管理是相互关联的，但是如果没有完善的体制，这些关系之间就难以取得联系，投资者的利益往往会受到侵犯，这意味着许多投资者需要在搞好这些关系上花费大量精力，因此，体制的不顺促成了经济行为的短期化，直接影响了当地投资环境的改善，对农业产业集群的发展产生消极影响。

第三，集群内企业、农户融资渠道相对狭窄。中小企业资金规模处于明显劣势，在日益加剧的市场竞争中，面临很多困难，农业产业集

---

① 王国民，邵建伟 . 商丘市农村劳动力转移就业情况分析［J］. 人才资源开发，2018（7）：32–34.

群内大部分企业属于地方中小企业。充足的投入是一个产业发展的基本保障，由于甘肃省在全国来说处于西北欠发达地区，地方财力孱弱，没有和沿海地区一样的经济优势，要使农业产业得到聚集，无论在地理位置还是资金周转等方面都处于劣势，经济发展缓慢，筹集资金有一定的难度。长期以来人们从事手工生产，较多的还是自给自足的农产品，没有形成完整的产业结构，发展速度远远落后于其他地区。虽然西部大开发战略的实施允许甘肃省加大对这一领域的投入，但这取决于国债和地方政府资金，尚未形成多元化的基础设施投资体系。加上本地政府有限的财政资源，许多偏远地区的工资都难以保证，更不用说社会投资了。另外，由于社会服务功能不良和基础设施严重缺乏，使甘肃省小城市的发展有限。这些因素使集聚的农业产业也失去了可持续发展的动力和潜力，只能维持低水平的经济运行。① 当前对三农问题的破解处于历史上前所未有的最好时期，其中农民增收是核心问题，在欠发达地区农村经济发展仍然是关键引擎，而融资渠道受制成为影响农业产业化的瓶颈因素，土地承包经营权、林权、宅基地使用权等一批特殊的固定资产盘活，可以优化农户融资路径，促动农民持续增收、农村经济发展、农业产业化进程。

5.1.1 产业集群内农户融资研究的国外变迁

从理论溯源来看，著名经济学家 William Petty 的地租理论最早为农户权益市场化提供了诠释与注脚，新制度经济学派则修正假设条件，让理想模型回归现实，从交易成本出发，论证了产权安排对资源配置和经济绩效的帕累托优化。② 在产业集群内农户融资的合理性论证、制度层面建设研究基础上，美国经济学家 Oliver E. Williamson 分析研究了产业集群内个

① 苏海红 . 产业集群与西部地区的小城镇建设 [J] . 青海师范大学学报（哲学社会科学版），2004（02）：16–20.

② William Petty. A Treatise of Taxes and Contributions [M] . EEBO ED PROQUEST，2010：2–17.

体农户、各级政府、信贷机构在金融支持行为中的博弈。[①]Wynn Grant 和 Anne Macnamara 运用实地访谈法，调查了英国爱尔兰地区农户获取金融支持的具体情况，得出结论：农户自有资金的充盈度与接受外来信贷的注入率呈现较强的正相关关系。[②]很多国外学者分别以泰国、洪都拉斯、印度、巴拉圭、俄罗斯、尼加拉瓜为例进行实证分析，就“三权”抵押与农户信贷可得性之间的关系并未达成共识性结论，这些研究看似矛盾，实则具有一致性与连贯性，究其原因，“三权”抵押增进农户信贷可得性在满足一定约束机制条件下效果显著，故而发展中国家普遍从政策层面明晰“三权”抵押的内容。[③]

5.1.2　产业集群内农户融资研究的国内梳理

在农业产业集群内农户融资的相关研究方面，国内与国外有所不同，国外绝大多数国家农户“三权”属于私有财产范畴，这与我们国家的制度设计、法律背景差异明显，基本国情的现实特殊性造就了理论研究的巨大分歧。农户“三权”是否可以用于抵押贷款，部分学者从法学、经济学、社会学视域出发持反对态度，他们主要着眼于一些法律条文，考虑规避金融风险冲击、生产生活保障等系列问题。但是，学界主流观点基于现实农业发展、农户金融需求、统筹城乡一体、完善制度体系等，对农户“三权”用于抵押贷款的必要性和可行性进行了深入剖析。他们认为伴随着农业产业化发展的进程，农村资金要素市场短板凸显出来，继而制约农业这一天然弱质性产业的现代化，也影响了农户扩大再生产

① Oliver E. Williamson. Understanding Employment Relation-Analysis of Idiosyncratic Exchange[J]. Bell Journal of Economics，1975（1）：250-278.

② Wynn Grant，Anne Macnamara. The Relationship Between Bankers and Farmers：An Analysis of Britain and Ireland［J］.Journal of Rural Studies，1996（4）：427-437.

③ Peck Christen，Robert Pearce. Managing Risks and Designing Products for Agricultural Microfinance：Features of an Emerging Model［J］. Consultative Group to Assist the Poorest （CGAP），2005（8）：11-36.

的投入与回报，现有金融体系存在制度性突破的空间，“三权”抵押是源自实践摸索出来破解问题的重要途径选择，有助于缩减城乡二元差距的沟壑。①

研究者普遍认为，农业产业发展与金融资本支持存在显著的正相关关系，在此基础上，刘西川、程恩江结合融资模式的典型案例，阐释农业产业链理论内涵，区分了信贷供给的数量与质量，反思几种农村金融研究范式的局限性，提出“三权”抵押等模式创新能释放并满足农户的真正需求，继而增进农户的收入水平。② 高圣平在法学视域下，剖析了现行法律对农业发展的约束性影响，提出转包收益清债等行之有效的方法来破除“三权”抵押制度障碍。③ 很多学者对产业集群内农户融资过程中参与性主体的作用进行研究，重点关注了基层乡镇政府、村委会组织和村干部，提出农户应加入合作社等组织以抱团取暖规避风险。李成友基于共生理论，实证分析山东省农户，借助四元 probit 模型研究了官方金融机构与民间金融组织的互补共益关系。④ 田恬运用供应链金融理论与方法，建构差异化模型，选择内蒙古开鲁县养殖业为典型案例，分析农户获取银行信贷支持的相关影响因子，提出农牧业产业内企业与农户的合作博弈策略。⑤ 曹锋、刘卫柏运用双变量计量模型，实地抽样调查了湖南农户，认为农村土地经营权抵押贷款在满足农户融资需求方面呈现出不均衡性：农业大户明显更受金融机构青睐，小农户的融资困境并无显著改观。⑥

---

① 黎毅．农村土地产权抵押融资模式研究［D］．西北农林科技大学，2015：14–16.

② 刘西川，程恩江．中国农业产业链融资模式——典型案例与理论含义［J］．财贸经济，2013（8）：47–57.

③ 高圣平．农地金融化的法律困境及出路［J］．中国社会科学，2014（8）：147–166.

④ 李成友．山东省农村正规金融机构与非正规金融组织：运行、绩效和关系研究［D］．山东大学，2015：11–43.

⑤ 田恬．基于供应链金融支持内蒙古农牧业发展的研究［D］．内蒙古大学，2015：7–10.

⑥ 曹锋，刘卫柏．农村土地经营权抵押贷款满足农户融资需求的实证研究［J］．系统工程，2016（12）：80–86.

5.1.3　农户融资的理性选择：保障性权利的部分市场化

1.“三权”抵押成为农户融资选择的必然性分析

联产承包责任制实施以来，农户家庭作为单个经济组织的特征愈加明显，通常的融资渠道有内外两个方面：内部的自我积累和外部的吸收聚集，前者规模偏小且速度缓慢，是小农经济时代的主要手段；后者广泛吸纳多种组织、个人的社会资金，是工业革命之后现代化生产模式的普遍做法。按照有无中间介质的标准可将后者分为直接和间接两种渠道，直接渠道主要表现为民间借贷或集资，依赖个人信誉，金额数量较少且利息成本偏高，具有非正规性、非官方性，甚至有时候还不受法律保护；间接渠道主要表现为银行、农村信用合作社等政府许可并支持的金融机构，贷款程序规范正式，审批门槛、资金用途、投放时间等都受到诸多限制。农村各种现有融资渠道的优劣泾渭分明又互相补充，满足了农户家庭的部分需求，但手续简单且能及时到位又数额较大的资金缺口很大。众多学者对不同省份农户进行调查，也得出了类似的结论。例如，罗荷花等人采用的样本数量相对较少，采取典型抽样选择湖南 125 家农户①；米运生等随机抽取广东、江西、四川等 9 省的农户，发送 2 800 份问卷，遵循一定的变量标准分析研究②；陈芳和丁淑娟则分别分类随机抽取贵州 4 018 个、山东 8 000 个农户展开调查，尽管他们选择的地域不同，抽取样本的方法和个数也存在较大差异③，但都认为农户具有相对强烈的融资需求，而信贷供给获得的满足度却普遍低下，欠发达地区的农户金融供给侧结构性改革已是必然④。

---

① 罗荷花，李明贤，曹艺馨．我国农户融资需求及其融资可获得性的影响因素分析［J］．农村经济，2015（8）：52–57.

② 米运生，曾泽莹，高亚佳．农地转出、信贷可得性与农户融资模式的正规化［J］．农业经济问题，2017（5）：36–45.

③ 陈芳．农户融资需求和融资约束——基于贵州省 4 018 个样本农户调查数据［J］．西南金融，2016（10）：65–69.

④ 于淑娟．农户融资意愿及其满足状况分析——基于山东省 8 000 农户调研［J］．华东经济管理，2017（6）：52–59.

以甘肃为例，农村经济发展总体仍比较滞后，组织化程度偏低，农户自我积累能力欠缺，外部融资渠道阻碍重重，客观上提供了金融创新的环境，其他地区农村情况也颇为相似，抵押担保融资成为农户的理性经济选择。①

2. 各地农户“三权”抵押融资实践的特征与意义

林权抵押贷款最早开启，实施范围和影响力度也最大。2005 年江西省率先试点，并相继出台规范性政策、指导意见，林权抵押贷款效果初步呈现，随后普及到河北、贵州、云南、重庆、湖南等省市。2008 年以中央政府名义出台的《关于推进集体林权制度改革的意见》，更是推动全国各地林权抵押贷款的迅猛发展。2008 年 10 月，人民银行、原银监会印发了《关于加快推进农村金融产品和服务方式创新的意见》，提出创新贷款担保方式，扩大有效担保品范围，探索发展大型农用生产设备、林权、水域滩涂使用权等抵押贷款，规范发展应收账款、股权、仓单、存单等权利质押贷款等意见和建议。2009 年 4 月，辽宁省法库县长岗子辣椒专业合作社以农户所承包的土地做抵押贷款 30 万元，标志着土地承包经营权抵押贷款模式在全国的启动。2010 年 7 月，人民银行、原银监会、证监会、原保监会又联合印发了《关于全面推进农村金融产品和服务方式创新的指导意见》，该指导意见是两年前意见的总结深化，也为如火如荼名目繁多的抵押贷款提供了政策依据。得益于城乡统筹试验区的设立，重庆的“三权”抵押制度建设总体较为完善，也取得了相当成效。在严格保证土地所有权、处分权、使用权不变的前提下，吉林九台、贵州息烽较早试点宅基地抵押贷款，跟其他几种类型相比而言，宅基地抵押贷款的数量规模增长和广度范围扩展显得十分缓慢②。“三权”抵押呈现出的区域差异特征十分明显，究其原因，跟地方特色农业产业集群战略的不同紧密相关，如辽宁省法库县长岗子辣椒种植业、广西南宁市

---

① 陈悦，严伟涛．“三权”抵押的实际操作与相关机理［J］. 改革，2012（12）：98-102.

② 曹跃群，向红．政策促进、金融支农与农村“三权”抵押［J］. 华南农业大学学报（社会科学版），2012（3）：40-47.

隆安县香蕉种植业对当地土地承包经营权抵押贷款的推动，而资金需求是农业产业集群升级发展的重要助推器。

农户土地承包经营权、林权、宅基地使用权等抵押贷款是新生事物，其本质属于权利的部分市场化，国家用法律形式赋予农户各种权利以保障这一弱势群体的基本生产生活。新形势下农户为了推动农业产业化，结合自身情况发展特色种植、养殖、农产品加工流通等副业，在扩大再生产过程中纷纷探索实践，充分运用市场以解决较大数额资金匮乏的突出困难。①保障性权利抵押贷款拓宽了农户融资渠道，一定程度上弥合了农村金融支持服务的不足，把潜在财产转化为现实受益，让固定资产流动起来，促动金融服务城乡之间的公平化，有利于舒缓资金供给矛盾，激发农民创业致富的积极性、主动性，成为破解农民持续增收困境的重要抓手。以甘肃为例，从贷款对象、资金用途、限制条件、操作流程多个方面对权利抵押进行规范，先行试点土地规模化经营能力强、林权面积大、小康住宅修建集中的村镇，有针对性地支持农业产业化龙头企业、耕种养殖大户、个人农场、农民合作社等，充分发挥他们的示范带头效应，相同条件下调低贷款利率并缩短限定审批周期，继而惠及广大农户。广大农村地区共计耕地 4200 多万亩、林地 150 万亩、宅基地 6000 多万亩，若全部予以抵押则可带来资金 1 万亿元，即便在现有各种条件不算很成熟的阶段，十分之一市场化也高达 1 000 亿元，足以弥补巨大的融资需求缺口。截至 2015 年 11 月，甘肃省共发放“三权”抵押贷款 3.57 万笔，累计发放额为 46.48 亿元，“三权”抵押的开展也很不均衡，其中陇南武都、平凉泾川、张掖临泽等县区较为突出，临夏、甘南、嘉峪关则基本没什么动静。②

---

① 唐烈英．夹缝中的兴盛：论农地“三权”抵押的法禁令行［J］．社会科学，2016（1）：93–102.

② 中国银行业监督管理委员会甘肃监管局课题组，王宏．甘肃省“三权”抵押贷款调研报告［J］．甘肃金融，2016（2）：22–24.

5.1.4 农户融资的制约因素：以欠发达地区的甘肃为例

统计数据表明，人均收入方面呈现的东部地区、中部地区、西部地区的阶梯式格局一直未变，地处西北边陲的甘肃常年稳居最后 3 名，可以作为欠发达地区的典型代表，故而选取甘肃为例调查研究农户融资的制约因素与优化路径。城市居民房产抵押后具备流通功能，可以贷款从事投资经营活动，农村各种保障性权利的抵押行为与城市十分相似，但由于历史短暂，仅十年左右，典型地属于“摸着石头过河”，从欠发达地区的甘肃个案来看，法规政策依据、相关配套机制、资金供需矛盾等均面临诸多困境。调查表明，主观因素方面农户自身能力的有限性与客观环境方面外部融资渠道的不畅性共同造成了“三权”抵押贷款障碍，甘肃省农牧厅、财政厅、农业银行甘肃分行协调努力，联合推出系列配套政策措施来破解难题。为了改善农业产业集群环境，甘肃省农牧厅投入专项资金用于推动建设规模化、区域化、专业化的特色优势产业标准化生产基地，并有针对性地扶持旱作农业、高效节水农业发展，甘肃省财政厅、农业银行甘肃分行连续 5 年提供数量可观的拨款、信贷给从事农业活动的各类主体，包括种植户、养殖户、运输户等，此外出台措施鼓励新型农民专业合作社积极发挥作用。

1. 农业现代化程度低，实现融资阻力大

甘肃耕地亩均水资源占有量仅为全国平均水平的 1/4，截至“十二五”末，全省农民人均纯收入仅占全国平均水平的 60%，与全国农业现代化水平比较来看，仍然存在较大差距，具体情况见下表。

表 5–1 “十二五”末甘肃与全国农业现代化水平比较

序号	农业现代化主要指标	甘肃	全国	占比程度
1	农田有效灌溉面积占比	25%	52%	48.1%
2	农业科技进步贡献率	55.2%	56%	98.6%
3	农作物良种覆盖率	95%	96%	98.9%
4	主要农作物耕种收综合机械化水平	48.4%	63%	76.8%
5	主要农产品加工转化率	50.5%	60%	84.2%
6	多种形式土地适度规模经营占比	30%	40%	75%

注：根据《全国农业现代化规划（2016—2020 年）》和《甘肃省“十三五”农业现代化规划》的数据资料整理所得。

甘肃疆域辽阔但人均土地数量少，耕种面积相对有限且贫瘠，农村的其他产业非常落后，比例结构不太合理，农民十分依赖农业，农产品具有一定特色，但缺乏品牌优势和科技含量，整体竞争力偏弱。甘肃大多数农户土地未能集中连片经营，难以发挥规模效应，影响土地流转和经营权的抵押贷款，资金所投向的农产品生产本身具有周期性、季节性、脆弱性，加大了信贷风险，银行方面对违约救济机制缺陷的考虑提高了审批发放门槛，而“地随物走”的原则也带来了制度阻碍。例如，林地承包经营权的抵押设置前提条件是集体土地所有权人的同意。与城市、其他产业比较而言，农村、农业方面的资金投入吸引力小得多，资源环境的束缚制约却很多，如干旱缺水严重、生态破坏明显、各种污染加剧等。此外，三农的支援体系尚未健全，目前甘肃已经尝试性实行金融单位基层挂职副县长等一系列相关政策，试图带给农村经济发展更多的资金扶持，但在制度的顶层设计上还远远不足。跟国内其他兄弟省份相比，甘肃在“三权”抵押的推进方面整体比较滞后，部分地区 2015 年才开始确权登记，而呈现出相似特征的是，得益于政策的林权抵押数量规模所占比例最大。

2. 农户贷款门槛设置高，政策普及性差

蓝皮书《中国“三农”互联网金融发展报告（2016）》指出，全国“三农”金融缺口达 3 万亿元之多，农户的贷款需求远远超过有效供给。为了减少坏账风险并提升综合绩效，金融机构发放贷款时审核严格，尤其是面对“三权”抵押融资，比如农业银行要求集体林权抵押必须有集体成员三分之二以上通过才有效，对新造林部分所办的林木证不予认可；对凡是通过流转取得土地经营权的，抵押时需要原土地承包方签字同意等证明材料。从金融机构自身利益考虑，种种烦琐规定必不可少也无可厚非，毕竟农业生产投资回报期长，抵押物规模偏小且布局分散，一旦需要处置，面临的障碍制约因素多，对农户来说，限制性条件门槛过高降低了他们获得放贷的积极性与可能性。兰州大学联合宜信普惠发布的《甘肃省农村金融发展白皮书》，调研数据涵盖全省 8 个地区 27 个镇 75 个行政村，共完成 2 032 份

有效调研问卷，被调查者中高达46.6%的农户认为从银行贷款“比较困难”。农户基于理性权衡，会比较贷款利率差，“三权”抵押贷款的利率仅比一般商业贷款少上浮10%，而便捷性、灵活性远远不如后者，不仅如此，还需承担高额的抵押物评估费用，担保公司要求的担保期限大大短于生产周期，进一步增加了机会成本与还贷压力。① 具体政策的普及范围、深入程度仍不到位，主要有三方面的原因：其一，政策本身内容庞杂，程序严格，不容易全面细致掌握；其二，宣传主体是基层乡镇干部，专项工作所需的资金投入匮乏，使得主动性和积极性受到负面影响，执行绩效大打折扣；其三，农民文化素养较低，对文件的阅读理解与参详领悟不够透彻，尤其是关键的程序遵循与材料提交。

3. 法律、政策等制度性保障机制不健全

跟传统抵押贷款相比，农村“三权”抵押融资是一种崭新的探索，与当年小岗村“大包干”试验类似，属于“摸着石头过河”，同样面临诸多制度性限制。从法律层面来看，《中华人民共和国担保法》第37条、《中华人民共和国物权法》184条2款均规定：耕地、宅基地、自留地和自留山等集体所有的土地使用权不得抵押，可见农村“三权”抵押融资不仅缺少法律依据，而且有可能会遇阻叫停，甚至严格意义地遵照物权法定义的话，这属于违法行为。从政策层面来看，各地方结合具体情况先后进行了试点，国务院的一些部门也出台鼓励性文件，然而中央政府层面并未明确表态，似乎有观望发展再做决定的态势，这也给未来平添了许多变数。基于以上两个层面，在实践当中，金融机构的顾忌是合理之举，故而谨慎起见，金融机构通常要求提供产权证，包括土地使用证、林权证和房屋所有权证，承包合同不被认可。② 农村房屋产权、土地承包经营权、林权的价值评估

---

① 于林生．商业银行农户三权抵押贷款业务风险防范研究［D］．吉林财经大学，2012：32-35.

② 肖铁，魏朝富，尹珂．农户农村“三权”抵押贷款需求意愿及影响因素分析——基于重庆市22个县区1 141户农户的调查数据［J］．中国农村经济，2012（9）：88-96.

也引发了颇多争议，评估主体的厘定、评估标准的选取、评估程序的设置、评估结果的客观公正性等都没有完全规范，权利边界与责任义务不够清晰，不仅无法保障农民的根本利益，而且让金融机构的涉入举步维艰，还让多方抱怨的矛头指向地方政府。

5.1.5　农户融资的路径优化：以欠发达地区的甘肃为例

有鉴于上述困境，“三权”抵押作为农户融资渠道的新尝试，虽然能够发挥助推农民增收、农业发展、农村建设的重要作用，但是仍需有针对性地进行路径优化和制度创新，结合甘肃欠发达地区的特殊情景，具体看来，可从以下三个方面着手。

1. 加大政策宣传，提供便民服务

通过在甘肃广大农村的调查发现，许多农民对“三权”抵押贷款仍感陌生，需要充分利用各种媒体，进一步加大动员力度，丰富传播形式。诸如喜闻乐见的电视公益广告、方便快捷的地方报纸刊物，这些传统媒体自然必不可少，出版并发送关于农村三权抵押贷款常见问题和注意事项的小册子则实用且针对性较强。当今社会处于大数据背景下的微时代，互联网已经覆盖到了农村的千家万户，手机 APP 的普及使得资讯传播更加便捷，需要紧扣时代特点编撰“三权”帖子以促进转发，只有广大农民朋友彻底了解并完全清楚政策后，才能真正入脑入心地决定取舍。很多农民对“三权”抵押物的评估、确权、登记等系列程序颇为诟病，所以针对这些问题，采取积极的态度予以解决是非常必要的。例如，减少不必要的环节，运用信息技术手段简化手续，由政府部门介入并主导成立专门机构来从事评估，或者聘请资深专业评估团体组织实施，增加权威性、公正性、客观性、便捷性；部分证书记载的土地面积、位置与实际有一定出入，遵循以人为本原则，从为百姓谋福祉的角度出发，设置并保证顺畅绿色通道，尽可能降低时间、精力、金钱等成本，争取减免评估费、登记费、手续费、工本费，完善服务质量，提高服务效率。

2. 完善制度保障，化解潜在风险

“三权”抵押融资的客体具有不动产共性，但也存在自身特殊性，融资所得通常投入到农牧林产品及养殖等方面，天气条件、自然灾害、市场变动错综交织，有针对性地降损理赔和适当的财政补贴可以提高创业农户的风险承受力，也可增强金融机构贷款发放的信心。甘肃部分地区已经尝试建立了共同应对信贷风险的联合组织，除却放款银行自身承担一定比例外，包括地方政府出资筹建的代偿基金也为坏账准备兜底，担保机构又为心理防线添加了一道保险阀门，如果农户的确没有能力来清偿贷款，可以限定流转区域允许债主自由处置。法律层面的模糊边界是把双刃剑，它在为“三权”抵押提供灰色空间地带的同时，也埋下了潜在的不确定性风险，如同头上悬着达摩克利斯之剑，始终存在思想顾虑，应该积极推动制定相关的法律法规，化解和消弭制度性隐患。[①] 从法理学角度入手分析，可将围绕土地衍生出的各种权益进行详细划分，如所有权、承包经营权、使用权、收益权、处分权、转让权等，界定它们的内涵与外延，明确它们的行使主体归属，才能让未来可能产生的纠纷有法可依、有据可考。

3. 增强部门协调，促动金融创新

农村“三权”抵押涉及许多不同部门之间的沟通协调，有效的分工配合才能为良治格局的实现提供必要前提，这是金融创新面临的外部生态环境，从内部来看，产品种类设计、服务模式选择、具体标准设定等各种问题都事关银行与农户的切身利益。与金融机构相比，广大农民处于天然的弱势地位，从贷款业务的选择厘定到抵押物的价值评估与处置，都要适当有所倾斜，保证他们充分了解相关信息从而做出理性判断。信贷资金的支持对于农村经济发展助推作用明显，结合地方实际需求情况，围绕“三农”问题的解决，简化相关审批手续，聚拢并合法化规范民间融资，通过小额

---

① 马智利，任晗，陈锋等．农村三权抵押交易机制的优化设计——以重庆市为例［J］．江苏农业科学，2015（08）：426-429.

贷款支持、村镇银行组建等模式来推动农村金融创新。[①]农村保障性权利抵押贷款的首要前提是权利本身归属明晰无误，这就要求各种相关配套工作的协调，国土、房管部门确权颁证并归档管理，以避免产生权利纠纷和弄虚作假等问题。张掖市甘州区的做法走在甘肃全省的前列，如职能部门组建权利资产评估机构，健全面向市场的公共服务体系，包括最新信息的提供、先进技术的支持、农村资产管理公司的成立、登记部门审查责任制、财政保障举措和风险补偿机制的确立等，也取得了一定的成绩，各种权利抵押贷款投放 1 亿元左右。

"三权"抵押贷款已经在重庆、江西、贵州、辽宁、甘肃等许多省份的农村地区开展实施，并且取得了一定成效，已然促进了未来的农村金融制度创新，中央层面 2014 年、2015 年两个 1 号文件把抵押纳入农地流转方式更是一种积极的信号，广泛的实践探索为理论总结奠定了良好基础，理论的升华归纳必将为实践问题的解决提供更加明确的方向指引。[②]

5.2　基于甘肃马铃薯产业集群的 SWOT 分析

5.2.1　甘肃马铃薯产业集群化发展的条件及背景

甘肃定西是全国最适宜的马铃薯种植区，生产大型马铃薯块茎，为当地的餐桌提供美味的土豆菜肴，现已经开发 30 多种主食，有马铃薯全粉、馒头、薯条、饼干、面条、挂面、无矾粉皮等。[③]甘肃薯香园农业科技有限公司在建设全土豆粉生产线每年超过 1 万吨的基础上，拥有比较全面的基于精制淀粉、全粉、改性淀粉、主食和零食的生产线开发。自 2017 年 7 月宝兰高速铁路开通以来，越来越多的食品公司和外国贸易商纷纷转向马

---

① 熊健．"三权"抵押制度建设研究［D］．中国地质大学（北京），2012：40–42.

② 陈东，付雨鑫．农业产业集群内农户融资的理性选择［J］．兰州大学学报（社会科学版），2018（2）：147–153.

③ 负继庄．定西市马铃薯专业协会发展分析［D］．兰州大学，2009.

铃薯相关产品。许多客户表示，高速列车开通后，极大地促进了与当地马铃薯公司的合作，并大力鼓励公司和产品的营销推广。与此同时，甘肃定西加快了整个马铃薯产业链的加工步伐，密切关注市场，大力开展新大坪、陇薯10号、冀张薯8号等马铃薯改良品种的引进和推广。在主食的开发和加工领域，已经开发了8家主要的主食公司，如巨鹏食品、薯香园等马铃薯主食产品加工龙头企业，年加工能力达到2.4万吨，建成蓝天马铃薯复合粉、巨鹏速冻薯条等主食化加工生产线20条。根据当地习俗和饮食习惯，已经开发了4种主食，如流行、区域、娱乐和功能性食品，以及30多种主食，如芋头、面包和烤馍等。同时利用甘肃定西马铃薯资源的优势，支持甘肃定西马铃薯粉烤饼的发展，打造“定西马铃薯”“水晶粉皮”“全粉烤馍”等特色品牌。

5.2.2 甘肃定西马铃薯产业集群的SWOT分析

马铃薯原产于南美洲，于17世纪引进中国，由于其在每个单位面积和单位时间内的高产能，还富含蛋白质淀粉和人体所需的各种氨基酸，因此具有非常重要的地位，是仅次于小麦、玉米和大米的世界第四大粮食作物。甘肃定西土地贫瘠，但却特别适宜种植马铃薯，本节运用SWOT分析法来研究甘肃定西马铃薯产业集群现状。① 所谓SWOT分析法包括通过分析研究与研究对象密切相关的主要内部因素和外部因素，然后使用系统评估思想匹配各种因素并研究相应策略。② 内部因素包括马铃薯产业集群发展的优势和劣势，外部因素包括机会和威胁（它们是直接影响马铃薯产业集群发展中外部环境的理想和有害因素）。

1. 优势分析（S）

定西市位于甘肃省中部，距省会兰州98公里。全市总面积2万平方

① 施俊平．西北贫困地区优势产业成长的逆向选择机制问题研究［D］．西北师范大学，2008.

② 马旺林．甘肃省马铃薯产业竞争力及其影响因素研究［D］．四川农业大学，2012.

公里，总耕地面积 1 200 万亩、农民人均 4.5 亩，辖 7 个县区 121 个乡镇，300 多万人口。定西是全国马铃薯最佳适种区之一，已有 200 多年的种植历史，自 2007 年市委、市政府提出打造“中国薯都”以来，充分发挥多样的地理环境、特殊的气候特征、适宜的土壤条件等自然优势，坚持把马铃薯产业作为富民产业精心培育，制定下发加快产业转型升级的意见，加大政策扶持力度，加快马铃薯全产业链发展，初步形成科学化布局、集约化种植、标准化生产、精深化加工、品牌化营销的产业发展格局。全市马铃薯种植面积由 2007 年的 100 万亩发展到 2017 年的 300 多万亩，居全国地级市第二；总产量由不足 100 万吨提高到 500 万吨，居全国地级市第一。2017 年，甘肃定西马铃薯产业总产值 163 亿元，农民人均马铃薯产业收入 1 590 元。全市完成马铃薯苗 305.19 万亩，其中种植基本食品专用食品马铃薯的 130 万亩，标准化示范基地 27.13 万亩，建设示范基地 120.1 万亩，采用企业秸秆薄膜种植技术的 5 000 亩，完成年度目标任务。每年培训 300 万马铃薯农民，其中包括 1.6 万个家庭。马铃薯品种形成六个品种的国内先进品种种植，如陇薯、渭薯、武薯、青海薯、甘农薯和外引专用薯 6 大具有国内先进水平的品种系列，陇薯 7 号、陇薯 10 号、陇薯 11 号、庄薯 3 号、青薯系列、大西洋、夏波蒂、台湾红皮等优质新品种得到大面积示范推广。

2. 劣势分析（W）

甘肃定西马铃薯种业需要进一步加强，马铃薯种子生产和销售的监管薄弱，种薯质量参差不齐，市场销售秩序混乱。马铃薯加工业需要进一步完善，加工业的集群程度不高，缺乏具有强大竞争力的大公司或集团公司。马铃薯加工产品仍然以优质淀粉为主，高端产品并不多；加工企业的创新能力弱，水平、产能、产业集群度不高，尤其是缺乏携带工业导航品牌的大型企业集团，领先竞争力不足。研究和技术开发应用薄弱，真正投资于公司生产的创新产品较少，产业链不够长，该行业的全球竞争力不强。例如，尽管开发出 50 多种新的改性淀粉产品，但实际产量相对较小，缺乏业务处理能力。由于马铃薯储存系统不完整，标准化程度不高，导致加工企业对原材料的收集和储存不足，公司的实际处理能力仅达到最大设计能力的 1/3，需要进一步改进和完善。长期以来，农民习惯单一品种种植，容易形成种薯老化、病害严重等问题，制约着马铃薯产业转型升级。这就需要进行脱毒种薯生产，以有效解决马铃薯品种退化问题，提高单产和品质。2009 年，省农牧厅在全国率先启动实施马铃薯良种补贴，加快马铃薯脱毒种薯推广速度，大大提高了马铃薯的品质。据调查，甘肃省推广的马铃薯脱毒种薯平均亩产 1 370 公斤以上，亩增产 300 公斤以上。专注于定西市马铃薯生产和供应的种子公司数量还不够，在政府部门的帮助下，定西市马铃薯产业集群发展的政策支持体系更加完善。①

3. 机遇分析（O）

世界上已经有 2/3 的人口把马铃薯作为主粮消费，从世界范围来看，马铃薯的消费方式以食用为主，占总生产量的 39.6% ～ 67.0%，平均占 51.1%；其次是饲用，占总生产量的 9.1% ～ 31.9%，平均占 21.5%；种用量排在第三，占总生产量的 8.8% ～ 17.8%，平均占 12.9%；用于工业加工的量较低，平均占总生产量的 3.8%。从 1961 年至 2011 年，世界马铃薯人均消费量变化不大，平均 30.7 公斤 / 年 / 人。亚洲和非洲的马铃薯人均消费量低于世界平均水平，而欧洲、大洋洲和美洲的消费量高于世界平均水平。欧洲马铃薯人均消费量下降了 26.8%，亚洲的马铃薯人均消费量上升了 3.2 倍，这种相反的变化趋势，与两个地区的饮食习惯及全球饮食多样化的发展密不可分。一向以马铃薯作为主食的欧洲，当居民生活水平到达一定高度以后，必然会寻求食物消费的多样化和食物营养的多元化，所以对马铃薯的消费需求在下降；而以稻麦为主食的亚洲正好相反，由于人口持续增长、食品消费结构变化及快餐食品的进入等因素驱动，马铃薯消费呈上升趋势。但是，也应看到，2011 年欧洲的人均马铃薯消费量仍高达

① 马旺林 . 甘肃省马铃薯产业竞争力及其影响因素研究［D］. 四川农业大学，2012.

84.2 公斤 / 年，是世界平均水平的 2.4 倍、亚洲平均水平的 2.9 倍，马铃薯依然是欧洲餐桌上不可替代的主粮。2015 年 1 月，我国启动马铃薯主食产品及产业开发战略，将马铃薯作为我国三大主粮的补充进行相关产品开发。这使得主食品种更加多样、营养更加多元化，对消费者和生产者来说均有积极意义。推动马铃薯由副食消费向主食消费转变、由原料产品向产业化系列制成品转变、由温饱消费向营养健康消费转变则是该战略的宗旨和实质。2015 年 9 月全国马铃薯主食加工产业联盟成立大会在甘肃定西召开，全市现有主食加工企业 12 家、加工能力 10 万吨以上，巨鹏公司生产的清真薯馕出口中东、东南亚等地，“陇上绿莹”牌马铃薯及制品被认定为全国首家马铃薯生态原产地保护产品，在淘宝、天猫、京东等大型网络零售平台开设网店 210 多家，网络零售额已突破 2 000 万元。马铃薯产品的国内外需求市场非常巨大，在提高居民收入水平和改变生活习惯方面，消费结构将不断变化和改善，新鲜马铃薯的比例会逐渐下降，马铃薯行业整体增长能力将不断提高，产业集中和资源整合是不可避免的。

4. 威胁分析（T）

病虫害存在不确定性，马铃薯产业是典型的播种产业，缺乏对马铃薯病害的解决在一定程度上限制了马铃薯产业集群发展。除了晚疫病、早疫病和病毒病等常见疾病的威胁外，定西的马铃薯产业也会因甲虫等害虫的存在而降低马铃薯产量。国内和国际市场竞争日趋激烈，当今世界，无论国内还是国外，对马铃薯的种植和再加工方面，都一直存在极为激烈的竞争环境。而国内的较多省份，如内蒙古、黑龙江、贵州、青海、宁夏等地区都是马铃薯的主产区之一，这几个省份在生产和加工方面有一些优势，因此是甘肃省定西市的主要竞争对手。此外，根据联合国粮食及农业组织的统计数据，俄罗斯、印度、乌克兰、美国等 150 多个国家种植马铃薯，可以说马铃薯种植已经遍布全世界，在农产品国际市场大门敞开的今天，风险和机遇并存。

5.2.3 甘肃定西马铃薯产业集群化发展的方向

为了抓住国家主食产业发展的大好机遇，未来甘肃定西马铃薯产业集群的发展将与主粮化战略联系在一起。最重要的是，努力建立全国马铃薯最大的主食产业，以发展原始种子生产、原料种植和产品加工的基础。努力在国家层面建立马铃薯粉和淀粉战略储备，将甘肃定西建成全国最大的马铃薯脱毒种薯与良种供应中心、精深加工集群中心、产品研发中心、信息传播中心、价格形成与发布中心、科技交流与研讨中心、会展贸易中心、物流集散中心“八个中心”，形成全国最大的集马铃薯制种、种植、加工、贸易及产品研发为一体的贸工农一体化发展示范区，成为引领全国马铃薯产业发展的航标。力争到2020年，全市马铃薯种植面积稳定在300万亩以上，总产量达到500万吨以上，产业总产值达到1 000亿元以上，农民人均从产业获益2 000元以上，带动扶持城镇就业8万人、农村就业80万人以上。

——打造全国马铃薯脱毒种薯与良种供应中心。力争全市脱毒原原种生产能力达到8亿粒以上，原种基地7万亩以上，一、二级良种基地150万亩以上，脱毒种薯生产能力达到国内领先水平，成为向国内马铃薯主产区较为稳定的脱毒种薯和良种供应基地。

——打造全国马铃薯精深加工集群中心。力争全市精淀粉及其制品加工能力达到45万吨以上，实际加工量达到20万吨以上，90%以上的产品达到国标优级或一级品以上，50%以上的精淀粉转化为变性淀粉；全粉生产能力达到3万吨以上，实际生产量达到2万吨以上；变性淀粉生产能力达到10万吨以上，实际生产量达到8万吨以上；高档休闲食品生产能力达到2万吨以上，实际生产量达到1万吨以上。成为全国最大的市级马铃薯精深加工基地。

——打造全国马铃薯产品研发中心。建设国内一流的马铃薯现代产业园区，扶持和培育马铃薯龙头企业，提升相关马铃薯工程技术中心研发能力和水平，加快精淀粉、变性淀粉、全粉、薯条、膨化食品等深加工和贮藏等关联产品开发，发挥产业集群效应，把定西建成全国重要的以马铃薯变性淀粉为主的新产品、新技术研发基地。

——打造全国马铃薯期货交割与信息传播中心。依托国家级定西马铃薯批发市场，辐射带动重点马铃薯专业批发市场，完善安定、陇西、临洮期货交割仓库建设，建成国内最大的期货交易相关马铃薯鲜薯、种薯以及加工产品的交割中心。加强冷链系统、信息系统、电子结算系统、检验检测系统等基础设施建设，完善信息搜集发布体系，向内延伸到各乡镇协会和村级协会，向外延伸到终端市场和直销窗口，按照“全面、准确、及时、权威”的要求，建成国内最大的马铃薯信息传播中心。

——打造全国马铃薯价格形成与发布中心。积极稳妥推进马铃薯期货交易，探索完善经纪人代理、竞价拍卖、电子统一结算和网上交易等现代营销方式，实行国内重点市场与马铃薯综合交易中心信息联网，及时收集整理、发布国内外鲜薯和马铃薯加工产品的价格动态信息，使定西成为全国具有影响力的马铃薯及其主导加工产品价格形成中心。

——打造全国马铃薯科技交流与研讨中心。打造一流的马铃薯人才团队，推进“产、学、研、推”一体化建设，建成开放的马铃薯技术创新与交流平台，与国内外马铃薯技术界建立广泛联系，利用马铃薯大会等展会，建立以国内外知名马铃薯专家和学者为主体的学术交流与会晤制度，借助马铃薯高端论坛等有效形式，研究和探讨国内外马铃薯产业发展的最新成果和发展趋势，提出发展思路，着力推动全省乃至全国马铃薯产业快速健康发展。把定西建成全国马铃薯学科的科技创新基地、成果示范基地、技术培训基地。

——打造全国马铃薯会展贸易中心。创新“中国定西马铃薯大会”等节会办会方式，扩大影响力，积极搭建会展贸易平台，突出“定西马铃薯”品牌效应，挖掘马铃薯文化内涵，创造性地谋划和培育一批产业文化项目，使定西成为全国马铃薯脱毒种薯、精淀粉、全粉、变性淀粉等产品的宣传展示和文化艺术交流中心。

——打造全国马铃薯物流集散中心。依托天定、平定、巉柳高速公路和陇海铁路、宝兰客运专线交会的交通枢纽优势和毗邻兰州的区位优势，加快定西国家级马铃薯批发市场建设，配套发展和培育壮大物流配载、中介服务、电子商务、邮政快递等新兴服务产业，使定西市成为立足甘肃、服务西北、辐射全国的“中国薯都”物流集散地，成为全省期货物流、冷链物流、高端物流等综合物流示范中心。

5.2.4 甘肃定西马铃薯产业集群化发展的举措

独特的地理环境和自然条件使甘肃定西成为中国最适合生产马铃薯的地区之一，被誉为“中国薯都”。定西市多数地方海拔为 1800 ～ 2400m，气候凉爽，昼夜温差大，属干旱半干旱气候，年降水量 400mm 左右且主要集中于 7—9 月份，降水季节分布正好与马铃薯生长所需水量相吻合，有利于马铃薯生长对于水分的需求。定西市年平均气温 8℃左右，气温相对较低，适宜马铃薯的种植，同时，由于高海拔地区的土壤受污染程度比较低，病虫害发生较少，所以其所产出的马铃薯个大、质优、薯皮光滑、口感好、淀粉含量高。所以要重点关注创建中国“马铃薯之都”的战略目标，以产业转型和强化为基础，注重农业卓越，增加农民收入，提升整个供应链价值。2017 年，全市人工林种植面积稳定在 300 万亩以上，标准化厂房稳定在 270 多万亩，其中 130 万亩为标准化品种，脱毒原原种生产稳定在 10 亿粒以上，其中主食专用品种达到 4 亿粒，新引进主食专用品种 2 个以上，薯制品加工能力达到 79 万吨，主食产品加工能力达到 13 万吨，马铃薯产业总产值达到 163 亿元。

1. 着力推动种薯产业升级

逐步建立无籽马铃薯供应中心，改善播种系统和无病毒、原种、一等品种。积极引进适合当地种植的国内外马铃薯两种食品，积极推广特色成熟品种，以这些品种为最重要的原材料进行食品开发。充分发挥定西市马铃薯食品工业联盟和种业协会的作用，鼓励企业在其他省市建立原有生产基地，继续扩大城市马铃薯生产规模和水平。严格按照《定西市马铃薯脱毒种薯质量管理办法》，市、县农业监测站应有马铃薯改良设备，县种子管理部门要加强马铃薯种子质量管理。基于内部两层试验和现场试验技术的原则，加强马铃薯生产以及销售管理，利用马铃薯种子生产促进种薯生产和整个过程。要加强种薯质量测量和对整个管理以及管理过程的了解。利用省级农产品质量标准和马铃薯种子检验管理以及省级检验资格安全管理，建立优质马铃薯检验和监督工作机制，有效地促进了播种质量的提高。利用“引进来、走出去”的方法，从国际亚太中心和中化集团等现有合作机构的种子资源受益，并积极鼓励该市的科研单位和马铃薯企业引进试验并为定西推广合适的地点。在这些条件下，新品种优质马铃薯可以有效改善城市马铃薯种子结构，提高播种效率。同时，充分利用与省内外种子供应合作的优势，扩大种子供应的范围和种类，支持定西马铃薯研究所种薯的研发，提高定西马铃薯出口的质量和数量，促进创新种薯业的形成与改进。采用新的种子技术来展示机遇，严格规范获取管理，支持和发展具有严格生产标准和可靠质量的马铃薯种子公司。

2. 着力抓好标准化、规模化种植

当前，精准扶贫成为全国基层工作的核心，通过脱贫攻坚战，进行产业扶持，从而加大对马铃薯生产加工的力度，从马铃薯种植、生产、加工、销售，每一环节都进行合理规划，通过加强技术服务标准化，加强完整膜增强技术的发展，如双槽播种、初级排毒种薯、土壤测试和配方、地面种子制备和完整的农业机械等。鼓励不断增长的马铃薯联盟成员实现马铃薯产业和新商业实体的有效组合，促进马铃薯产业的发展。直接指导马铃薯加工企业通过土地转让等方式建立种子种质扩展和城市内外物质基地，并按照“企业 + 基地 + 农民”的模式，关注贫困村和贫困家庭，推广黑色塑料覆盖技术。运用区域灌溉技术，建设一批标准化的核心厂区，通过重大建设和标准化厂房，有效解决了加工企业的原料问题。2017 年的马铃薯种薯“一分田”工程，在浅山区建立了 2 万亩改良种子种植园，有效提高了贫困家庭马铃薯价格，促进了农民增收和减贫进程的进步；扩大了 70 万亩中心基地和马铃薯产品加工，形成了标准化原料基地 120 万亩；积极展示和推广“草膜三覆盖”，采用前两季种植的高产技术达到 5 000 亩，以达到早上马铃薯市场、高产和高利润的目标。结合农业技术、优良品种、机械化作业、完整的干旱栽培方法和标准化生产，使城市马铃薯收获水平提高了 10%，保险政策面积达到 200 万亩。通过多渠道筹措资金，提高马铃薯种植机械化水平，通过积极争取并合理利用扶贫基金，增加对农户马铃薯种植的补贴，进一步扩大马铃薯种植面积。通过大规模、高质量的马铃薯种植质量控制与检测，制定适合马铃薯的生产和销售制度，并定期对生产过程和加工产品进行监督检测，不断提升马铃薯的质量。

3. 着力提升马铃薯加工水平

提高技术水平，节约能源，降低排放量，提高加工效率和产量。鼓励和引导转型公司加强与中化集团的合作，积极开展实验研究，回收马铃薯加工中的废水，促进行业的全面利用，重视马铃薯纤维、蛋白质、马铃薯粪肥等新产品的开发，提高产品的使用率，逐步开发基于绿色、多品种、有营养、高品质和多田马铃薯的产品。基于大米、马铃薯、全麦粉的生产能力，积极开发和生产基本食品，以促进加工品种的多样化、系列化和专业化，积极抓住机遇，争取国家和省级食品工业发展项目，转变生产，扩大食品加工产品数量，提高加工能力，积极为省内确定一批主要食品和支持马铃薯产业发展的重点龙头企业。2017 年，该市的马铃薯淀粉、主要食品及其加工产品超过 20 万吨，包括马铃薯馒头、面条、烤馍、挂面、馕、甜甜圈、饼干等主要产品 13 万吨。无污染是任何产业永恒发展所追求的目标，定西市优质马铃薯能够持续发展就在于其具有环保意识，所以，对于马铃薯加工业，要实现健康持续永恒发展，就必须增强自身环保意识，自觉建设污染处理系统，各企业之间通力合作，综合开发与合理利用资源，降低污染，提高马铃薯加工水平。

4. 着力抓好科技创新工作

马铃薯作为劳动密集型产业，主要依靠劳动力和土地优势建立起来，抓好科技创新，需要通过新兴科技对马铃薯进行规范化和机械化种植，提高马铃薯种植的产量和质量。为了促进市政马铃薯技术开发能力和建设甘肃省马铃薯工程研究中心，甘肃省改良马铃薯技术研究中心和甘肃省马铃薯淀粉工程技术研究中心加快建设尖端技术和高效运作。马铃薯在部门研发体系中要加大专利申请力度，培育具有自主知识产权的马铃薯农场。[①]加强中国农业科学院与甘肃巨鹏清真食品有限公司的合作，确保食品的开发和生产有序进行。加强与高层次专家咨询小组的沟通，帮助解决城市马铃薯配料产业发展的技术障碍，积极联系甘肃省农业科学院加快特殊规则的制定，促进合作协议的深远发展。同时，通过对国内外马铃薯生产技术的开发引进，进一步完善马铃薯生产加工技术，开发推出新型产品，开拓新的市场，延伸马铃薯生产销售产业链，提升定西马铃薯的产品市场竞争力与品牌效应，使定西市马铃薯产业朝着更快更好的方向发展，通过提升马铃薯的质量，积极推进绿色有机产品的发展，逐步实现特色马铃薯生产、加工、销售等环节的优质化，提高马铃薯的附加值。在科技的强大支持下提高地域农产品的整体形象，发挥马铃薯品牌的综合效益。

5. 着力加快农业产业软实力建设

农业产业集群要想得到进一步发展，获得持久的市场竞争力，注重品牌建设，培育区域乃至全国、全世界知名品牌是不可避免的环节。对于定西马铃薯而言，没有良好的区域品牌，没有品牌竞争力，就难以展现区域特色，难以开拓和占领市场。经过多年的集约化发展，定西马铃薯有了一定的市场知名度，能否充分利用中国名牌“定西土豆”和“十大魅力农产品”的品牌优势，进一步推进国家马铃薯品牌示范场地建设，进一步提高定西马铃薯的品牌竞争力和可持续发展能力是马铃薯产业亟须解决的问题。政府积极组织全市核心业务人员参加第八届中国国际马铃薯产业博览会等国内外展会和 2017 年“中国定西马铃薯会议”，加强产业合作与交流，制

① 张海泳．定西打造节水型工农业循环经济模式［J］．中国畜牧业，2012（13）：86-87.

定区域品牌创新发展战略；到中国发达的主要马铃薯生产区和地区进行学习培训，学习国外经验，促进产业转型和赋权；帮助马铃薯行业的骨干企业积极争取甘肃省各级政府和大众产品的质量奖励，高度重视地理标志的认证，申报和认证无污染食品、绿色食品、健康食品、甘肃著名商标和中国知名品牌保护与使用商标保护；彻底探索马铃薯的主体文化，传达定西的人文精神，注重培育马铃薯文化元素，发展文化旅游产业和城市建设，深入探索、大力推进马铃薯文化，并继续丰富马铃薯的文化意义。[①] 为了打造良好的企业形象品牌，提升产业集群的知名度和竞争力，政府实施品牌营销战略，在“定西马铃薯”区域品牌规划建设的基础上，通过组织开展一系列的营销活动，加强区域企业形象，提升区域品牌价值，促进区域产业核心市场知名度与核心市场竞争力，从而促进整个产业的发展壮大。第一，进行品牌营销，占领市场。第二，采取灵活多样的销售方式，拓宽销售渠道，扩大市场份额，抢占更多消费群体。第三，加强宣传，发挥品牌的核心竞争力，通过促销和宣传，提升定西马铃薯的知名度和影响力。

5.3 甘肃特色农业产业集群机制创新研究

自党的十八大以来，甘肃省以自身资源禀赋为重点，着力建设区域有益农业产业，与省内战略产业协调一致，发展专业化、组织化、区域有利可图的行业，以及和当地特产结合开发具有现代化特点的农业产业发展系统，使得农业产业优势区域内产业集中。定西的商业马铃薯和马铃薯生产基地初步形成，定西和渭南的中草药生产基地主要位于平凉、庆阳、天水和陇南；河西走廊、黄河灌区、渭河流域和惠城盆地以及杂交玉米和瓜类中主要占优势的五个植物产区是瓜种子和小杂粮生产基地，蔬菜主要产自河西走廊生产原料基地。2017 年，全省粮食播种总面积达到 4 173.8 万亩，粮食单产较上年提高了 1.8 千克，在粮播面积较去年调减 47.2 万亩的情况下，全省粮食总产达到 1 128.3 万吨，连续 6 年稳定在 1 100 万吨以上。

① 关于加快马铃薯产业转型升级的意见［N］. 定西日报，2014-06-07（003）.

2017 年，全省特色优势产业面积达到 3 313 万亩，新增 110 万亩左右，其中，贫困地区特色优势产业面积达到 3 000 万亩。特色优势产业已成为广大农民朋友脱贫致富、奔小康的“钱袋子”。[①] 农业新兴特色产业的发展，不仅使得甘肃农业告别长期单一经营、重复、效率低下、竞争不力的尴尬处境，而且还产生了许多新的农业经营实体和产业集群，从事综合生产和销售业务，为甘肃农业的转型升级注入了新的活力。[②]

5.3.1　特色农业产业集群典型案例分析

张掖市是国家历史文化名城之一，被称为“桑麻之地”和“鱼米之乡”。张掖市地理位置优越，生态地位重要，文化底蕴深厚，农业生产条件优越，是古丝绸之路上的重要城市，也是全国最大的玉米种子生产基地，同时也是粮食作物、水果和蔬菜的重要生产基地。张掖市有大面积的耕地，水资源丰富，土地、光热条件优良，还有来自祁连山顶冰雪融化而来的灌溉水源，从古到今，一直享有“金张掖”的美称，已成为绿色生态农业生产的最佳场所，在全国绿色农业发展中起着重要作用。同时，张掖市农业产业潜力巨大，其农业产业积极融入“一带一路”建设，努力开拓国际国内市场，其在欧洲、东南亚、中亚等国家和上海、广州、香港等地区的农产品市场份额不断扩大。下面，将详细介绍张掖市农业产业的现状。

1. 张掖市绿色生态农业产业集群发展现状

自党的十九大以来，党中央提出了更加严格的清洁绿色农业发展改革要求，要求加强对生态系统的保护，并提出了填补环境红线、永久基本农地和城市发展边界的三条控制线。[③] 严格保护耕地，扩大试点工作，完善

---

① 孙海峰 .2017 年甘肃省农业工作综述［R/OL］. 中国农业信息网 .http：//www.agri.cn/V20/ZX/qgxxlb_1/qg/201801/t20180115_6030824.htm.

② 许开录 . 甘肃农业特色产业集群化发展面临的困境与对策［J］. 当代经济，2016（14）：66-68.

③ 翟峰 . 十九大中的土地制度与“三权分置”［J］. 农经，2017（11）：22-27.

耕地、草地和湖泊恢复体系，营造多元化、市场化的环境补偿机制。农业产业的新过渡时期恰好适合绿色农业的发展。张掖市拥有绿色有机农业发展的最佳基础条件，除了幅员辽阔，水、土、光、热的条件优异外，农民的文化素质很高，技术意识和市场诚信度很高，并建立了相对完整的农业发展体系。2016—2017 年，张掖市的农业部门规模庞大，生产面积 100 万亩，玉米种子年产量 4.5 亿千克，占全国种子的 40% 以上；牛羊猪鸡等养殖产量 2 000 多万头；年产 3.5 万吨食用菌，形成“三边双向交通”农业模式，使张掖市高原夏季蔬菜的绿色效益得以实现。张掖市绿色生态农业具有广阔的前景，大幅度地增长了农业资本，许多龙头企业都选择在此扎根，出口渠道由西向南开放。

张掖市具有良好的基础条件，如优良的农业条件、发达的灌溉农业、丰富的水土资源和优良的联合地点，特别适合环保农产品的生产。自 2017 年以来，张掖市把坚持生产绿色有机农产品作为农业供应领域改革的主要方向，坚持“绿色、循环、高效、品牌”的发展理念，以循环“双线三车道”作为基本模式，旨在创造有机农产品的纯净基础环境，加速农业产业的转型和现代化，充分发挥农业的现代效益，展示新功能和亮点。2017 年，张掖市农业进入转型和现代化的重要历史阶段。张掖市采取新的姿态，在丝绸之路经济带之上，尽一切努力促进农业发展趋势由数量扩张转向质量提升，由分权模式的企业转为集约化经营模式，并对农产品出口进行了改造，在农业产业的总体方向上改进，打造“大农业”专业、市场营销和国际化的局面。

首先，张掖市在绿色有机农业方面的投资重点是建立以食用菌、大规模育种和夏季蔬菜为主的生态有机农业生产基地。然后，农产品冷链物流系统的建设主要集中在冷链的物流配送和储存上。最后，戈壁的农业建设主要集中在优质的未加工农业领域。张掖市对绿色有机农业发展的优惠政策有两个方面：一方面，制定包括在张掖未开垦土地开发中的一般政策，如土地可以无偿转让、政府可以建立水资源管理项目等，然后根据市场需求建立高水平的公司。另一方面，制定双重创新的发展政策。张掖市是小型和微型企业发展的典范城市，其政策的顺利实施有利于在国内其他城市推广和创新。张掖市在“黄金十九条”的基础上，根据当地情况制定了“191”融资体系。

2. 张掖市生态农业产业集群发展的优势（S）

（1）农业基础稳固，现代农业快速发展

近年来，张掖市在建设现代化的农业和生态系统方面有着良好的记录，创造了现代农业市场，突出了其独特的优势，对现代农业发展产生了积极作用。作为首批甘肃地区的“现代国家农业示范区”的农业园区，对于拥有着专业布局的现代农业张掖生态农业，有 3.2 亿元投资和超过 3 万亩生态农业集群发展的实践基础，吸引了 20 多个研究机构以及许多现代农业示范项目，如引进和推广新技术，并逐渐成为“农业，农村，农民”的甘肃省示范的平台。[①]

（2）特色产业明显，农业产业化初具规模

玉米种子生产、马铃薯加工、附属农业如热带水果火龙果、葡萄等特殊产业是张掖市农业发展的主要分支。政府投入大量财政资金用于建设现代农业示范基地、现代农业科研项目研发和大型肉牛养殖场，为现代农业发展做出了贡献。张掖市特色产业已经有 20 多年的研究经验，已经建立了 Origen 种子、金象种子和 Aiweike 马铃薯加工等技术领先公司的集群，并且已经建立了越来越复杂的生产和后期生产联系，主要农业和基础企业的利益变得更加复杂，同时也正在形成一个工业组织、一个市场领导者、一个基地以及农民和基地之间的联系。

（3）地域经济实力不断提升，发展生态经济有潜力

从 2016 到 2017 年，张掖市的总生产增加值为 102.42 亿元，增长 5.5%，粮食面积产量稳定增长。全年粮食作物播种面积 285.95 万亩，增加 3.59 万亩，增长 1.27%。2017 年，农村居民人均可支配收入 1 2612 元，比上年

① 张芬昀，曹美珍 . 张掖市生态农业产业集群发展的 SWOT 分析［J］. 特区经济，2013（03）：132–134.

增长 8.3%；农村居民人均消费支出 11 281 元，增长 8.7%；农村居民家庭恩格尔系数为 34.02%，比上年降低 0.8%。城市的经济继续增长，城乡发展尤其是乡村发展上升至全省前几位。张掖市利用甘肃省的力量，在改革传统服务的第一次商业尝试中创造了商标式的转化模式，促进了水加工生产、经营综合废物、文化一体化，为生态农业集群的发展创造了良好的工业基础。

2. 张掖市生态农业产业集群发展的劣势（W）

（1）龙头企业发展规模小，辐射带动能力有限

作为高科技企业的部门，农民需要依靠技能型的农产品和工业管理等技能来促进其成长。张掖市企业主要是中小企业，资产小、管理水平低、产品水平低、竞争力低。

（2）农户的组织化程度较低，限制了产业集群的协同增长

随着国内经济的逐步增长，农民在预售、中间生产和后期制作服务方面的需求变得更加全面和复杂。与此同时，随着专业化水平的提高和国内生产的集约化，农民分散的小规模生产与大市场之间的矛盾愈演愈烈。

（3）市场服务体系不健全，集群生存缺乏市场支撑

在张掖市的发展计划中，贸易市场的数量和规模是有限的。同时由于社会市场风险和自然条件风险存在，农业科技管理相关部门明确指出政府金融部门对农业的资金支持也是有限的。研究团队、技术发展、农民和企业之间的合作机制仍然没有确定，市场诸要素对农业产业集群的发展并没有提供一个强力的支撑。

（4）各类经济要素稀缺，集群层次低

张掖市位于西北内陆，经济发展水平较东部地区发展缓慢，资金、技术和人才等影响经济发展的要素都相对匮乏。此外，目前张掖市农业发展缓滞的主要原因在于劳动力质量低和劳动力成本低，劳动力整体认知水平差，技术潜能小，大多数公司继续使用传统生产模式下生产出来的农产品。这样的做法缩小了当地特色农业产业的辐射影响范围，也缩小了农民依靠

这些特色产业来增加他们收入的渠道。以上这些特征决定了其工业水平较低。

3. 张掖市生态农业产业集群发展的机遇分析（O）

（1）新农村建设和新一轮西部大开发的良好契机

从 2004 年国家发布一系列关于农业的中央一号文件以来，一号文件中所反映出来的智慧科技型农业逐渐成为“三农问题”的主题，越来越多的农民对于自身农业综合能力的提升有了更多的重视，其中包括农业生产、农业营销、农业售后等链条式的综合生产能力。针对生态新型农业技术，利用新型环保农业技术来充分发展现代农业，在现代农业的基础上统筹城乡发展并且加快水利服务系统改革，对农业科技创新方面给予具体指导；将党的执政理念融入现代农业发展过程中，清醒地认识到农民的贫困情况，积极改善农村积贫积弱现状，解决农业、农村和农民的具体问题，为农业和农村的健康发展创造合适的政治环境和社会空间。在针对西北农村地区脱贫攻坚战中，国家在金融政策、技术方面提供了重要支持和优惠政策，为生态农业发展和可持续农业发展创造了良好的环境，也为西北地区生态环保农业提供了步入快车道发展的机会。①

（2）绿色消费悄然兴起的市场机遇

近年来，随着全球环保意识的一步步提高，人们的环保价值观、消费心理和消费行为正在发生重大变化。人们非常重视保护环境，促进自然生态化和追求绿色健康生活，这已成为新时代的正确消费、绿色生活和高品质生活的崭新形式，这样的崭新形式已被越来越多的人所接受。②随着绿色消费的热潮兴起，农民收入也随之水涨船高，而同时城镇和农村居民对于粮食的不同种类、不同分量的需求也变得更加多样，粮食产销结构发生了相应的变化，这些变化也拓宽了生态农产品的市场空间。

---

① 张芬昀，曹美珍．张掖市生态农业产业集群发展的 SWOT 分析［J］．特区经济，2013（03）：132-134.

② 张小平．甘肃省绿色产业发展的 SWOT 分析［J］．西北师范大学学报（自然科学版），2008（05）：99-104.

（3）绿洲现代农业示范区建设的平台

2010 年 8 月至 2017 年，原农业部确定了 50 个区、县以及农牧垦区为首批现代化国家级农业示范区，张掖市甘州区被选为了甘肃省唯一的现代化国家级农业示范区。为了更深入地探析现代农业绿色研究、生态有机农业和具有高效率的农业发展过程，加快速度建设现代化的农业示范区，全市标准化生产面积 283 万亩，未污染生产面积达到 212 万亩，节约用水的高产农业生产达到 84 万亩。

（4）土地流转机制为规模化经营带来机遇

中国共产党第十七届中央委员会第三次全体会议，解释了“正确严格规范农村土地管理”，以改变土地分割管理现状，积极引导农民土地承包经营权的转让，为改变目前我国土地零散分布管理现况，积极为农地经营承包权利转让而指引导向，有助于原本已具有中等规模范围的工作方式变得更加广泛，也为这样的新型工作模式留下了更多的改进空间。同时，党的十九大确定了第二轮土地承包合同后将延长 30 年政策延续，这种良好的政策延续使得农民在土地流转和新型土地规模经营时变得更加安心。政府颁布的土地相关政策将对张掖市农村地区产生以下影响：第一，小范围小规模的家庭式生产与具有高需求的广阔市场之间存在不平衡矛盾，鼓励广泛的基地化、规范化、工业化农业，实现现代农业的优质商业化生产。第二，由于农业和大型种植园专家手中相对集中的分散土地的扩散，促进了现代农业设备技术规范的使用并促进了特定区域农业产业的发展，土地收入也在原有基础上得到明显改善。第三，土地经营承包权利的转让同时也促进了农业剩余劳动力向非农业部门的迁移。

4. 张掖市生态农业产业集群发展的威胁分析（T）

（1）生态农业的政府主导行为缺乏内源动力

与全国大部分地区一样，张掖市的生态农业建设仍处于政府层面，主要是政府强制性，它的直接活动是促进方法的统一和强制适用。在生态有机农业的建设过程中，政府很难在方方面面都考虑到农民的需求，在每个层面上都看到农民的生产能力和市场的需要。由此看来，如果没有内生力量支撑发展的有机农业通常会被认为是政府为了政治任务而制造的政治成绩和“面子工程”。为了最大限度地提高地方经济和税收收入，生态农业集群的发展是否会转变为短期经济行为？无法确定是否会出现“以环保名义来破坏发展”的结果。① 生态发展是一种未来保证，但相对缓慢的经济发展情况使得农民被迫努力寻求增收渠道，提高自己的收入，以此来改善生活条件，而不是努力获得绿色山脉和绿色水域。当农业环境建设缺乏农民的积极性和接纳度时，就无法继续下去。

（2）生态环境恶化的硬约束

最初，在水资源稀缺的基础上，难以满足环境、经济和社会生活的发展所需要的基本条件。2017 年，张掖市仅仅可以使用 26.5 亿立方米的水，使用的水量小，土壤被侵蚀盐碱化程度和土壤沙化程度都相当严重。2017 年，侵蚀区面积达 3.98 万平方公里，占全市面积的 40%；沙漠化面积 67.5 万平方公里，占全市面积的 16.1%。2000—2017 年，黑河向下游引水十余年，加剧了地下水的缺乏，水源保护的投入资金不足，绿洲面积和生态湿地面积减少，抗风沙林带部分死亡，黑河中游生态环境自然退化，生态功能下降。②

5.3.2　张掖市玉米制种产业和食用菌产业概况

1. 张掖市玉米制种产业的发展现状

从 2017 年开始，在该市种植的 600 万亩土地中，玉米种子的产量稳定在每年 100 万亩，几乎占全国玉米种子产量的一半。由于年光照时间为 3 000 ～ 3 300 小时，年降雨量仅为 200 毫米，蒸发量达到 1 800 毫米。所

---

① 郑军，史建民．基于 SWOT 分析框架下的我国生态农业探讨［J］．生态经济，2007（05）：121-124+129.

② 张芬昀，曹美珍．张掖市生态农业产业集群发展的 SWOT 分析［J］．特区经济，2013（03）：132-134.

有进水都来自祁连山的冰雪融化，使得张掖市每年都成为植物和有机生产基地，始终保持70万亩的种植面积，夏季蔬菜高原产量达300多万吨，其中出口240万吨。自党的十八大以来，张掖市利用资源，大力开展玉米种子、绿色有机蔬菜、优质放牧和肉牛养殖“四百万”生产项目。目前张掖市已被确定为国家现代农业示范区、国家农业科技园和国家小麦种植基地。它是改变该省整个畜牧业的试点城市，坚持绿色有机发展的潮流，培育和精心打造张掖玉米种子、张掖养殖牛、张掖葡萄、金张掖夏季蔬菜等优质农产品和畜牧产品。

2017年至今，甘肃省张掖市的玉米种子产量占全国种子的13%。玉米种子生产行业将成为张掖育种者的主要收入来源。工业园区的建设主要分为经营方式、种子的种类和加工的研发。在临泽建设38万亩玉米种子示范基地，它的规模优势明显、规模密集和机械化辐射将驱使张掖市发展“四化”玉米种子生产基地建设。2017年，张掖市种子协会正式获得国家商标局颁发的“张掖玉米种子”地理标志认证，该标志是中国唯一的种子地理认证标志。①

张掖的玉米种子作为一个现代科技农业产业发展重点来说，得到了省级农业分配的重点支持，银行和当地种子协会采用了“龙头带基地，基地连农户”模式，累计投入约15亿人民币来支持北京德农、临泽屯玉等17家从事玉米种子生产的工业化公司，促进了当地玉米生产行业的快速发展。玉米的种植面积和产量从2006年的60万亩和2.4亿公斤增加到2016年的100万亩和4亿公斤。玉米种子的产量占全国总产量的25%，生产占全国的40%。每年9月，张掖市临泽县鹿泉镇生产的玉米开始集中收获，上庄村的2 500亩玉米将于9月中旬收集。收获后，收购者将分批购买。与此同时，其他村庄的秋季采伐也有序进行。整个收获过程预计将在9月底完成，这个城市已经在秋季开始工作了。2017年以来，全市大力推进地域合作制和

① 苏海琴，牛效智，吴生智等.张掖玉米种子成国家地理标志商标[J].北京农业，2013(02)：53.

股份制，积极推进农村土地承包经营权转让，加快实现“有序转移，集约经营”的目标，带动质量基础。张掖专注于优质种子业务，鼓励湾子、蓼泉、寨子等 8 个村与屯玉绿源、绿源、隆平高科、甘肃金源四家种子公司合作，并在此基础上整合生产要素，支持基础设施改善，充分利用增加产量的潜在因素；严格执行“打造优质产品”的理念，严格执行“四合一监督确认”工作方法，实施玉米种子生产最严格的修订合同，公开披露支付期限和其他制度，明确禁止任何单位和个人引进无照企业和个人生产玉米种子；推广精密技术，采用土地整理、支持道路和森林搭配、新技术设备、新设备和其他措施，引导农民规范整个过程。全市玉米种子产量 2.18 万亩，有效拉动了农民增收。在努力增加收入的同时，该市进一步增强了责任感，严格管理农业机械安全生产，保障了秋收的安全。

高台县也是张掖市玉米种子产业的集中生产区之一。在加强玉米种子生产基地建设的同时，高台县还依托全国玉米种子生产基地建设项目，不断完善基础设施，充分发挥县域大生产的奖励资金。其作用是支持基础信息化建设，突出“五化”基地的三个关键点，引领公司的培育和行业监管，巩固和不断提高基地建设水平。在国家一级杂交生产玉米种子方面，2017 年，在南华镇先锋村建设了 2000 亩示范点，用于生产玉米种子，用于规模化、集约化、标准化、机械化和信息化（称为“五化”）建设。[①] 示范点采用高产高效栽培技术生产玉米种子，如膜下滴灌、综合肥料和水播技术、病虫害防治等技术，提高产量和种子质量，达到节约成本的目的，并提高效率。全县玉米生产行业坚持“优良基地，强势经营，品牌辉煌，行业优良”的理念，发展良好。

2. 张掖市玉米制种产业存在的问题

玉米是中国三大粮食作物之一，张掖市更是玉米生产的基地。作为全省玉米种子杂交生产的中心区域，张掖市连续多年保持稳定的玉米种植面

① 马丽娟 . 临泽县玉米制种基地发展现状与建议［J］. 甘肃农业，2016（16）：23-25.

积 1 万亩。全市玉米种子年产量已达 1 万亩，产量 1 亿千克。[①] 近年来，张掖市紧紧抓住国家级杂交玉米种子生产基地建设的机遇，着力打造世界先进、全国一流的集种子生产加工、种业信息发布、产品展示交易、成果技术推广、新技术研发为一体的国家级玉米种子产业园，辐射提升全市玉米制造产业的科技创新能力、企业竞争能力、供种保障能力和市场监管能力，不断增强玉米制种产业的核心竞争力。园区先后引进中种国际、三北种业、北京奥瑞金等国内知名的 22 家种业龙头企业落户，建成现代化玉米种子加工中心 12 个、种子加工生产线和果穗烘干线各 18 条，年种子加工能力达 25 万吨，种子销往全国 26 个省市区。张掖市玉米产业不断登上新的台阶。

但总的来说，张掖市玉米产业的发展还很年轻，无法满足现代农业的需要，还存在很多问题。首先，该地区贫困村庄的基础设施薄弱。由于部分村庄基础设施相对落后，农业产业结构调整有限，一些困难村庄难以吸取水资源。要发展农业产业和科技项目，必须改善灌溉、交通、电力等基础设施建设。而且贫困村庄的劳动力缺乏，受教育程度低。由于贫困村的许多农民生病，加重了家庭的负担，一些家庭人员没有主要的收入来源，只能靠打零工来维持生计，一些人虽然有工作，但是从事的是最低端的体力劳动，收入比较低，家里有孩子和老人，这限制了农业产业集群政策的整体效益。贫困农民的文化程度普遍较低，限制了农业产业化的发展。在贫困村农民农村教育水平相对较低，有的仍是文盲或半文盲。在农业科技中的贡献率只有不到一半的发达地区，青年工人和农村贫困地区的中年人中有更多的农民工和其他贫困老年人，他们的接受能力不高，增加收入的能力无法跟上农业产业发展的步伐，抵制摆脱贫困的能力也是不足的。

其次，农业生产投资不够，区域特色发展滞后。由于贫困村的经济条件差，农民习惯于传统的方法，大多进行个体农业生产。而一些新兴的工业农业项目，科学技术和农民应该进行的示范项目需要大量的投入，增加

---

① 陈波 . 张掖市玉米制种产业发展政策研究［D］. 兰州大学，2014.

产量的目的和农业的利润会影响到整体的效率，所以应该增加投资的力度。一些地区的区域特点发展滞后，缺乏明显区域特色，基础广泛，产业链不完整，农产品加工严重延误，龙头企业少，加工能力低，大企业产品竞争力薄弱，很难培育特色产业，再加上没有一级市场竞争力的工业或产业集群，农民和牧民的收入不稳定。

再次，随着国内种子市场的政策放宽，跨国种子来到中国开展业务并攻占市场。国家和省级管理部门以及种子生产企业对这一方面的研究和技术开发不力，革新能力低，种子繁殖方法落后，技术和模式滞后，这些都使我国种子产业遭受到严重的挑战。种子生产基地与企业之间的关系也不稳定。目前，基础种子生产基地是一个“公司农户”模式：一方面，公司没有投资基地建设，且在基地进行破坏性生产；另一方面，一些公司甚至降低生产标准，狭隘隔离，提高基价。不公平竞争行为导致种子生产成本增加，种子质量逐年下降，种子生产安全有隐患。张掖市种子生产系统差，管理薄弱。市、省种子管理机构治理不善，缺乏保障管理程序，就业资金不足，种子繁多，生产和管理成本较大。

最后，张掖市玉米生产基地条件与建立国家“四联化学基地”之间仍存在较大差距，玉米生产部门的效益逐年下降。基地之间没有连接，基础设施不完善，存储和水处理厂不兼容，机械化程度不高，干燥能力和干燥设备不够，种子加工水平和抗风险能力很低。玉米生产的收入受到种子产量波动的强烈影响，降低了玉米生产的效益，玉米种子的产量每年都在减少；种子生产公司享受国家税收政策，玉米生产行业由少量的地方财政资源组成，张掖市玉米产业的发展非常具有挑战性。

3. 张掖食用菌产业集群化发展概况

张掖在有机农业方面的投入主要集中在建设以食用菌、大规模养殖和夏季蔬菜为主的生态农业生产基地。自 2017 年以来，食用菌产业进入快速发展阶段，标准化和种植水平显著提高，产业规模和效益稳步提升，产业潜力和发展前景广阔。然而，在开发过程中，仍存在诸如专业技术技能薄弱、技术传播不足以及生产和质量不高等局限性。因此，在食用菌产业的未来发展中，一是要澄清思想，树立信心，充分发挥食用菌产业在现代农业发展中的作用，提高该地区农民的收入是促进准确减贫的重要措施。二是抓住有特色的点，创业创新，促进现代科技与传统食用菌产业的融合，结合不同生态区域的特点，探索独特的农业风格和主要品种，提高“公司 + 基地 + 农民”模式对食用菌生产方式的示范效应。三是发现问题，加强培训，引导行业通过沟通渠道加强人才储备，包括食用菌科技人才、育种者和加工人员的教育和培训，还必须培养一批具有较强理论基础和丰富实践经验的科技人才，以确保食用菌行业的持续健康发展。

2017 年 7 月 26 日至 7 月 27 日，张掖市食用菌产业服务集团邀请省农科院食用菌专家到张掖指导食用菌生产。服务团队成员参观了山丹、民乐、甘州的食用菌生产厂以及大型种植园生产基地。服务团队的成员详细了解了公司的生产和经营情况，并观察了双孢蘑菇的分布情况，解释了温度和湿度控制等问题，彻底分析了菌质量下降和减产的原因，制造商已经获得了良好的解决方案。专家组成员提醒公司技术人员要加强管理，特别是在疫苗接种、营养和扩散等关键领域，尽量减少农民的管理风险，提高种植园的效率。

自 2017 年 8 月起，张掖市食用菌专业团队一直在制备主要食用菌栽培技术手册，对不同等级和水平的食用菌团队进行 2 ～ 3 次培训，使 30 名技术人员得到培训，使 100 多户家庭有专业种植能力，培养了一系列技术骨干，促进了张掖市食用菌产业的发展。从 2016 年以来，甘州区坚持“政府引导、企业带动、产业推动、农户联动”的工作思路，以食用菌工厂化生产为主，落实食用菌产业发展补助政策，在投资融资、规模生产、设备购置、产品销售等方面制定优惠政策，设立食用菌产业发展基金，扶持壮大食用菌生产核心基地和龙头企业，并通过合理规划、资源整合、重点扶持，调整优化产业布局，打造别具特色的食用菌产业。全区食用菌生产已初步形成了自动化恒温温室、节能日光温室、钢屋架大棚“三种生产模式并举”的生产格局。

截至 2018 年 10 月，张掖市甘州区以打造西部特色食用菌产业基地为目标，以规模化、精细化、标准化、品牌化生产为方向，大力发展食用菌产业，食用菌逐渐成为继草畜、蔬菜之后的又一农业特色主导产业。[①]2018 年上半年，全区食用菌生产面积达 2 411 亩，日产菌袋 14.8 万袋，生产食用菌 15.92 万吨，产值达 9 000 万元。该区加大力度，对开展良种繁育体系建设、废弃物转化利用、精深加工和销售、科技培训和推广的食用菌企业给予贷款贴息及专项资金支持，对于带动农户新建 50 座以上菌棚进行食用菌生产的企业，除享受市上按银行基准利率 50% 标准给予贷款贴息优惠政策外，再按照银行基准利率 50% 标准给予贷款贴息扶持；对按标准发展食用菌产业 1 个标准棚以上的农户，每个菌袋给予 1 元补助。同时，以龙头生产企业为抓手，探索建立“公司 + 基地 + 农户”的利益连接机制，年底统一核算，按股分红，有效带动周边群众发展食用菌产业。[②]

5.3.3　张掖农业产业集群化发展的条件及方式

中国是一个农业基础较强的国家，农业是国民经济发展的基石。为了建立一个良好的全球社会，解决农业问题是当务之急。农业产业化是基于市场发展的需要，不断创新和发展，不断提高全球农业生产能力，提高农业生产的效率和质量，满足日益增长的农业需求，以求达到居民和农民的收入增加。近年来，张掖市委、市政府不断提高行政管理中的农业产业化水平，作为实施产业、富民的战略基础。规划农业化和工业化，促进工农转型，努力将“农业市场”转变为“工业城市”，实现农业产业化的历史性推进。[③]

---

① 中国食用菌商务网 . 甘肃：张掖市甘州食用菌产业蓬勃发展 .http：//zixun.mushroommarket.net/201802/01/181900.html.

② 每日甘肃网 . 张掖市甘州区食用菌上班年产值进亿 .https：//new.qq.com/omn/20181011/20181011A0GCDE.html

③ 姚露 . 张掖市农业产业化发展水平研究［D］. 兰州大学，2011.

1. 张掖市农业产业化发展的有利条件

张掖市地处甘肃河西走廊中部，位于全国属典型的温带大陆性气候区，日照时间长，光源和热源丰富，夏季炎热，四季分明。张掖市还位于黑河中部，是古代“丝绸之路”和今天的欧亚大桥经过的地方，黑河及其主干流为张掖市提供了大量的水源。在灌溉丰富、阳光充足以及土壤肥沃的有利条件下，张掖逐渐成为全国有价值的谷物基地。同时，张掖市的交通和通信十分便利：穿越兰新铁路、国道、甘新高速公路和甘清高速公路，县乡公路向四面八方延伸；西—兰—乌光缆通信干线穿越境内，形成了立体框架。

2. 张掖市农业产业化发展的具体方式

农业产业化的发展在当前农业经济发展中发挥着重要作用。从政府和农业本身的角度来看，必须充分认识到改善农业产业化的重要性及其任务的艰巨性，要利用一切可用的资源促进农业产业化的发展。同时，农业产业科学发展应该发挥龙头企业的带动作用，通过龙头企业的创新发展带动各大中小型企业协同发展，形成集聚效应，培育新的农业经济增长点。本书针对张掖市农业产业化存在的问题，提出了以下建议：

第一，加大科技创新力度，提高产品科技产量。张掖市农业产业化的形成主要是技术变革的推动和重要支撑农业产业化的发展。经济增长的主要原因是技术创新和技术进步。基于技术创新和技术进步，可以同时使用劳动力和资本投资来提供更多的产品和服务，并显著提高劳动生产率。今天，张掖市农业产业化过程中的技术创新严重不足：农产品仍处于基础加工水平，产品数量较少，农业产业化进程很慢。首先，在未来的科技变革过程中，必须积极引导和支持领先的企业，将生产研究、道路研究和自己的研发机构结合起来，使专业企业成为农业产业化技术创新和技术发展的主要机构。其次，要抓好科技培训，提高科技人员的素质。农民的思想观念成熟，但科学技术的总体质量不高，这是一种普遍现象，是制约农业工业化发展的重要因素，要重点抓好农业产业化的实施，采取多种形式，发展基础教育和专业技术教育，提高大多数农民的科学文化素质和解决生产实际问题的能力。

第二，建设农产品市场体系，培育主导产业。良好的市场体系是对经济发展的有力支持。市场导向是指工业化的方向。农业产业化必须遵循这一规律，运用供需原则，依靠良好的市场竞争来生存和发展。在农业产业化进程中，张掖市需要发展良好的农产品市场体系，进一步促进农业产业化发展。因此，有必要加强市场基础设施，注重农产品批发市场建设，发展具有驱动效应的完整批发市场，加强市场环境的管理，取代市场政府的短期行为。地方各级人民政府把重点放在当地农业农产品管理上，加强城镇化发展，减少城镇居民入境门槛，吸引企业落户，推动张掖市农产品消费市场的发展。同时，要发展主导产业，将前期生产、中期生产和后期生产环节与完整的产业链联系起来，形成农业产业化发展的动力。 根据张掖市农业产业化现状，我们将确定六大产业体系的发展：一是大米和石油系统。张掖市豆类的优势，特别是结合各种谷物的特点，主要集中在方便食品、快餐和健康食品的转化，以及高级食品的食品系统的建设。二是工厂工业系统。打开质量和植物护理两个主要环节，促进综合生产、储存、运输和加工操作，特别是脱水蔬菜和加工番茄，并创造从田间到餐桌的行业。三是动物产业体系。 分为养殖、大型养殖和羽毛加工三大环节，形成肉类生产和毛皮制品的生产加工体系。四是水果产业体系。提高护理水平和加工深度，构建优质新鲜水果、干果、果汁、果酒等多元化工业体系，特别是张掖市沙田西瓜。五是棉花产业体系。通过面料和服装的整合，加强棉花生产，提高质量，延伸加工，发展棉花生产的工业体系。六是生态旅游产业体系。充分利用张掖市森林生态等自然资源，大力拓展农业生态旅游系统。

第三，积极推进农业标准化、品牌化，提高农产品质量。农业要获得长远的发展，必须坚持可持续发展的战略原则，正确处理区域内人口、资源、环境之间的关系，不断提高农业综合生产能力，使得区域农业向标准化、品牌化方向发展。由于张掖市在长期的农业生产过程中大多采取粗放经营的形式，分散的农户小生产与大量的农产品市场需求之间的矛盾随着农业生产的迅速扩张而加剧。发展特色农产品种植，发展区域内农业产业集群是解决这一问题的有效途径。张掖市由于产业化过程中缺乏专业化和规范化的指导，致使在多年的发展过程中区域内主导产业、优势产业、特色产品这三个层次的划分不明显，农业发展未向优势地区集中，也未向特色产品偏移。为了实现张掖农产品种植的专业化、产业化，获得竞争优势，就必须加快制定和修订优质农产品衡量标准，努力打破旧有农产品生产的环境管理，进行高产高效的种植，使得农产品质量达到优质标准。同时，除了农产品质量优质，农产品的生产过程、加工处理过程、包装过程、运输过程也要层层把关，以打造区域内特色农产品品牌为目标，抓好每一环节，做好每次生产，落实各项要求。这是提高有效农产品质量，提高市场竞争力，增加农产品品牌市场份额的关键。另外，引进和积极发展农业生产技术标准化，大力推进土壤测试、施肥配方、病虫害综合防治等先进技术，重点关注草药等主导产业的发展和成长，关注种子生产、水果和蔬菜生产，轻工业材料加工、小麦和棉花油等的生产，以促进张掖市无公害生产技术标准的广泛传播。同时，这项技术由省、市技术监督办公室监督执行，在保证农产品质量优异的前提下，提高农产品品牌影响力和市场竞争力。

第四，发挥中心城市带动作用，缩小地域差距。鉴于张掖市各地区农业产业化发展水平存在较大差异，区域产业布局不尽合理，致使对区域内特色优势农业产业认识不够明确，导致在长期的发展过程中速度缓慢，区域内农产品发展特色不突出，产业结构趋同，甚至出现恶性竞争。为了解决这一问题，应发挥中心城市的带动作用，进行产业帮扶。一般来说，中心城市是区域经济社会发展的引领者，小城市只是发展过程中的一个环节。

城市化和农村发展是实现向现代社会和工业文明过渡的第一环节。张掖市制定了以甘州地区为主的发展战略，以县城和小城市为网络，进一步优化了城市体系结构。近年来，甘州地区作为中心城市，迅速发展和管理了周围地区，发挥了辐射“点”的作用，其经济总量接近张掖市的一半，经济结构的非农业水平远高于张掖市。县城经济中心的小城镇和小乡镇应该在发展农业加工业的同时，注意发挥提供贸易信息和提供技术服务的功能。农业、农村和农民引导农业产业化驱动企业和市乡企业集中在乡镇，形成当地农产品加工配送中心的基础，进一步缩小地域差距。①

5.3.4 甘肃张掖特色农业产业集群发展举措

1. 优化特色农业产业发展布局

农业作为百姓安身立命之本，是稳定人心的战略优势产业。合理的产业结构是农业产业持续发展的基本要求，农业产业的合理布局是区域特色农业产业健康发展的前提保证。要大力推进优势农产品区域布局，做大做强各具特色的主导产业和优势农产品，有利于提升农业综合生产能力和现代化水平。选择一批特色明显、发展潜力大的优势特色农产品，精心做成特色产业，集中力量打造一批具有特色的农产品生产优势区和产业发展聚集区，提升品质，增强竞争力。过去农业发展更多关注的是生产环节，如产量的高低、品种的选育等，进入新时代，我国社会主要矛盾已经转化为人民日益增长的美好生活需求和不平衡不充分的发展之间的矛盾。因此，现代农业生产经营也需要多从消费者的角度考虑，如消费者的口味变化、健康需求、兴趣爱好、饮食习惯等。这就要求农产品生产不仅要以市场需求为导向，走质量效益型发展道路，进行标准产业化经营，力争做到经济效益、环境效益和社会效益的协调发展，还要从理念、制度、管理等方面多举措推动，不断增强自我创新能力和成果转化推广能力，逐步提升农产品的市场竞争力和占有率，加强品牌建设，实现融合发展。立足地方特色，优化配置生产要素，把特色、优势打造成品牌，以品牌增强市场竞争力，可以有效提高农业经济效益。同时，以品牌建设为依托，把资源优势转换为产业优势，通过产业联动、产业集聚等方式，使农业生产、农产品加工和销售、餐饮等其他行业有机地整合在一起，使一、二、三产业之间紧密

① 姚露．张掖市农业产业化发展水平研究［D］．兰州大学，2011.

相连、协同发展，最终实现农业产业链延伸和群众增收。

2. 兴建现代农业开发区

张掖地区可以通过建设农业发展区域和“点轴辐射”的使用，来促进区域农业结构的优化和调整。农业发展领域建设中区域经济结构的优化主要体现在以下两个方面：首先，由于资金、技术和开发区内的信息流动，区域农业功能结构将更加先进。通过农业发展区的产业转移和农业发展领域的合理分工，将该地区构筑成现代农产品产业体系和集产品、深加工和支持农业为一体的工业城市。其次，进行旅游开发，旅游和农业发展将促进以旅游和旅游服务为主要支撑的第三产业的出现。[①] 因此，张掖地区应重点创建小麦、玉米淀粉、葡萄原料等农业科技示范区，促进张掖市农业产业化的发展。

3. 加强区域分工协作

张掖市应加强农业区域的分工，更有必要加强合作，努力建立长期稳定农业生产区和销售区之间的平等、优势发挥和区域分工合作机制。与此同时，应促进合理的技术流动和区域间资本流动，在经济社会发展的过程中，农业生产要素的结构发生了变化，土地资源日益短缺，劳动力成本增加。张掖市应实施“走出去和引进来”的原则，引进东部发达地区的先进经验，鼓励农民在发达城市寻求发展，从而最大限度地促进跨区域一体化，并扩大农业发展空间。

5.3.5 特色农业产业集群制度创新研究

目前，我国经济发展进入新常态，不论是当前还是今后都要认识、适应、引领新常态，注重发展方式，深化体制机制创新，为农业特色产业集群提供发展方向。要促进体制机制创新，加强农村振兴的制度性保障，加快实施乡村振兴战略，实施农产品加工建设体系。还要注重完善产权制度，

---

① 杨尚伟 . 农业区域结构调整及其优化机制的探讨［J］. 乡镇经济，2005（10）：11-15.

提供市场驱动因素，完善各机构的主要功能，激活要素，激活市场，努力系统地提高改革的整体性和配合性。

1. 巩固和完善农村基本经营制度

推进农村各项改革是实施乡村振兴战略的必然要求。要加强农民与政府关系的稳定，出台各项利农的政策，深化农村土地制度改革，完善承包地“三权”分置制度，即形成所有权、承包权、经营权三权分置，经营权流转的格局。保持土地承包关系稳定并长久不变，将在第二轮土地承包到期后再延长 30 年。深化农村集体产权制度改革，保障农民财产权益，壮大集体经济。通过土地承包合同完成后再延长 30 年的政策，让农民吃了“安心丸”。从长远来看，要全面完成土地经营权登记和认证，实现土地承包信息共享；要努力完善农村土地承包的“三权分立”制度，同时在保护土地集体所有权和农民权利谈判的前提下保护土地管理权。根据法律，农村土地经营权可由金融机构依法提供资金和担保，通过实施行动参与农业产业化，通过实施新型农业种植项目，促进家庭农场、合作社、企业领导、社会服务组织和复杂农业产业化的发展，强化中等规模操作的不同模式。

2. 深化农村土地制度改革

通过土地入市集体管理和宅基地试点制度改革，逐步扩大试点，加快土地管理法律的变革，完善政治体制、土地管理，扎实推进农村集体住房与土地和农场的融合。落实农民各项优惠政策，实行农场集体所有制，保障农民的资本所有。农民有权使用农民房屋，合法买卖使用的房屋产权，严格执行土地使用控制，严禁使用农田建设别墅和私人住房。在响应土地利用总体规划的基础上，县政府允许利用空间规划来适应和优化村庄的土地布局，并有效利用散落在地面上的零星土地来建设休闲旅游设施。利用农村储存和建设用地来发展新的农村工业和新的商业形式，并将指定一个新的建设用地指数，完善农地使用政策。①

① 中共中央国务院关于实施乡村振兴战略的意见［Z］.2018-01-12.

3. 深入推进农村集体产权制度改革

农村集体产权制度改革，主要针对农村集体资产产权归属不清晰、权责不明确、保护不严格等问题，这些问题侵蚀了农村集体所有制的基础，影响了农村社会的稳定，所以，改革农村集体产权制度势在必行。改革通过完成集体商品和集体资产的审定以及集体准入的认定，加快集体经营活动合作制度的改革，促进改变资源和资本变化以及农民改变股东的资源，探索农村集体经济的新形式和运作机制。按照农村集体产权制度改革的正确方向，赋予社区党组织在集体经济组织中的中心领导地位。维护土地所有权，使用原产地的权利和分配居住在城市的农民的集体收入的权利，指导居住在城市的农民自愿、合法地转移权益。建立农村集体经济法组织，丰富农村集体产权，深化供销合作社的全面改革，深化集体林权、节水设施等领域的改革，从实际出发，按照“归属清晰、权责明确、保护严格、流转顺畅”的现代产权制度要求，进行农村集体产权股份合作制改革，稳定土地承包关系，明确集体产权归属，在实践中探索发展股份合作的不同形式和途径。

4. 完善农业支持保护制度

提高农产品质量和竞争力，加强绿色生态定位，创新和改进政策工具和方法，扩大“绿箱”政策实施规模，即政府通过服务计划，提供没有或仅有最微小的贸易扭曲作用的农业支持补贴，加快建立创新型的农业保护政策体系。致力于发展农产品储存系统和价格形成机制，加快多市场购销主体的培育，改革和完善集中粮食管理系统的储存。落实和完善农民直接补贴制度，提高补贴效益。完善粮食生产关键领域的补偿机制。探索水稻、小麦和玉米保险和收入全部成本的驱动因素，加快建立多层次农业体系。通过健全“三农”投入稳定增长机制、完善农业补贴政策、加快建立农业补偿机制、整合统筹使用涉农资金、完善农田水利建设管护机制、推进农业科技创新、深化农业科技体制改革、加快发展现代农业机械化生产、加强农产品市场体系建设等一系列措施来完善农业支持保护制度。

5.3.6　甘肃特色农业产业集群发展对策

实施乡村振兴战略，实现产业兴旺，最首要和最根本的就是要构建现代农业产业体系、生产体系、经营体系，促进农村一、二、三产业融合发展，延伸农业产业链、价值链，提高农业综合效益和竞争力。当前，加快农业特色产业集群化发展是推动西部农业产业化发展的重要一步，农业发展的目标可以认为是农业产业在一定的区域优势和市场发展基础上形成具有一定的规模和市场竞争力的农业企业。在特色农业的发展过程中，对于其效益，如产品质量的剩余效益、产品的市场需求和生产规模的优势的不同表现形式要正确合理地看待。在当前我国农产品多元化发展的背景下，农产品的诸多特征具有很高的市场价值。同时，由于自然条件的特殊性使得西部地区（如甘肃省）在农产品开发中具有一定的竞争优势。例如，张掖市和定西市由于特殊的地理位置以及资源环境优势使得其自身有能力和条件发展特色农产品种植。因此，在西部地区我们必须充分利用当地农业区位因素，因地制宜，发展具有区域特色的农业产业并结合部门特点、产品质量和生产效益，以促进农业产业化为发展特点，开展区域性、专业化生产，并对社会服务、企业管理、市场流通等部门进行整合以扩大行业规模，提高生产管理水平，优化产品质量，提高营销能力，扩大行业增值空间，加强生产、供应和营销一体化，整合贸易、工业和农业，以促进部门的区域农业现代化卓越发展。①

1. 培育不同类型的新农业企业实体，整合农业产业集群的组织基础

一定要充分认识到甘肃省区域特色农业、特色产业集群发展对甘肃省农业经济发展的重要意义，明确集群化发展是新时代农业综合生产能力和农业产业化竞争力的关键策略。目前，在甘肃省农业产业发展过程中进行

---

① 李朝阳 . 西部特色农业产业化发展优势及发展对策研究——以甘肃省庆阳市为例［J］. 西北农林科技大学学报（社会科学版），2010,（04）：37-41.

集群的主要是以大多数农民为基础，他们在长期发展过程中出现了诸如信心不足的问题，如何获取有效的市场信息，尽快调整生产结构；如何防范化解重大灾害，提高各种抵御自然风险的能力；如何有效突破农业产业长期发展过程中出现的瓶颈，推动农业产业在规模与速度上尽快成长，这些是目前农业产业集群发展需要解决的问题。与农业有关的各类商业实体之间是相互联系、彼此整合的，并由此进行分工与合作，这对于农业区域的发展具有重要的意义。农业产业要想具备区域核心竞争力，获得持久的竞争优势，在激烈的市场竞争中立于不败之地，就要增强管理，扩大规模，进行优势整合，根据区域内在优势和发展条件，通过建立不同的企业实体，发展龙头企业，发挥龙头企业在区域特色农业发展过程中的带头作用，寻找新的经济增长点。所以，应在政府相关政策及相关部门的统筹带动下增强农业联合管理、有序发展，通过对大型专业人才和新型农业实体的培育和支持来增加家庭农场、专业农民合作社和公司创建的农业企业，以改善农业组织形式，促进集群中不同业务实体之间的深度合作，以降低集群内不同业务实体的运营成本，改善农业的内部动态产业集群，发展从根本上与自由加工为主的传统企业不同的、面向未来的、具有新技术和更高管理水平的新型企业实体，为农业特色产业集群积淀新的力量。

2. 扩大农业相关业务的资金渠道，解决农业集团的资金瓶颈

要构建现代农业产业体系，保障农产品种植安全，供给有效，解决农业产业化面临的规模小、创新生产能力不足、融资难等问题，必须拓宽融资渠道，有效解决农业产业化发展过程中出现的问题，有效规避风险，实现可持续发展。过去由于各农业组织生产规模小，经营者和管理者都是自己，农产品生产销售往往是自负盈亏，相应的具有规模的一整套生产、加工、销售、管理体系还有待完善，所以在农业发展过程中出现资金短缺问题时往往是农民自筹解决。随着农村经济的发展与农业产业化经营的不断完善，区域内农业企业数量和规模不断扩大，作用力、影响力不断增强。所以在目前农村企业财务制度健全、有可用于抵押担保财产的前提下，要拓宽农业资金相关渠道，解决农业发展过程中面临的资金短缺问题，首先，要根据甘肃农业发展规划，实施农业一体化财政支持政策，利用农业财政支持与现代建设管理体制中的关键环节进行甘肃农业与集群产业培育。其次，对于省内能源和运输部门的综合投资公司，通过金融资本的贡献和与工会的合作，建立一个特殊的信贷农业机构。在信贷和银行方面，为新农业企业和农业产业集群的发展引入更大保障。然后，利用工业农业集群作为载体，对农业部门进行综合开发，增加投资，吸引工业资本、商业资本、私人资本和外国资本等对产业集群的投资。再次，围绕马铃薯、中草药、草食畜、果蔬等特色产业，选择生产产品较为单一但发展前景强大的农业产业化大企业，以便在更广泛的领域筹集资金，解决融资瓶颈，为农业企业发展融资营造良好的环境。最后，转变商业银行的经营观念，加强农业产业集群发展的信贷业务管理。各商业银行应加强农业企业信贷业务的经营管理，建立大中小型企业信贷部门，疏通农业企业贷款的准入瓶颈，创新适合各农业企业的信贷产品，建立健全对各企业贷款的奖励机制，提高营销人员的服务水平，同时加强各农业企业信贷风险控制。

3. 加强农业科技支撑，提高农业产业集群技术创新能力

农业产业集群发展，必须坚持把农业科技创新摆在农业优先发展的核心地位，加大政策支持力度，加快提升农业企业科技创新能力和水平，为区域特色产业提供坚实的科技支撑。我国人口众多，对农产品具有刚性需求，如果农业生产效益不高，区域农产品的市场竞争力不强，农业生产者没有可观的收入，就会产生社会问题。要从根本上解决这一问题，就要提高土地和劳动的生产率，而要实现农民稳定增收、农业稳定增产，归根到底是要依靠科技的力量。当前，要解决农业产业集群发展面临的问题，应立足区域特色农业发展所面对的国情、省情、农情、区情，在尊重农产品生长自然规律的前提下，找准科技突破方向，解决制约区域农业发展的难题，走出困境。同时，紧紧围绕农业现代化生产发展的需要，开辟农业科技产业创新基地，从自主研发到运用生产，从区域认同到销往各地，将农

业科技创新成果运用于实践，转化为田间地头看得见摸得着的实物。促进农业特色产业集群发展，在科技支撑方面，应逐步提高特色农业示范基地和区域性农业科研中心的创新能力，鼓励相关企业成为特色农业技术开发与创新的主体。注重发挥农业院校和农业科研单位的作用，加强基层农业技术推广体系建设，促进各类科技成果的及时、有效转化，不断提升特色农业的产品附加值和科技含量，加强农产品质量安全监管工作，有效传承特色农业产业。另外，要使用省级现代农业和畜牧厅建立的 20 个农业示范区平台，举办相关领域学者会议，确定关键专家，为具有重大区域效益的农业工业区提供研究和科学服务与技术；还要建议省政府将武威黄羊镇作为在省科学技术领域的实验示范典型，充分发挥农业团体和省农业厅综合性人才的优势，在科研、土地资源和河西绿洲农业区特色农业产业集群的发展上提供技术支持。鼓励工业部门设立研发机构，促进与农业科研机构的合作，开展创新技术研发。要不断深化农业科技体制改革，鼓励农业科技人员进村，推广新农业技术和新产品，促进科技农业转化，提高技术创新和应用工业化农业集群的能力，定期为广大农业工作者进行技术培训、技术考核。

4. 发展农产品冷链物流，推进现代农产品物流体系建设

农产品冷链物流是指肉、蛋、奶、水果、蔬菜等农产品在采购、加工、运输、储存、销售直到消费的各个环节中始终处于国家规定的、安全合理的、适宜农产品保鲜生理需要的低温环境下，以保证农产品的质量，减少传统物流运输过程中可能发生的腐烂等问题，减少农产品的消耗，降低损毁率，减少不必要的经济损失进而提高农民的收入的一项系统工程。重点关注甘肃省工业产业区划，运用先进技术改进现有的冷藏运输设备，发展先进的、满足市场需要的，重点支持 3 ～ 5 个大型农业农场建设，设施先进、功能完善、交易规范、特色鲜明，使物流成为甘肃农产品竞争的优势。同时，在具有特色农产品交易平台的基础上鼓励支持农产品生产的政府组织，重点抓好农业龙头企业和专业农民合作社的龙头产业化，在国外和省外的大中型城市建立特色农产品展示和商业展示区，有效对接外部市场，建立以甘肃为中心的第二、三级蔬菜和动物产品的冷链配送物流中心，在物流设施完备、贸易和过境安全的基础上，开发充满活力的现代物流服务，增加新鲜蔬菜、新鲜肉制品和牛奶生产销售的加工和分销，减少农产品流通，降低农产品流通成本，充分利用现代信息技术手段，发展电子商务，充分发挥市场引领生产的导向作用，从而有效规避风险。另外，通过并购等方式，促进区域传统的冷藏运输企业向专业化方向发展，提升自身竞争力，在原有冷藏运输技术的基础上通过并购整合，拓宽物流服务领域，提高物流服务质量，推进物流产业向现代化、专业化、智能化方向转变，有效提高农产品的运送和保鲜，有效规避运输风险，提高经济收益和市场竞争力。

5. 完善农业风险规避机制，解决农业集群的相关风险

农业由于过多地受制于自然地理条件而被视为一个高风险行业，如果没有良好的农业保险体系作为支撑，就会阻碍资本对科学和农业技术、土地转让和工业收集的投资。不管是自然环境变化所带来的自然风险，还是市场供需变化所带来的市场风险，都可以视为一种客观存在，而作为客观存在的农业风险是可以进行控制、分散和转移的，因此，要想有效规避农业风险，应在农业产业覆盖面不断扩大的基础上，建立政治与贸易相结合的农业保险制度。政府应设立专门的农业产业综合企业，为管理农业保险的商业再保险，大力发放农业保险，降低农业经营风险，减轻原保险公司的风险负担。同时，应该建立省政府领导的农业风险基金，为面临灾害的农业保险公司和工业区提供风险补贴，提高对于新风险的规避水平，发展新业务实体和新产业集群。[①] 同时，企业应做好龙头带动工作，带动农业产业生产经营向产业化、集约化方向发展，运用先进的科学技术解决发展过程中遇到的问题，有效规避风险。

---

① 许开录．甘肃农业特色产业集群化发展面临的困境与对策［J］．当代经济，2016（14）：66–68.

农业产业集群发展已经成为甘肃农产品出口的重要支撑。根据国家出台的相关政策支持、农业区域产业优势和地方特色，农业产业化发展得到了热烈的推动。[①]2018 年上半年，由于政府出台的各种政策支持再加上人的努力和天气的原因，甘肃省农业生产形势喜人，农业特色产业特别是扶贫产业投入大幅增长，农产品市场量足价稳、产销两旺，农民增收势头明显，甘肃省农业农村经济呈现良好发展态势。2018 年，甘肃省春播农作物 4 128 万亩，比上年增加 19 万亩，旱作农业技术不断推广，玉米、马铃薯等大秋作物长势喜人。夏粮面积、产量双增长，夏粮播种面积 1 351 万亩，同比增长 3.3%；预计夏粮产量 316.7 万吨，增长 4.7%。[②]其中，小麦面积 1 163.4 万亩，增长 1.2%；预计小麦产量 278.1 万吨，增长 3%。农业结构适应有序推进，中草药、马铃薯、玉米生产，苹果种植和生产居于全国前三位，农村改革已经萌生，土地产权登记和认证得到充分落实。据统计，甘肃的土地转让率已达到 24.6%，集体所有制农业改革的发展和供销社、农民农场、国有森林的专项试点改革继续运行良好。

现代省级农业发展为农业产业一体化、农产品加工提供技术支持，“三农”投资使得医疗困难的农村的基础设施和公共服务都在不断完善。农业加工和储存系统按照“建立强大的基础、加工促进和促进循环”的原则，通过制定合理的发展措施，确认其培育和加强的方式。同时，注重发挥龙头企业的带头作用，把龙头企业作为推动农业产业化的主要力量。截至 2016 年底，全省农业产业化龙头企业 2 662 家，其中国家级龙头企业 27 家，省级龙头企业 405 家，通过 ISO9000、HACCP、GAP、GMP 等质量体系认证的产品 498 个，获得省以上名牌产品或著名（驰名）商标的 306 个，获得“三品一标”认证的基地 325 个，获得“三品一标”认证的产品 783 个，

① 刘志民 . 谢鹏云，李彤等 . 以农业产业化促进“一带一路”战略实施情况的调研报告［J］. 甘肃农业，2016（Z1）：4–7.

② 宋振峰 .2018 年上半年甘肃省农业农村经济形势喜人 . 国务院发展研究中心信息网 .2018–08–23.

全省已建成 100 多家马铃薯加工企业，形成了淀粉马铃薯、全粉、变性淀粉、薯条、薯片等几十种产品的产业链，新建水果蔬菜仓库 797 个，储存量 265 万吨，鲜糖库存量达到 60% 以上。[①] 相互邻近的各大中小型企业及其服务机构，围绕农业生产基地形成互补合作关系，充分提高分工协作与集聚整合的品牌效应，形成区域内农业发展的竞争优势。

① 刘志民，谢鹏云，李彤等. 以农业产业化促进“一带一路”战略实施情况的调研报告［J］. 甘肃农业，2017（Z1）：4–7.

第 6 章　农业产业集群内不同主体的绩效评估

农业产业集群在发展的过程中，绩效因素起到非常突出的作用。在研究相关绩效在农业产业集群中的发展作用时，应从农民专业合作社、上市公司、普通企业三个方面解释与绩效的相关性，通过理论与实际相结合的方法，在分析中国农业产业集群发展模式的前提下，对绩效影响因素进行分析，总结出我国农业产业集群的发展方向。

6.1　农业产业集群内专业合作社的绩效评估

6.1.1　农民专业合作社绩效分析的理论假设

农民专业合作社作为一种现代农业经营模式，通过整合生产中的资源和要素，提供区域内农产品的销售、加工、运输、贮藏以及与农业生产经营有关的技术、信息等服务，实现区域集群体内成员互助，通过农民与农民之间的横向联合，使农民更好地参与市场竞争，获得更大收益。2006 年 10 月 31 日，《中华人民共和国农民专业合作社法》的出台进一步加快了我国农民专业合作社数量的迅速增长。据统计，全国的专业合作社总数在 2016 年前四个月已达 7 万户，与 2015 年同期相比增长了 25%。截至 2017

年 7 月底，共有 193.3 万农民合作社在有关部门注册，其中包含超一亿户入社农户，约占全国农户总数的 46.8%，详情见图 6–1。农民专业合作社能够发展的前提是农民可以通过相互合作的方式寻求利益的支点，也必须增加成员和非成员在发展过程中的收入。与此同时，合作社的可持续发展也是在增加收入的过程中实现的。相关数据的快速增长表明了在一定程度上农民逐步认同与接受农民专业合作社并参与其中。

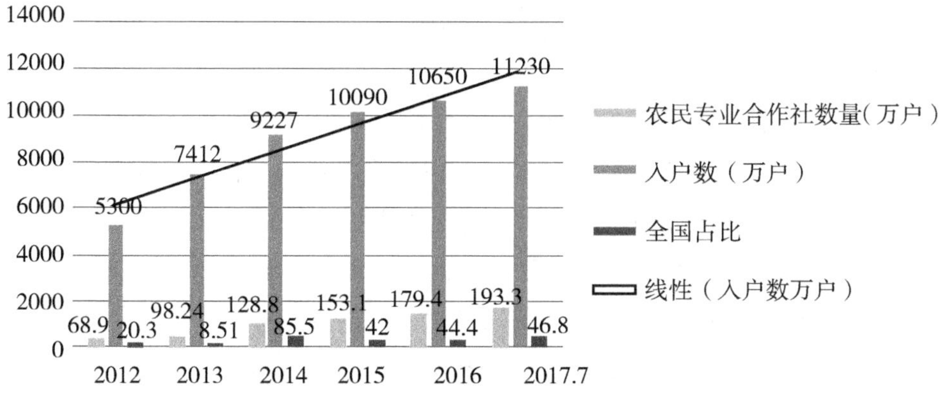

图 6–1　农民专业合作社发展统计图

当前，农民专业合作社已成为一种新型的市场主体，它不仅发挥了农村家庭传统经营的优势，也有效解决了传统经营中家庭经营规模小，技术、资本等缺乏的问题，农民通过合作社提供的平台，自主联合实现了经营方向的统一，以此带动周围农户入社的积极性，使农户自觉与合作社形成生产者与经营者的关系，既节约了成本，又带动了更多农户的生产积极性，达到了生产规模与经济效益的同步提高。在这种情况下，很有必要注重发挥典型示范的作用，广泛开展农民专业合作社的示范建设活动，达到“领着农民干、做给群众看”的示范功能，进一步推进合作社发展的规范化水平。

假设影响绩效主要有以下三个方面的因素：技术、企业家才能和管理机制。在这三个因素的支持下，针对农民专业合作社的绩效影响提出研究假设：

（1）关于技术因素的影响。在农业发展过程中，我们不应该低估科学技术对农民专业合作社的影响，我们需要做的就是，对合作社技术人员分时段、分情况地进行有利于合作社自身发展的相关科技培训和指导，进而把合作社成员业务水平提高到一定的程度，在加强科技贡献率与推进农业技术推广率的过程中实现最终的目的。就目前的情况来看，我国农民合作社绩效持续偏低，这种偏低现象与合作社的农业技术推广效率偏低有着直接的关系。因此，提高农民专业合作社的技术水平，提升农民专业合作社的整体素质，培养更符合合作社要求的新农民，对提高专业合作社的绩效至关重要。为此，我们提出了第一个基于改善农民专业合作社绩效的假设：

H1：科技对农民专业合作社绩效的影响呈正的影响。

（2）农民专业合作社内部治理相关的影响。与内部治理相关的问题涉及农民专业合作社的盈余分配，这与专业合作社的组织结构和决策方法有关。其中，最重要的是合作社中的内部机制和结构这两个因素。要求按照不同的产权机制进行专业化操作，从而进一步实行有效合理的分红比例、较高的科学质量支持、基本完善的管理体系、一套较为成熟的服务功能。充分改善专业合作社内部的治理状况，才能够进一步调动合作社内成员的积极性，如此，合作社绩效呈显著提高趋势。因此，提出第二个假设：

H2：管理活动对农民专业合作社绩效的影响呈正的影响。

（3）企业家相关才能的影响。企业家才能作为一种生产要素，在区域内经济发展过程中的作用越来越明显，这就需要合作社的管理人员具备良好的企业家才能，在专业技术的基础上将社员和社团内相关事务管理得越来越好，并进一步提高自身的组织能力。在农民专业合作社的发展过程中，管理者用敏锐的洞察力和富有远见的战略眼光，去洞悉与观察在市场中存在的挑战与机遇，鼓励机构做出正确的经营决策，带动合作社向着正确发展道路前进。

6.1.2 河南温县铁棍山药专业合作社绩效分析

铁棍山药是中国传统农业的优良品种，曾一度因亩产很低（约 0.5 ～ 0.6

吨）濒临绝种，随着时间的推移，人们对于自身饮食的重视程度快速提高，更多关注到了铁棍山药的营养价值。铁棍山药富含多种微量元素，兼具药用价值与食用价值双重功效，营养成分颇丰，被称作滋补佳品，备受消费者青睐。中国作为消费品大国，对快速消费品的消耗呈逐年递增的趋势。随着生活水平的提高，人们对食品的营养要求也越高，因此，铁棍山药产业的市场前景十分广阔。

目前，就全国而言，铁棍山药只在河南的温县、武陟等地出产，因此在国内市场上占据十分有利的地位。但是，针对当前发展趋势，铁棍山药农民专业合作社需进一步扩大，以此来保证在国内市场上的强大地位。因此，铁棍山药农民专业合作社相较于其他类型种植业的专业合作社更为适合作为研究对象进行绩效评估。样本的情况介绍如下：

河南温县作为此次评估的研究样本，得益于温县特殊的地理位置。作为全国铁棍山药的发源地，在温县政府的大力引导下，铁棍山药专业合作社专注于铁棍山药的育种研究，县域内各乡镇均配备了铁棍山药技术员，对铁棍山药种植过程中遇到的难题进行及时指导和解决，同时政府相关部门还为发展铁棍山药提供了很多优惠政策，成立了铁棍山药行业协会，温县铁棍山药由此也成了国家地理标志性保护产品。在专业组织连接农户问题上基本实现全覆盖，形成了合作社下连农户、上接龙头企业的格局。在对温县农业专业合作社的考察中，为了能更好地开展调研工作，最终确定采用的是问卷调查的形式。根据对当地五个合作社的问卷调查，结果显示合作社的治理结构都十分规范，社员对合作社的满意程度很高，当地居民对合作社的社会影响认可度也普遍较高，社员年纯盈余基本在十万元左右。

所选取的五个样本合作社中，A社和C社的经营模式是“公司+合作社+农户”，E社是“市场+合作社+基地”的经营模式，G社和H社为“农户+农业合作社+加工企业”的运作模式。这些合作社是专业种植铁棍山药的专业合作社，并且全部都是与种植户签订协议、投入技术、包产包销、产销合作为一体的现代化经营模式。

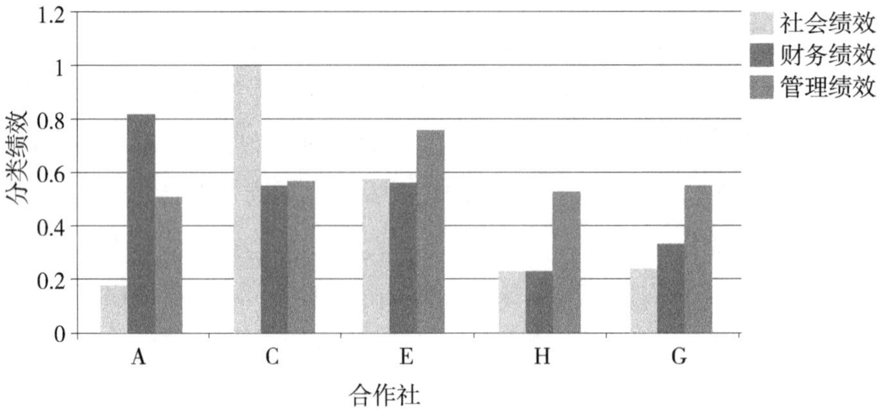

图 6–2　样本合作社绩效图

图 6–2 中，每一个合作社的柱状图均分为三个小柱，代表着不同的分类绩效，面积与该绩效的数值成正比。第 1 种颜色阴影为社会绩效，第 2 种颜色阴影为财务绩效，第 3 种颜色阴影为管理绩效。社会绩效方面从高到低依次为 C、E、G、H、A；财务绩效表现最不好的是 H 合作社，其次是 G 合作社，A 合作社的财务表现最好；E 合作社的管理绩效最佳，C 合作社次之，A 合作社排名最后。C 合作社通过将土地资源统一调配，并与种植专员强强联合，形成了产业合作机制，有效地预防和控制了铁棍山药的病虫害。温县境内的土地为垆土，土壤质地好，营养成分高。A 合作社则通过对市场行情的比对调查，寻求到了销售产品的突破口，瞄准的是农交会、农博会等与农业有关的展览会，通过专门开设特产店，主要经营的是山药、山药粉、山药片、山药面等多种与山药有关的产品，进行推广销售，A 合作社在市场上的销售份额显著提高，高于同期出售山药的其他合作社的市场份额，也加大了合作社的现金流量，合作社的财务绩效很好。同时，合作社在利润分配方面也有自己的优势，到了农历春节，合作社还会根据经营效益对社内成员进行分红，进一步提高了社员的收入，整个家庭的幸福感明显提高。E、A 社在经营管理方面类似，社员通过年终分红的形式所能显示出来的就是在综合绩效方面表现不俗，从增加专业合作社的收入到农民自身的收入，很大程度上改善了农民在市场经济条件下的弱势地位，

在增加农民收入的同时，A 社的财务绩效比 C 社好很多，排名第一。两个合作社的高层及相关的管理人员因为综合素质比较高，对合作社内部的组织管理到位，使得合作社各个部门都能够协同合作，并在经营过程中充分发散思维，在传统农业的生产方式上进行了创新应用，使合作社得到了显著发展。A 社的管理绩效不如 E 社，E 社在这方面领先于其他合作社。与此同时，E 社在一些经营模式上采用了优于其他合作社的方法，促使内部成员可以利用先进的技术，使农民中闲散的劳动力充分就业，社会绩效好。

以上分析的结果为：管理者的能力大小对合作社的规模有着重要的联系，这是因为管理者的决策能够关系到合作社未来发展的远景。在整个具有竞争性的环境中，合作社的绩效表现得越好，它可吸收的信贷支持和相关扶持就越多，进而可以进入到一个良性循环，经营效益好、信誉高的合作社能吸收到银行贷款，有助于合作社自身的发展，同时，合作社在培植过程中也能够发挥巨大的作用。截至 2017 年 10 月底，全县拥有山药加工类省市农业产业化龙头企业 9 家，拥有两个省名牌产品。关于以山药为原材料开发的药品、保健品、食材等 60 多种产品在全国范围内销量持续走高。经过大量的调研，依据数据解释并展望农业合作社发展的前景，在考察合作社的实际情况中认识到影响农民专业合作社经营发展的因素中最为重要的一部分是市场和管理。

我们根据河南温县专业合作社调研数据，对专业合作社绩效的影响是正相关还是负相关，得出的结果：第一，温县的农业科技水平较低，发展速度不明显，导致农业科技对农产品的贡献率低，农民从事的生产活动依然逃不出传统生产方法的桎梏，由此制约了农业产业化的生产规模和经营模式。第二，在农业产业合作社的管理过程中，经营者需要通过显著性检验的方式影响农民专业合作社的绩效，确保在合理的管理机制下保障合作社成员的利益，同时保护社员的相关权利，这样双管齐下的治理方法带来的是合作社成员能够更加积极地为合作社服务。第三，企业家才能对农民专业合作社的绩效呈正相关，企业家才能是农民专业合作社的核心。在高素质、专业化的新型人才的经营条件下，他们注意整合合作社内部的优势资源，将资源与经营、生产结合在一起，实现资源的最优配置，把握市场为合作社带来的契机。同时，相关政府部门的扶持力度要进一步强化，如通过增加财政补贴、降低农产品税收、拓宽资金通融渠道等方式，缓解合作社因资金缺乏而止步不前的发展现状。针对管理方式先进、未来发展前景好的项目，政府相关部门要给予最大化扶持。就目前我国农业产业化发展的现状而言，农业科技水平不高、农业相关科研人员匮乏这两大因素成了制约我国农业经济发展的重要因素。针对目前这种情况，政府相关部门应采取积极的措施，通过培养专业化的团队，建立完整的农业生产体系，完善合作社内部管理机制，确保在具体事项中有章可循，将职权进行清晰的划分，确保内部权责的统一与协调。

6.1.3 农民专业合作社的绩效评估与创新实践

改革开放后，面对我国农业发展所带来的困境，面临我国农业基础薄弱的这个实际，我们将提升农民种田的积极性作为解决这一问题的突破口，政府特别制定了解决方案，那就是在全国范围内开始实行家庭联产承包责任制，这对于我国农业产业的调整，进一步改变我国农业产业落后的实际，积极发展农业专业合作社有着重要的意义，不仅能够为农民增加收入，还实现了农业产业与市场的直接对接，突出了我国农村的创新发展变化。

农民专业合作社的特征。农民专业合作社作为一种独特的经济组织，与企业相比具有很大的不同，本质区别明显。在合作社的内部，经营得好坏直接取决于市场的发展前景，因此，要想不断地在市场中站稳脚跟，就需要合作社不断地创新发展。就国外而言，早在 1912 年熊彼特就提出了“创新”一词，并经过十多年的研究，完善了创新的概念，提出“创新是一个过程”。就我国农业专业合作社的发展来看，合作社的技术创新同一般企业有着共同点，具有风险性、外部性、时间差异性和一体化等特点，但是合作社作为一种共营企业，加上合作社的产品（一般是农产品、手工制品、奶产品等）特点，其技术创新特点与一般的企业（IOFS）又有很大的区别，合作社技术创新具有创新产品的生产周期日益短暂、对政府政策高度敏感和以公共部门创新引导自主创新等特征。近年来，随着经济和技术的发展，农业生产的相关技术日趋成熟，诸如在生物、转基因等方面的技术水平有着明显提高。在政府对相关政策扶持的力度上，它与合作社的创新是相互支撑的，政府通过提出诸如税收减免政策、农产品补贴政策、专业技术人才输入政策、资金担保政策等给予农业生产合作社很多优惠，同时农业生产合作社的发展又促进区域整体经济发展水平的提高。同时，通过引导农业产业自主创新，农业产业的技术发展依托高校与国家相关的科研机构发展进步，合作社可以有效地依靠公共部门，进行新品种的推广和协调。我们在指标的构建上要充分考虑合作社的创新能力，在选择指标时，有必要考虑合作社的一般特征，研究数据的可获得性，最好能反映出合作社的技术创新能力的现状和潜力。在构建指标的过程中，需要借助多种原则相统一的方法。在指标的选择上，投资创新的能力主要分为人力投入和财务投入。目前，由于高学历人才稀缺，大学生的数量会对合作社产生很大影响，因此，无论是管理、营销还是技术方面，如生产技术培训、包装技术培训、嫁接技术培训和新品种管理培训等都能够带来积极的效应。

关于评估模型所要遵循的基本原则，早在 2012 年中央一号文件就已出台政策关注到了农业科技问题。在加大农业产业创新制度的前提下，加快农业机械化的发展。这是因为在市场经济的宏观调控下，农业产业化发展愈来愈重要，我们在推广农业科技时，应该承担得起发展农村的使命。但是在这种情况下，单个农户因为能力有限，所以就需要寻找依托，农民专业合作社是由广大农户组织实施的专业合作社，在合作社中能够实现农业科技的发展，农民可以针对在合作社运营过程中产生的一系列相关的问题进行资源的共享利用，从而实现其科学性、系统性和可操作性，得到更高的评估效果。根据技术创新的评估体系，在考虑合作社自身发展特点的前提下，企业也要具备一定的创新技术能力。所以，我们在构建技术创新能力评估模型时，应该遵循以下原则：

第一，全面性。在对模型进行测量时，所测度的指标并不是越多越好，而是要全面了解能够影响技术创新能力指标的因素，做一个 360 度全方位的思考，即是说，在指标的选取上各个指标都应注意选取。在各种指标的共同作用下，形成一个具有逻辑性和层次性的指标体系。

第二，目的性。之所以说技术创新能力指标具有目的性，是因为它能够洞悉农民专业合作社在创新方面取得的成果，能够让社员清晰自身能力的不足和为之努力的方向，进一步提升农民专业合作社的技术创新能力。当然，政府的加入也会为合作社带来先进技术的发展成果，使得农民专业合作社可以快速发展。

第三，科学性。科学性是指在构建评估指标时，要用严谨的、合理的、有效的数据作为支撑，能够使测度准确无误，达到相应的要求。当然，我们在选择评估指标时，所选择的数据数量亦不能过多，因为大量的数据分析在计算过程中会略微复杂，会影响到精确度。也就是说，我们在选择指标时，选择的数据要尽可能地体现出指标的本质特征。

第四，可比性。可比性是指选取的指标模型要与评估方案相适应，使其在各合作社之间具有应该有的可比性。同时，我们在指标的设计上要考虑到在一定范围内的时间跨度问题，否则会有非稳定性的特征。在处理指标的问题上，要尽量选择相对指标。

新产品销售份额，是合作社科技成果转化率的一个重要的衡量指标。作为农业生产者和服务提供者的联合体，合作社拥有健全的监督机制来管理农民的标准化生产。因此，它可以有效地提高合作产品的质量，增强市场的竞争力，可以有效地提高经济效率，增加成员的收入。从创新市场能力的角度看，在线销售主要依靠第三方在线平台或自己的网站，也可以采用农业展览的形式，把合作社知名度提升上去，以得到相应的品牌效应，为产品进入市场提供有效的契机。同时，合作社的产品较之于其他农产品来讲，要以明显的特色来满足市场需求。所以，从创新管理能力来看，合作社是企业中特殊的运行方式，管理农民更为复杂，难度比一般的企业大很多。

农业产业创新实践的类型。农业产业创新实践有三种类型：第一，专业化的农民专业合作社。例如，甘肃定西是以马铃薯为主的生产基地，在安定区，马铃薯的精深加工一直摆在产业发展的重要位置，从粗淀粉加工到精淀粉加工，再到变性淀粉、马铃薯全粉加工，直到现在的马铃薯主食产业开发，相关配套的马铃薯产业的链条不断延伸。作为定西市龙头企业，伊口香清真食品有限公司在马铃薯主食产业的发展背景下，还带动 200 多农户参与到清真烤馍这一项目上，年收入十分可观。目前，定西市的安定区已成为全国马铃薯种植面积最大、微型薯繁育能力最强、依靠马铃薯增收最多、占生产总值比例最高的县区之一。马铃薯产业的快速发展，也极大地激发了当地贫困户谋求脱贫致富的内生动力，为安定区决战深度贫困提供了坚强保障。“企业 + 合作社 + 基地 + 贫困户”的服务模式，使合作社与农户成了利益共同体，让农民在合作社经营过程中得到更多的实惠，进而实现农民专业合作社与农民共同发展、互惠互利的目的。第二，生产节约型农民专业合作社。目前，我国传统的农业产业已经逐步开始转型，社会化大生产稳步前进。定西市的农业专业合作社通过分割农业产业的作业环节，开始逐步走向精细化，具体到生产前、生产过程、产后服务这三个方面。第三，资源整合型农民专业合作社。照目前的形势看来，因为升值性与不可再生性这一特征，促使农户与农户之间的相关利益如转让承包等无法实行。因此，有些地方的农业合作社就需要一个类似于土地合作社的中介机构，来针对农民专业合作社服务窄小、竞争力不强等问题开展行业内的自律管理，用以维护行业内的整体利益。

6.2　农业产业集群内上市公司的绩效评估

农业产业集群绩效评估贯穿于企业发展的全过程，国内研究农业产业集群对上市公司绩效影响的绩效评估并不是很多，但对相关农业产业的实证分析研究保证了上市公司样本的数量。就这样，在企业发展初期，其经营权和所有权还处于发展阶段，这时企业能否赢利以及赢利多少成为企业进行绩效评估的主要对象。而上市公司在生产过程中不断发展，不断取得进步，使得所有权和经营权也逐渐分离，促使企业开始站在自身的角度去看待绩效，这时绩效评估主要局限于企业的财务层面，因为这种财务评估是不灵活的，关于企业的绩效评估不能单单只从财务分析的方法上获得，也应关注非财务评估指标。

早期的相关理论认为：在市场发挥作用的情况下，完全的资本市场不考虑税费和破产等条件，资本结构与企业的价值并无关系，但是市场不可能像假设的条件那样完美，这样的市场是不存在的。Chung（1993）认为资本结构与市场需求变化有关。Jorden、Lowe 和 Taylor（1998）基于优序融资理论，认为债权融资相对于股权融资来说，资本结构与公司绩效呈正相关。Deangelo（2011）分别从三个指标测量绩效，最终的结果表明资本结构对企业绩效并没有显著影响。而 Welch（2011）通过实证研究结果表明，资本结构与绩效并非一般的线性关系，它们两者之间呈现了一种非线性的关系，这很有可能是利率因素起的作用。

上市公司的绩效迄今为止已经发展得十分成熟。首先，企业绩效评估的内容受到上市公司组织形式的变化而发生很明显的变化。最初，在企业的萌芽阶段，由于存在特殊性，它的所有权与经营权不会分离，企业盈利的大小是公司绩效评估的重点。慢慢地，公司的所有权和经营权分离后，我们需要从资产、负债、所有者权益、利润等几个方面对企业绩效进行合理的评估。在这个时候，企业的绩效评估主要是集中在企业的财务层面，但最后，这个传统的财务绩效评估体系逐渐显示出了它的片面性，不利于企业衡量其整体的发展状况，所以学者们十分批判这种绩效评估体系。

关于对上市公司的绩效评估主要体现在财务的结构和水平上，资本结构在这一方面表现得尤为突出，资本结构的 MM 理论是这样表述的：在资本主义市场的条件下，税收费用和经营失败不在其列，在这种情况下，资本与价值无关。在这样的一种条件下，市场不会像我们想象中的市场那样完美，在 MM 理论经过进一步修改之后，认为公司收益的变化主要是依靠公司负债的加大，这一理论再次遭到质疑，因为百分之百的负债显然与企业发展的状况是不对等的。之后，学者们开始对资本的结构和价值进一步研究，Jorden、Lowe、Taylor（1998）在有序融资理论的帮助下，认为债券融资更好，他们随即通过研究结果得出结论：负债比率和企业赢利能力呈正相关，而不是负相关。做到股权的最大优化是改善公司治理及经营情况的着力点，也是提高公司效率的途径。企业的绩效与企业的股权和治理结构的关系表现为：股份的种类决定了企业的管理方式与决策、治理结构和赢利能力均与绩效有关，从政治方面来说，它也与公司的绩效有关系，政府能够给企业带来一定的福利，在一些资源方面能够给予企业帮助和支持，可以有效缓解企业资金周转难题，其不好之处就是，不利于企业价值的膨胀，在行业层面，有竞争强度、行业竞争特征等。

所以说，企业绩效和资本结构之间的关系是反向变动关系。在这一过程中，管理者面对经营绩效差的这个实际，会过多地倾向于自身的现实利益，并没有考虑过公司未来的发展及公司价值的实现，这样反复的情况会导致公司的经营状况日趋恶化，负债随即加大终会导致反向变动关系。这种反向变动关系就表明企业的负债率很高。现阶段，上市公司资本结构与绩效呈现负相关，表明上市企业虽然大规模地投入资金，但却并没有有效提升绩效，究其原因则是：第一，企业高的负债率不能促进绩效的提升；第二，资本结构对绩效产生负影响。

6.3　农业产业集群内普通企业的绩效评估

监督管理企业的有效方法是绩效评估，它是通过定量定性的对比分析，运用特定的指标形成的，对在经营的企业的经济效益做出客观的评估。传统方法主要有杜邦财务分析法、财务报表结构指标评估法等，F. 唐纳德桑·布朗提出的杜邦财务分析法（DuPont Analysis），利用财务比率关系综合分析企业财务状况，是企业绩效评估的一种较为经典的方法。它整合了企业的经营能力、赢利能力和资本结构，在权益报酬率为核心的基础上，有效客观地反映了企业财务状况和经营成果。现代方法包括绩效金字塔评估法、主成分分析法、经济值增加法等。绩效金字塔评估法是把组织目标分解的过程，根据工作特点，从金字塔中找到对应的位置，进一步确定绩效指标，公司的总体战略属于最高级。

从企业绩效评估的产生和发展来看，评估主体是为了解决在经济活动中资产所有者与经营管理者之间的、政府部门和与之利益相关主体与企业之间的矛盾，这些矛盾的双方构成了主体与客体之间的内在关系。评估主体通过客体反映与之相关的矛盾的一方，企业绩效评估分为整体绩效评估、部门绩效评估、经营者绩效评估及员工绩效评估四类。其中，企业的整体绩效评估是指企业外部评估主体对企业整体目标是否实现而进行的评估，目前典型的企业目标有利润最大化、价值最大化和相关者利益最大化这三种形式，利润与价值最大化可以由财务绩效指标予以评估，后者则是需要经过财务与非财务的组合指标来评估。企业绩效评估系统的目标服务于企业目标。企业绩效评估主要有：保证计划顺利开展，管理出现漏洞时及时纠正，遇到问题时分析并解决，评估既得效益，在工作中改进工作效率，增强业务经理的成就感等，使公司的价值最大化，从而可以达到企业的生存和发展。

当然，在企业的评估内容方面，利用企业绩效的评估方法对评估内容进行各方面的评估。企业绩效评估内容包括财务、管理、社会影响这三个方面。就评估内容的一般性而言，对于企业效益的综合评估涉及多个方面。在企业绩效评估系统中，它是对业务流程进行的评估。我们通过具体的实施步骤，运用定性和定量比较分析，对企业绩效做出相应的评估。

第 7 章　农业产业集群发展的区域化进路

在对现代农业区域化发展进路进行深入分析时，主要围绕以下三个方面进行阐述，即农业产业集群区域化演进的原因与挑战、农业产业集群区域化演进的未来趋势、农业产业集群区域化演进的基本策略。

7.1　农业产业集群区域化演进的原因与挑战

随着社会不断进步，经济发展水平逐步提高，推动区域内农业产业集群快速发展是目前农业发展所要解决的首要问题，区域内农业产业集群发展相较于其他产业所表现出的竞争优势已经被普遍关注。在我国产业转型过程中，产业集群的发展趋势是一个不断延展、不断提升的过程。面对这个发展实际，在我国农业产业区域化发展进程中，分析其演进的主要原因及面临的挑战，能够帮助我们分析现阶段我国农业产业发展的模式选择，为新时代中国特色社会主义农业产业集群的发展添砖加瓦。

7.1.1　农业产业集群区域化演进的主要原因

1. 合理利用资源，发挥农业产业的优势

为了满足群众对粮食的基本需求，新中国建立初期我国实行了高度集

中的计划经济体制，然而在这一时期，因为对资源的开发和利用不合理，导致长期以来农业产业处于难以形成区域化的现实窘境之中。直到20年后，人们在不断的摸索中认识到遵循客观规律的极端重要性，政府果断放弃了“以粮为纲”的生产政策，农业产业区域化开始逐渐形成。东南沿海地区曾因其独特的自然优势为“南粮北调”做出了巨大的贡献，改革开放后，由于外向型经济的发展，粮食产量开始逐年下降，全国的粮食重心开始转移至华北平原及东北平原地区，这两大地区的经济虽不发达，但劳动力却十分丰富，随着时间的推移，逐渐形成了“北粮南运”的格局。

2. 培育和优化市场，凸显区位优势

市场通过价格机制的作用进行资源的优化配置，它对农产品的生产和发展起到了决定性的作用。由于改革开放的冲击，畜牧产品市场快速发展，加速了市场的流通，国家从以前的行政定价和监管转向加强市场体系和基础设施建设，农业产业区发展迅猛。在这一时期，畜牧业不仅能够有效地转为粮食供给，还提高了农民的收入。2017 年，甘肃马铃薯产量达 1 200 万吨，淀粉含量较全国高 1 ～ 2 个百分点，成为马铃薯产业的主产区。定西市依靠着区位优势，将马铃薯产业做大做强，这是因为区位条件是农业产业区域化和发展的又一个重要的因素，优越的区位因素、便捷的交通运输，可大大降低农产品的成本，提高市场的竞争力和产业效益，推进了产业区域化的发展。

3. 依靠科技的发展，打造主产区可持续发展的能力

农业科技的推广可以提高劳动生产率，促进农业产业的区域发展。近年来，甘肃已经种植了 70 多个新品种，如甘薯、庄薯等，成功引进国外优良品种，现已形成“茎尖脱毒苗培育—温室繁殖原原种—网室扩繁原种—大田扩繁一、二级良种的马铃薯种薯五级扩繁体系”。全省原产品种类超过 10 亿，种薯 170 万吨。在马铃薯加工中，从精制淀粉到薯条等形成了产销渠道的产业循环链条。

4. 宏观政策的导向作用

在 20 世纪 80 年代以前，中国的农业产业发展水平低，我们对农产品的供求有限，在农产品的产量上也常常遭受短缺危机。因此，这一时期无法形成农业产业的区域化。对此，我国政府利用了改革开放的大趋势，不失时机地实行了农业结构的调整，全国各地依据自身的资源优势，发展优势产业，取得了良好的发展势头。

7.1.2　农业产业集群区域化演进面临的挑战

农业产业化发展作为加快我国农业经济增长、促进农村经济跃上新台阶的客观需要，加强农业产业区域内集群发展是深化我国农村经济体制改革的大势所趋。但是在长期的发展过程中，我们也认识到我国农业产业化发展存在一些问题，由于我国农业产业化发展整体水平不高，龙头企业的规模小、带动力不强以及市场竞争力明显落后于西方国家等原因，我国农业产业无论在发展上、规模上还是在竞争力上一直处于落后阶段。由于农业产业集群化整体发展水平低，在农业产业化发展的新形势下，把握好农业、农民、农产品之间的关系就显得非常重要，就目前农业产业化经营模式的发展程度看，其覆盖面不足 1 000 万户，农产品在加工过程中的转化率远远落后于发达国家。农产品无论是在加工还是在生产环节所占的产业比重持续走低，情况不容乐观。由于龙头企业规模小，在全国的范围内来看，将近 7 万个龙头企业中，销售收入达到亿元的龙头企业占市场总份额的 6%左右，百亿元则更少。由于市场竞争力明显落后于西方国家，在开发研究农业产业化所要推出的新产品时，要注意让市场也参与进来，将市场作为有效考虑的范畴。另一方面，在产业化经营过程中，存在利益连接机制不健全的情况。所谓利益连接机制指的就是在生产过程中实行的是产业化经营模式，在这种模式下，企业与农户形成一个利益组合体，在这个链条中共担风险，共享收益。

当前，我国农业发展面临着严峻的挑战，主要表现在以下方面：

1. 部分地区粮食生产呈亏损状态

目前我国是以冬小麦为主，华中、华东、华北区域种植较多，种植一亩地小麦的成本，从整地、种子、农药、化肥、浇水、收获等方面来算，2018 年的最低收购价为 1.15 元 / 斤，一亩地的成本在 600 元左右，利润则在 500 元左右。粮食生产的利润过低导致年轻农民不愿再面朝黄土背朝天，即便是承包大户也因为种粮利润过低不得不缩减种粮面积，选择利润较高的经济作物。

2. 农业产业生产成本增加，产品价格无法成为出口优势

我国劳动力价廉的优势正在逐渐消失，呈每年 10% 的成本上涨。以河南为例，2015 年从事农业的雇工需要支付约 100 元 / 天，2016 年则比去年增加了 30 元 / 天，2017 年为 150 元 / 天，从这三年雇工的数据可看出，劳动生产率与发展不同步。我们以肉产品为例，猪肉从 2015 年到 2017 年出口额持续下跌，同比分别为 15.3%、8.6%、6.7%。水果从 2015 年到 2017 年贸易顺差不断减少，分别为 18 亿、9 亿、7 亿美元。随着城镇化水平的推进，由于耕地面积的不断减少导致农业投入品价格不断上涨，农业生产成本逐年上涨，加上惠农政策有偏差，涉农信贷成本过高，科技对农业的创新不够，导致我国农业产业整体的竞争力下降。显然劳动生产率并未与其同步发展。

3. 国内外农产品价格差异，导致其进口量增大

差价导致我国农产品进口呈逐年上涨趋势，自 2015 年到 2017 年，豆类进口量从 1 600 万吨增长到 4 000 万吨，增长幅度超过了 100%，某些农产品因没有关税配额的限制进口量突增，这些进口农产品代替了其他农产品，使其成为结构性过剩产品，这样产生的后果就是，国家的储备负担加重，粮食加工产业的成本下降。

4. 受 WTO 自由贸易影响，大量零关税进口农产品挤压中国市场

我国在 2000 年加入 WTO，根据其协议规定了我国大部分进口农产品

在减税过渡期后将实行的是零关税。目前我国已签署 16 个自贸区，涉及 24 个国家和地区，降低了我国农产品进口关税，造成了国外产品大量进口，国内农产品受到严重挤压。

5. 全国工业化导致农业立体式污染，威胁农产品质量

由于我国是人口大国、农业大国，农业的可持续发展深受环境污染的制约。目前在全国范围内，耕地土壤受重金属污染十分严重，污水灌溉面积呈逐年上升的趋势，这就直接影响到了农产品的质量。因为生态环境的急速恶化导致我国的农产品无法出口到国外，使我国的农产品遭受到了绿色贸易壁垒。

7.2　农业产业集群区域化演进的未来趋势

目前，生态环境问题已然成为制约社会经济发展的重要因素，如何跳出这个制约瓶颈，推动生态保护与建设，从而建立循环经济乃至循环农业模式，是推动可持续发展的重中之重。生态农业发展的主要方向就是坚持持续农业与循环经济理念，这一理念是现代农业发展与生态保护最好的选择方式，成为现代农业发展的基本趋向。

生态农业源于 19 世纪的欧洲，随之在瑞士、日本等国发展开来，直到 20 世纪美国的土壤学家威廉姆·阿尔伯韦奇（William A. Recherche）在美国《国家地理》杂志上第一次提出了生态农业的概念。他指出，农业生态从狭义上讲就是减少对种植业不必要的投入，通过实行休耕轮耕、自制农家肥等来发展农业，使农业内部形成一个良性的自我循环系统；从广义上来讲，把生态学技术应用到农业发展之中，使畜牧业、渔业和种植业能够有机联合形成一个良性循环系统，从而达到经济、社会与生态的完美统一。随后 1984 年美国的农学家杰克逊又一次提出农业生态的含义，农业生态就是尽可能地减少人类的管理以及农药化肥等的使用，保持土壤的肥力，避免引起因被侵蚀而降低农作物品种的质量以及数量，实现持久发展的目标。经历了90多年的发展，生态农业形成了具有重要意义的农业发展理论，成为世界农业史上的一场革命。生态农业充分发挥区域性资源的优势，使生态和经济这二者之间形成良性的农业状态。总的来看，生态农业遵循的是生态规律和经济规律，与传统农业形成联系，再借助先进的技术，将农业生产、农业环境、农业经济融为一体用以发挥农业的功能，进而形成良性的生态和经济循环体系，达到农业经济的可持续发展。相对于循环农业而言，尊重生态和经济系统的一般规律，以农业的可持续发展为基点，用“3R”最大限度地使资源得到循环利用，因为拥有一个良性的循环系统能够对环境的影响较小。在这样一种全新的农业经济发展的理念下，通过技术的创新，调整产业内部结构，改变组织方式，以回报率最高的方式减轻对生态的破坏程度。

7.2.1 可持续发展战略下的循环农业

我们一直所倡导的可持续发展战略，是循环农业和生态农业遵循的原则。生态农业着重强调的是运用现代科学技术和管理手段以及传统农业的有效经验，把生态学、生态经济学等生态理论融入其中，使农业经济发展成为可持续发展的农业体系，获得较高的经济效益、生态效益和社会效益，是一种现代化的高效农业。通过发展粮食与多种经济作物合作生产，发展大田种植与林、牧、副、渔业，发展大农业与第二、三产业结合起来，利用传统农业精华和现代科技成果，通过人工设计生态工程，协调发展与环境之间、资源利用与保护之间的矛盾，形成生态上与经济上两个良性循环，经济、生态、社会三大效益的统一。而循环农业则主要是在资源的循环利用基础上，实现节能减排和增收，采取“3R”技术原则，将高效率、低耗能设定为发展目标，将农业发展过程中产生的费用进行合理化处理，把农产品废弃物的排放量降至最低，实现资源的有效利用和促进环境的可持续发展。循环农业作为一种环境友好型农作方式，具有较好的社会效益、经济效益和生态效益。

目前，循环农业的发展势头远超过生态农业的发展。就农业发展的形式来看,与生态农业相比,循环农业的发展更加迅速,发展模式前景十分地好,充分利用这一发展形势，我国的农业产业的经济因为循环农业的发展就得到了更好的发展。当然，循环农业所要关注的最主要的问题就是生态的承载能力，即是否符合生态效益的发展。在产业的生产过程中，需要将经济效益放在保护环境之后,更侧重的是对生态环境的保护。较之于循环农业,利用“3R”技术，将资源的循环利用贯穿在农业产业生产与消费的全部过程，做到一手抓生态，一手抓经济，把经济效益和生态效益放在同等重要的位置，在注重资源循环利用的同时，在经济方面和生态保护方面都达到最优的产出。

生态农业的发展是我们今后工作的一个重点。它要求在一定的经济基础上，在生态环境中建立和维护一个低输入的农业生产发展体系，在这个系统中，需要物质之间快速循环，将系统内的生态环境与经济发展和谐共处，进而改变生态与经济的良性互动，将农业废弃物变废为宝，提高废弃物的利用率。这就是说，在农业产业这个大的生产系统中，循环农业和生态农业在某种程度上具有一致性。唯一的不同就是生态农业更多地侧重于生态与经济的统一协调，因为将生态与经济结合起来发展农业，可以凸显农业的可持续发展。而在循环农业的发展过程中，则是对在生产过程中或者在生产之外的所有物质资料进行循环利用。也就是说，生态农业和循环农业相比，二者都是一种随着社会发展进步而产生的一种现代农业形态，甚至我们可以这样理解，循环农业本身就是一种生态农业的表现形式。在农业产业发展的整个体系中，农业中的循环经济不仅丰富了生态农业理论，同时也是一个系统化的农业循环理论。生态农业将农业生产引入合理的生产步骤，在发起生产的同时，我们还应注意具体情况具体分析，将我国具体的国情和农业发展状况相互联系。

7.2.2　现代生态农业的提出与基本特征

按照现阶段发展的情况来看，现代农业的发展是一个与时俱进的过程，人们对现代农业的发展趋向的认知也十分丰富，如绿色农业、有机农业、生态农业等。以“3R”为技术核心的现代农业将农业中的投入和产出放在最优秀组合上，秉承的发展理念是对资源的高效和循环利用，在现代农业发展的体系过程中，即高效与低能组合在一起，实现农业技术的一次实质性的变革，把效益农业与生态农业合并统一，更要突出的是生态农业的发展。目前，我国正面临着决胜全面建成小康社会的关键时期，要想实现新形势下我国农业产业发展的需求，就必须在农业生产过程中引入生态循环，进而引导发展循环经济。在这种全新的生产模式的推动下，将生态农业与循环农业作为常态化同步发展。

在生态农业的基础上发展的现代农业，是以“生态”为价值导向，利用循环经济的发展模式，将农业发展同生态环境发展同步进行，形成一个相互制约的系统，以区域内农业发展的整体效益最优为目标，关注的是经济、社会、自然的协调发展。面临着生态环境的恶化，农业作为人类赖以生存的根基，必须高度重视生态的可持续发展，将整个经济体系建立在生态农业的基础之上，实现资源的合理配置。所以，现代农业倡导的是绿色、共享、和谐、创新的发展理念。

现代生态农业的理论来源于生态伦理学和生态经济的实践。其中，生态伦理学是以伦理学的角度分析人与自然的关系，把伦理学中倡导的人文关怀延伸到自然领域，号召人类放弃与自然的冲突，追求与自然同生的可持续发展观，形成一种人与自然和谐稳定的道德关系。而生态经济则是依靠生态伦理学与循环经济的发展，通过生态伦理学推动生态伦理道德的不断升华，从根本上改变传统经济的发展模式。从循环经济的角度来看，现代农业是深层次的、扩展的农业经济体，其目标是构建以区域农业持续发展、宏观整体效益最大化的农业发展形态。从生态学的角度来看，现代农业强调生态价值以区域经济发展为核心，秉承的是“生态价值优先”的理念。

进入新世纪，我国农业的发展也十分迅速。就目前来说，我国正在由传统农业向现代化农业的发展模式上转变。在现代农业的发展过程中，人们越来越重视绿色发展。习近平同志指出：“生态环境保护是功在当代，利在千秋的事业。”当然，绿色发展理念对于决胜全面建成小康社会意义重大。绿色农业是一场思维领域的变革，在环境问题的处理上，为了提高农业经济的生态效益，我们可以引入循环经济的 3R 原则，让其参与实践过程，将生态、社会、经济效益进行有机的统一。第一，我们现在所需要的生态农业的发展，需要在现代农业的基础上，遵循生态伦理学和生态经济学规律，将其运用到生产过程中，追求最大的生态价值，实现农业集约化经营的发展模式。现代农业的发展，一般的生态学家认为，将经济与生态保护放在一起，并且优先于生态环境的保护。在农业的发展过程中，主要是以生态为价值导向，强调的是在区域内的经济、社会、生态的协调发展，也就是说，发展是以农业的循环经济为目标。第二，生态农业发展的基础是循环农业。生态农业是依据生态伦理学的发展理念，将自然资源放入循环经济发展的模式中加以运用，把低能耗放在首位去提高资源的利用率，也就是说，把农业的投入、产出与效益的提高放在同等位置加以重视，形成现代农业产业经济发展的规模。第三，根据实事求是的原则，现代农业因地区差异的不同，产生出了不同的生态发展结构与功能。照目前农业发展的现状来说，可持续发展是大势所趋，所以我们必须倡导全面、协调、可持续的发展战略眼光，统筹区域发展，将区域内发展的产业经营模式的效益最大化，为促进区域经济的发展做出相应的贡献。第四，我们所说的在农业产业中将生态放入经济效益考评中加以评估，得出在生态农业绩效考评中，它是具有公共物品的属性，在这一属性中，非竞争性和非排他性的这两个特点就说明了生态农业的发展依靠企业和公民是不可能实现生态效益最大化的，它需要的是政府强有力的支持，因为只有政府机构才能重视生态的发展。即是说，现代生态农业的发展不仅要依靠现阶段的市场配置发生作用，也需要政府的关注，二者的联合作用是保证生态农业发展的前提。

推进农业发展机制改革。从现代生态农业的发展来看，西方国家的农业与完善的市场制度和政府科学的决策分不开，而我国尚未形成这种体系，据此，需要完善和深化农村经济体制改革，加快构建现代农业制度，在农业发展的基础上，着力构建城乡一体化发展模式，促进城乡经济一体化发展。尤为重要的是，在进行乡镇的其他一系列的制度、机制、体制改革后，发展特色农业。

目前，我们所倡导的发展现代生态农业，需要结合各地的发展思路，在工业化、城镇化、现代化的发展过程中，可以将三者融为一体，再加上城市和农村的共同作用，共同促进现代生态农业的发展。在其发展的过程中，对现代生态农业要进行一个合理的对未来的发展预期，如制定规划思路、举措、目标等，在探索农业产业化发展时期，实行工业反哺农业的工作导向，无论是在政策上还是在价格上给予各项补贴。同时，在农业发展的过程中，企业从事农业生产或将加工中产生的工业废弃物进行合理的转化，支持生态农业的发展，进而推动生态农业持续发展。

构建循环农业科技体系。现代生态农业是一种可持续的农业发展模式，走的是投入少、产量高、消耗低、效率高、资源节约和环境改善的可持续发展路子。现阶段，新的科技革命正影响着农业产业的发展。特别是生物工程技术由试验转向应用，用基因拼接法生产脱氧核糖核酸，用无性杂交、基因移植法培育新的动植物品种，它为农业和畜牧业生产以及人类营养需求开辟了广阔的前景。以甘肃为例，甘肃省启动实施了现代农业科技创新行动，制定并出台了相关文件，将创新作为农村科技发展的支撑因素，通过改善区域内自然环境相对较差地区的基础资源，加大了区域内农产品的有效生产，推动了区域内农产品的外销和管理经营，保障了区域内农业产业的集群化发展。

推进特色农业产业化经营。2007 年，原农业部颁布了《关于推进农业经营体制机制创新的意见》，以深入推进农业经营体制机制创新，加快农业经营方式转变，促进现代农业发展和新农村建设。农业产业化经营是农业产业化的必然结果与具体体现。农业产业化经营的构成要素主要包括农业龙头企业、农户、主导产业、农业生产基地、社会化服务体系等，而农业生产不同环节、不同产业链条结合起来是农业产业化经营的基础与保障。目前，面向市场化的农业现代化，是培育适应社会化大规模生产的市场经济主体，形成市场配置资源的机制。因此，农业产业化经营模式的选择实际上是选择适当的组织形式来实现农业生产主体与市场的对接。在促进农业产业化的同时，必须依靠当地的资源和环境优势，从当地农业生产力发展水平和农村经济发展程度入手。

目前，我国农业产业化经营模式主要有龙头企业带动型发展模式、合作经济组织带动型发展模式、主导产业带动型发展模式、现代农业综合开发区带动型发展模式四种类型。我国农业产业化经营是继农村家庭联产承包责任制以后，在市场经济体制下发展起来的一种全新的农业生产经营形式，也是农业制度变革的必然选择。农业产业化经营制度的优越性，主要表现在三个方面：一是实现农业规模效应。在农业生产前、生产中、生产后，需要周密的布局、运筹帷幄的手段提高产业的专业化生产，以此带来区域内的规模效益和规模经济。二是缓解市场风险。通过工业化管理，特别是市场内部组织中介，引导农民有序进入市场。通过农业产业化经营，减少了中间环节和利益流失。三是降低交易费用。在产业化经营的过程中，要减少来自中间环节所带来的损失，在相关费用下降的同时，在家庭联产承包责任制的基础上，发挥农业的外部经济来填补内部经营中带来的利益流失。在这一过程中，发展生态农业有助于帮助实现农业的快速发展，因为生态农业是生态脆弱、经济落后地区农业在市场经济环境中实现健康稳定发展的有效途径。

7.2.3　西北地区农业现代化的发展趋势

在我国的西北地区，农业产业经济的发展一直受到传统农业的桎梏。在市场经济条件下各地政府都在寻找具有本辖区特色的农业发展新出路。目前，世界范围农业发展的一大新趋势是具有独特资源条件、明显区域特征和特色产品品质的特色农业。近年来，西北部地区的农业取得了较为显著的发展，多种农产品的产量都有较大幅度的增加，但在发展的过程中可以发现，仍有较多因素制约着我国西北部农业的发展，降低了进一步提升农产品产量的潜力，发展现代化农业的需求越来越突出。在这里，需要强调的一点是，发展特色农业就一定要坚持走科学的农业现代化发展道路。以甘肃为代表的农业—畜牧业—沼气、农作物秸秆再生循环利用、农—牧—菌、畜—沼—粮菜果药、农—牧—虫—禽等循环农业模式，有力地延长了传统农业链条，促进了生态农业的良性发展。

在西方国家，关于生态农业的记载可以追溯到19世纪的自然保护运动，并且到目前为止，循环农业依然是西方国家在农业发展上的方向。针对如何摆脱传统农业的束缚，把农业生态环境作为发展的重点，我们可以制定以下目标：

一是提高生态农业的发展水平。我们可以从目前的社会经济效益投入与产出的比例上来看，生态农业在现代农业的发展过程中扮演着举足轻重的角色，生态农业具有的无可比拟的多种功能优势，如商务、养老、旅游、文化等多方面的发展结合在一起，可以使现代农业得到最好的发展。再将生态与农业这二者结合起来，最主要的是能够推动城乡一体化发展，实现区域之间的协同发展，同时也为农业找到了新的经济增长点。

二是改善区域内自然环境。改革开放40年，我国的经济发展突飞猛进，但随之而来的环境污染问题却给人们带来了困惑。而我们所倡导的生态农业就是在改变和恢复自然环境的前提下实现经济增长、农业生产、环境保护，三者同步发展体现了我们在探索农业发展的同时也重视了随之而来的问题。

三是提高区域整体效益水平。提高区域整体效益水平是在可持续发展的前提下实现区域内的协同发展。我国现代农业发展的形式就是农业产业的集群发展，在其发展过程中，通过“三化”的要求可知，我国农业产业发展的重中之重就是其整体效益的提高，因为这既代表了农民的合法权益不受侵犯，同时，还表现出来的是现阶段我国农业产业资源的转型和升级。

因此，我们在研究农业产业发展的时候，可以将与农业相关的资源整合起来，培植资源的有效形式，可以将我国的农业产业发展到最优的经营模式中去。例如，甘肃定西的马铃薯产业集群正在打造全国闻名的“中国薯都”。马铃薯产业作为甘肃的传统产业，是甘肃三大粮食作物之一，也是甘肃省重点扶持的、最具发展潜力的项目之一。而定西市在新品种研发培育、马铃薯种植面积和总产量以及马铃薯产业总产值方面都是全国农业产业发展的典范。虽然定西市的马铃薯产业发展势头良好，但是在全面建成小康社会的大环境下，仍需要向高度集约化的发展模式靠拢。因为，建设农业产业集群是我国农业产业发展的必经模式，定西坚持马铃薯产业的发展，就要保障农民的主体地位和生产经营自主权，同时加强政策引导和信息服务，充分调动地方政府、企业和农民的积极性。要注意运用好当地干旱半干旱的特征，坚持农民的意愿，着眼于“中国薯都”的开发，着眼于每一个生产环节，对其分析并找出不足，最后达到以质取胜的目标。同时，为建设马铃薯产业集群，还需依靠大市场带动农民的发展模式，通过有效的土地流转，将分散的小农户逐渐转变为集中生产的区域内的大农户，快速形成马铃薯产业的新的发展模式。

今后，定西市马铃薯发展的重点是：第一，加大科技的投入，建设标准化的马铃薯农业产业工业园区，推广新设施，覆盖新材料，培育优种，研究和推广现代化的育种技术，使种薯质量更好。第二，加大创新力度。在大力发展马铃薯产业的推动下，以马铃薯为原料的相关配套产业也应起到优势补充的作用。例如，甘肃某研发公司研发了一种马铃薯全粉汤圆的加工方法，这种加工方法是以马铃薯全粉为汤圆的主要原料，因为马铃薯富含膳食纤维，使得以马铃薯为原料的汤圆在冷冻处理后下锅时不会明显裂开，使汤圆的味道更好，也增加了汤圆的营养。而且，该种汤圆的原材料远低于以糯米粉为原料的汤圆，无论是消费者在脂肪的摄取上还是它所含的糖分上都较之于传统的糯米汤圆有优势。从此例中我们就可以看到创新的重要性。第三，加强与国外企业的合作，实现双赢。去年，甘肃某公司参加尼泊尔首都举行的“兴都库什喜马拉雅适应性创新科技展”，该企业带着定西马铃薯企业的多种薯品赴约，吸引了众多关注者的眼球，定西的马铃薯得到了外国食品行业的认同，这就意味着定西马铃薯开始走出国门、逐渐走向世界的强劲发展势头，今后，在“一带一路”的推动下，还需在马铃薯种植培育和主食化产品上下功夫，促使定西市带领广大农民尽快脱贫致富，进而实现互惠互利的发展格局。

7.3 农业产业集群区域化演进的基本策略

2017年我国按照乡村振兴战略和推动农业高质量发展要求，各部门之间相互合作、紧密配合，积极搭建政策支撑平台，落实相关政策措施，探索创新农业产业集群区域化发展新模式，推动龙头企业转型升级，取得了显著成绩。在2018年联席会议上，相关负责人进一步强调，农业发展要统筹协调、精诚合作，围绕“发展农业产业化，促进农村振兴”，规划新时代我国农业产业化发展的新思路，研究制定专项文件；共同开展调查研究，改进政策措施；加强龙头企业的运作监控，提高龙头企业的建设质量；培育农业产业化联合体，促进小农与现代农业发展有机结合；加强土地经营权与管理权，投资发展农业产业化经营管理，创新和完善农业产业化利益联动机制，培育农业区域产业化联合体，推动农业向高质量高水平方向发展。在推动农业产业集群区域化演进的过程中，将推动农业供给侧结构性改革与乡村振兴作为农业产业发展的目标，促进乡村经济多元化发展，提高农民就业率和收入水平。

7.3.1 打造区域品牌，壮大品牌知名度和市场竞争力

农业产业集群的区域品牌作为公共产品的基本属性，在具体的运转过程中必然会出现一系列问题，比如投资主体缺位和品牌形象易损，面对这两个较为棘手的问题，在农业产业集群区域内的相关政府部门、在驻企业、行业协会、农户等就必须强强联合，在合作中相互影响、相互作用，共同研发出好的产品，进而形成区域品牌。将自身品牌发展与区域品牌的维护和发展相融合，提升农业产业整体形象与品牌知名度和市场竞争力，构建区域品牌发展平台，坚持专业化生产，扩大区域产品影响力，提升品牌信誉度。

1. 基于区域特色区位分析，发展区域优势产业，增强产品市场知名度

区域品牌是提升区域特色产业市场竞争力的手段，推进品牌建设化

经营模式，形成既具竞争实力又具特色优势的农业产业集群，形成品牌效应，可以让利益共同体展开内部协作。例如，福建省地理标志产品保护将近 300 个，这 300 个品牌为福建的经济发展带来了巨大的发展效用。一是直接带来了经济利益的流入。在福建，武夷岩茶在得到相关部门认证成为地理标志产品保护以后，其在茶市场的销售价格一度飞涨，市场前景一片光明。二是可以加大特色农产品的实力。众所周知，安溪铁观音品牌推动了乌龙茶的迅猛发展。三是利用特色产业的发展使区域内经济发展加快。

就甘肃而言，在推进区域特色农业品牌化的发展中存在着这样或那样的问题，制约着区域品牌的发展速度，影响全局的提升水平。主要表现为：科研人员匮乏、农产品社会化服务体系不健全、农业品牌意识薄弱、农产品宣传和保护有限等。所以，相关部门应该做的就是转变态度，将农业品牌化的发展作为重点，加强引导、培育和保护。第一，政策引导，成就品牌。制定有效的扶持政策，选择创新性强、发展前景好的农产品进行标准化生产，进行品牌的培育，以便提高农产品的质量。第二，制定政策，帮扶品牌。对产业集群内已持有品牌农产品的企业，坚持以市场为导向，制定有效的农业产业政策，鼓励其设立专项资金，用于专门维护品牌战略。这是因为，品牌如若继续扩大生产规模，做大做强，就需要强大的资金支持、人才培养、技术创新、信息通畅。这样做的好处是既保护了品牌，又宣扬了品牌，促使农产品屹立于市场而不倒。第三，龙头企业参与研发新产品。在推进农业产业化的发展过程中，特色农业成为区域农业产业发展的着力点，因此，我们可以申请组建新的企业发展模式来推动农产品名牌的创建。目前，我们所采取的策略就是要调动农户和企业参与农业产业的积极性，才能在品牌维护中产生作用。通过奖励机制，使农户和企业在维护农业区域品牌的时候得到应有的利益；政府和行业协会采取一些政策性的措施，维护生产秩序的平稳进行，这对于生产出高质量的产品是非常有意义的。

完善农业区域品牌的保护制度。众所周知，区域品牌作为农业产业发展过程中的无形资产，有着很高的市场价值。但是因其自身所呈现出来的缺陷，会导致异位现象的产生。此种现象的出现与区域品牌的营销方式背道而驰，不仅损害了构建品牌的声誉，还会将企业推进盲目发展的误区。面对此种情况，完善相关的保护制度迫在眉睫。针对农业产业集群区域品牌的申请者而言，要注重保护其区域品牌的所有权；针对农产品的质量而言，要严格集群内的生产管理与生产经营，防止生产出来的产品影响到区域品牌的建设；针对打造区域品牌建设的集群内的参与者而言，强化区域品牌意识，制定区域品牌保护制度，可以有效发挥相关部门的作用，如政府的导向作用，农户、企业、协会的支撑作用，以及企业之间创造的合作平台。总之，维护农业区域品牌是当前农业产业集群的重点工作。

2. 依托市场有效需求，通过专业化生产，提高产品市场竞争力

发展现代农业的重要支撑需要发达的流通产业和完善的市场体系，我们可以依靠市场这个大平台，通过快速的农产品流通，进一步开拓农产品市场，通过贸易的集聚带动生产集群，进一步优化农产品贸易的流通途径，通过专业化生产，提高区域内产品的市场竞争力。因此，要加快城区综合市场和销售地的改良升级，通过科研技术进步推动农产品主要产区专业化生产，并借助互联网的发展扩展新型的流通渠道，进一步完善农贸市场的改型升级，发展当地独有的特色农产品。同时，要建设一批农产品物流配送中心，重点扶持本地的特色农产品，并与龙头企业形成合作关系，这样内外联动，就会加速区域内特色农产品品牌效应。例如，广东竹器编制产业集群就是以信宜市为中心，发展特色农业集群，通过贸易集聚带动生产集聚，生产前景十分好，因为其是劳动密集型产业，有效地解决了农村剩余劳动力的就业问题，产品远销欧洲国家。

7.3.2 扩大产业规模，推动农业集群规模化和系统化

创建农业产业集群的区域品牌能够带动区域内农业相关产业的发展，推动农业产业集群的转型升级，是农业产业集群发展的动力。在产业集群的形成规模上，产业生产的产品要保持良好的市场占有率，与关联企业相互合作，形成农业产业集群。在这种模式下，可以有效地形成专业化的分

工体系和合作网络，既可以克服某一个单独发展的企业受到瓶颈限制，也可以消除由于决策不当给企业带来的消极影响，增强了区域品牌的传播力度。与此同时，企业通过创造品牌的效应，不仅节约了因宣传而产生的广告费用，也扩大了产品的营销渠道，这样会明显地增强品牌的号召力。企业在这个过程中，实现了自我强大，企业通过自身打造的品牌迅速发展，在行业内越来越具有竞争力。因此，相关部门应该倡导建立农业产业集群的区域品牌效应，对有竞争优势的企业进行政策倾斜，做好农业产业集群的合理规划，利用本辖区内的区域优势，引导企业创新发展，努力打造农业区域品牌。

1. 优化区域原有分散布局，组织企业高质量集群化发展

纵观我国现代农业产业化的发展，注重的是整个产业的均衡发展，再也不是传统的单一生产模式，整个农业产业链条的发展能够促使农业产业中农产品加工的精细化和配套服务的程序化，对农业生产的有序进行提供一种示范的作用。就目前来说，产业链条的延伸可以带动农民的就业，不断吸引农村精壮劳动力的加入；企业还可以与农户建立一对多的合作机制，与农户共享发展成果，在"企业 + 农户"的运转模式中，挑选种养大户进行培养，待农户学成技术和培育的方式方法后，可在农户之间进行推广，确保高质量的农产品进入农产品加工环节，并为其提供原料支持。同时，反过来讲，这种"企业 + 农户"的生产模式也可以应用在培育具有现代化农业产业企业中，我们在农户与企业的相互合作、相互联合的基础上，可以采取各种各样的方式来推动农户与企业的共同发展，将企业与农户牢牢地捆绑在一起，在这个经济体中，企业与农户和谐共生，既享受因发展所共享的利益成果，又承担因各种因素所带来的利益风险。在产业集群中，龙头企业在其中扮演的角色很重要，甚至可以发展成为带动当地经济腾飞的压梁石，不仅能够提升整个区域内农业产业集群的竞争力，也能够为区域经济带来创收。

2. 培育壮大龙头企业，发挥龙头企业示范带动效应

不言而喻，农业产业集群化发展在享受利益成果的欣喜下，还面对着各种风险与挑战，但是困难和挑战也会带来新的希望和发展机遇，特别是对带有战略眼光、主动适应转型升级的龙头企业。龙头企业可以有力地推动农业区域品牌的建设，帮助找准市场定位，带动农产品的生产加工规模，使其快速发展。在一个地区，如果有龙头企业的带动，企业就可以参考龙头企业经营方式和生产模式，同时运用合作和兼并的方式进行企业重组，促进区域品牌的发展。通过培育行业龙头企业进一步强化企业创新意识，同时加大创新力度，力求在核心技术和关键工艺上取得突破，潜下心来做精做强，通过培育龙头企业，发挥龙头企业在主营业务竞争和抢占产业链中的高端优势，并对有条件的企业积极推进产业转型，通过内部研发储备和对外收购兼并等多种方式培育壮大具有高度成长性的创新项目，并最终实现对原产业的替代。大力实施品牌战略，把创建品牌和建立营销网络有机结合起来，通过积极采用新的营销方式和营销手段来完善生产加工和销售渠道，提高市场拓展效果，努力掌握市场主导权，积极培育特色企业文化，带动区域农业产业集群式发展。

7.3.3 加强各项投入，提高农户生产积极性和参与度

在推进现代农业的进程中，要落实好《农民专业合作社法》，从而提高农民组织化程度。对于政府这一块，加强政府职能的转变需要做到以下几点：第一，坚持创新是引领发展的第一动力，多举办科普活动，将科技创新的路子全覆盖，使用这样的形式可以加强全民的体验性和参与性，营造依靠农业发展、依靠科技创新的浓厚氛围。大力推进“互联网 + 农业”，建立网上科技活动周、数字科普终端、技术交易平台，与线下活动一起搞好科普工作，将科技贯穿到每一个具体实施步骤上。鼓励县（市）依托本辖区内的特色产业、先进技术，发展建立集传统文化、科技创新、科学与教育等融为一体的多元化教育与科学示范基地。第二，健全政策体系。赋予市、县级政府更多自主权。相关部门在符合规定的情况下，引导区域银行支持针对农业创新融资的需求。在政策性引导的基础上，鼓励企业实施

人才创新计划，配备专业的技术人员从各领域进行实时监管，进一步强化企业对科技资源的开放和利用程度。第三，推动交流合作。可采取企业与高校、科研机构的强强联合机制，在研发中共享学术研究成果。

为了能够充分调动农民生产和创业的积极性，相关政府部门还要制定出台一系列的政策扶持，对自主创业的农民进行引导，构建完备的创业培训平台，为农民创业致富创造良好的环境。例如，河南焦作的“一元公寓”计划，针对农民的现实需要，焦作市人社局在市委组织部的推动下，开展定单式的就业技能培训班，无论是农民还是农民工，只要有需求，交纳一元钱的住宿费，就能享受为期十天的职业技能培训。虽然说每个地区的发展都不相同，但是我们可以借鉴，“一元公寓”计划的出发点是为当地人民提供致富的方向和手段。就目前我国农业产业化发展过程中农民自主创业而言，相关政府机构要实实在在地将惠农政策与产业集聚的规划和发展有机地结合起来，确保区域内农业产业的可持续发展，为农民的创业减少一定的阻力和政策上的可防控的风险。更为具体地来说，就是在为农民提供资金帮扶的服务过程中，也可以鼓励他们拿出自有资金或者自筹资金，同时，在土地、税收、水电等方面提供优惠政策，着力构建公共支撑体系和公共服务平台。在产业集聚的外部环境建设条件下，减少由于行政壁垒带来的烦琐的审批手续，将农民创业园作为助推经济发展的重要组成部分，将园区内的相关税费、厂房等资金补助及时拨付到位，让农民在医疗、社会保险等方面得到相应的保障，同时为他们提供过硬的政策咨询。

1. 组织发展行会，发挥政策支撑

行业协会作为一个极具意义的民间组织，可以把农户、企业、市场、政府有机地结合起来，加强彼此之间的有效联结，是维系各方面不可或缺的纽带。行业协会在运营过程中，主要是将分散的农户与企业、企业与企业联合起来，发挥各自的优势产业，弥补自身克服不了的缺陷，达到发挥区域集群的品牌效应的目的。同时，行业协会还肩负着对农业区域品牌的定位、宣传等使命，承担着企业维权、行业自律、举办展会等一系列相关事宜，通过博览会、洽谈会、研讨会等活动，推广打造区域品牌。它既包揽了对农业区域品牌的培育提供专业培训服务，又要经过制定行规来完善自身的发展，目的是继续推广农业区域品牌。在农业产业集群的发展中，企业本着自身发展的原则，很有可能会投入自身发展的企业品牌，而不是区域品牌。因此，政府在其中扮演的角色十分重要。在地区经济发展过程中，政府在农业区域品牌的发展上不可忽视。如若政府的作用没有得到有效的发挥，将会导致在区域内的企业管理分散、倒戈严重、各自为战的局面，这不利于参与者之间的相互作用。这样产生的后果就是农业产业集群在区域品牌的创立上具有盲目性和跟风走的情况，较为薄弱的企业在这样的大背景下对未来企业发展的状况感到迷茫，再加上龙头企业一味地追逐利益，偏好自身企业的品牌效应，不重视区域品牌的建设，就更加恶化了不利局面。因此，相关部门要给予政策上的倾斜和扶持，注意引导龙头企业的示范带动效应，投入一定的资金和政策优惠，鼓励相关企业、协会、农户之间合作，对其生产方式和经营方式进行有效的管理与监督，培养参与者的大局意识，为本辖区内的区域品牌做出建设性的支持与建议。

2. 依靠科技投入，提高农户积极性和主动性

农户在农业产业集群的区域品牌建设中扮演着最活跃的市场主体的角色。农户与中小企业的联系，构成的是农业产业集群的产品体系，通过品牌优势和技术投入，农业生产增收明显，农民生产积极性和主动性有效提高，农业集群的参与度也明显提高。这就意味着在打造区域品牌和增加技术投入的前提下，整个农业产业集群通过农户生产积极性和普遍参与度的提高能够有效提高集群质量和市场覆盖情况。因此，在区域内参与农业产业集群的农户与企业需要围绕市场这个有利的方向，制定生产规模与生产策略，相互合作，共同进步，提高自身的能力，使得各方在区域品牌的构建中达到共赢。

7.3.4　创新管理体制，规范农业产业集约化和专业化

1. 改革原有粗放式管理，发展现代集约高效化经营

创新思维方式要求我们冲破传统的农业发展方向，用现代农业的思维方式引领现代农业的发展。农业产业集群需要相互合作、分工合作。这种合作方式是以市场主体为出发点，让其参与价值链条上的分工协作，增强他们的团队协作意识，从而改变传统的家族式生产模式，让他们了解一荣俱荣的竞争之道，从而实现双赢和多赢。一般来说，经济的发展依赖于产业的发展，产业的发展在一定程度上要关注产业集群的发展状况。从目前来看，现代农业产业集群具有一定的内生性质，这并不等于所有的农业产业均适合发展产业集群模式。这是因为产业集群的发展更多依赖市场的需求，根据市场的行为判断是否有需求，所以说农业产业集群的发展不能刻意依靠人为因素。但是，相对而言，发展农业产业集群在一定程度上离不开政府及其相关部门的扶持，如印度班加罗尔的软件产业就是政府扶持的结果。在产业集群的发展过程中，政府的协调作用十分明显，在农业集群的萌芽和起步阶段，政府在许多方面都扮演着重要的角色。例如，在制定政策时候，为与农业产业相关的配套产业提供其发展必备的准公共用品，引导企业有序加入，在资源配套设施建立的同时，不仅完善了对于中小企业的服务体系，更为企业提供了很多的便利条件。又如，实施积极的信贷、财政和税费政策，引导农业投资向农业产业集群倾斜，加快农业科技进步，大力发挥科技支撑作用。进一步健全营销体系，扶植壮大产业集群内的市场经营主体，整顿和规范农产品市场秩序，提高农产品流通效率，建立和完善风险保障体系，规避农业发展风险，建立适应农业产业集群良性发展的农业管理体制。特别关注中介机构和服务体系的作用，引导和培育产业集群往多向联系的方向发展，增强集群中良好的“信任和承诺”，建立集群主体的学习和交流机制，在集聚区内营造一种竞争合作、协同创新的“氛围”，让农村合作组织、行业协会和各类培训机构等在促进实用技术扩散和农民企业家精神培养方面发挥重要的作用。

2. 加强物流和信息服务，建立健全一体化服务体系

通过建立农产品物流公司、信息中介公司及其他服务性公司，有效地吸收农村剩余劳动力，并提高农业生产规模，同时也能提高农户收入。必须清醒地认识到农业产业集群不是孤立发展的，必须要有一个完善的服务体系，主要包括各种规范的咨询和中介服务机构，如管理、技术、信息、人才、财务、金融、法律等方面的中介服务，完善的创业服务中心，依托大学、科研机构和有实力的企业集团，同时根据不同企业的不同发展阶段和不同业务范围，提供相应的服务，为促进产业集群提供良好的发展基础，完善集群中间产品市场体系，建立相关融资网络系统，拓展外销网络。通过加强物流和信息服务，有效规范农业产业的专业化，做到专业化生产、专业化经营、专业化销售。

第 8 章　新时代乡村振兴战略下的农业产业集群发展

最近公布的 2018 年农业综合开发工作要点（以下简称主要工作点）明确了当前农业整体发展的主要方向：着力服务农村振兴战略，推进农业和农村现代化建设。促进农业可持续发展的领域。主要是围绕农业供给侧的结构改革，利用生产能力，促进产业，支持主体，注重生态和扶贫，重点建设高标准农地，重点建设优势产业集群，积极培育新的农业经营主体，加快农业小规模经营，大力推进中小农村产业一体化，探索建立农村振兴示范途径和载体平台。

8.1　农业产业集群发展与乡村振兴战略

农业产业集群作为现代农业发展的重要方向，对于促进国家和地区经济的发展具有重要的意义，因此是各国学者和政府研究和关注的焦点。经过 40 年的改革开放，农产品的消费方式发生了一定的改变，相应地对农产品的生产也随之提出了新的要求，而以农产品生产作为主要经济活动的农业产业集群的发展也应做出调整。目前，中国农业主要通过改善基础设施，推进科技水平的进步，提高生产能力的方式，来改善传统的农业生产，这有利于打破传统农业的局限，让农业产业化的水准得到大幅度的提高[①]，当前中国的农业已进入现代农业建设的新阶段。农业产业集群的发展是现代农业的特征之一，也是实现农业现代化的有效途径之一，农业产业集群的发展促进了农村经济的快速增长，并且使该农村具有了较强的区域竞争力。

8.1.1 农业产业集群：乡村振兴的有效途径

在中国的西北部，大多数地区自古以来就属于贫困地区，特别是对一些少数民族地区而言，由于民族产生和发展的地理因素以及宗教信仰和生活习惯使这些少数民族历代生活在条件艰苦的地方。贫困地区难以脱离贫困的主要原因是地理条件差，进而使交通设施和信息设施建设的难度增加；另外，部分少数民族的思想比较保守再加上民族习惯与宗教问题对新思想的接受程度较低，且自然条件如光照程度低等则直接影响农产品的收获。在经济上，对于西北大部分的地区来说，农业和牲畜业是生活的主要来源，他们大多过着自给自足的生活，工业化程度不高，对生活生产的要求也很低。马克思认为，人类的第一个历史活动就是生产满足人类需要的物质资料，因此，在这个阶段，整个区域的需求处于低水平，并且仅寻求生产材料和生活材料的数量。每当人们的生理需求得到满足时，这些消费、生产和生活方式就会在这些地区代代相传，使得后代能够通过前人的方式解决基础的温饱问题。这种需求处于马斯洛需求层次理论的最底层，这种低水平需求对应相对较低水平的工业生产、低水平投资、小规模投资和简单的生产技术，生产产品的生产材料也比较简单。这类市场虽然为消费者提供了多样化的产品，但是消费者没有产品选择权，公司只负责产品的生产，不考虑市场的需求和销售，而这种第一产业已经传承了几代人。西北地区受贫困影响地区的产业主要以农业和畜牧业为主，这类产业对生态环境的依赖程度较高，但该地区的生态环境较脆弱，产业产品的收获大多依赖于大自然，大多数农畜产品的生产连续性是间断的，如果生产的连续性无法

① 李向东 . 甘肃特色农业产业发展研究［D］. 兰州大学，2012.

保证，产品供应就无法进入大规模社会生产阶段。对于市场需求来说，没有可持续的供应链将无法满足市场的需求。一个产业如果不能满足最低需求水平，则不太可能出现高水平的需求，而且这个行业只能保持原状而不能发展。农业产业化生产与家庭承包经营仍存在矛盾。西北贫困地区地广人稀，近些年来为提高农业的生产效率，在国家和当地政府的帮助下，为农户提供了各种设备，农业的产业化程度日益提高，但是由于西北贫困地区人们思想和眼界的狭窄，无法跟得上时代的潮流。

低水平的市场需求和低水平的产业自然无法获得大规模的投资和资本的增加，而没有获得资本投资的产业将不会进一步向上发展，从而形成一个低水平的周期。技术创新也会出现同样的情况。技术创新通常会需要耗费大量的人力资源、物质资源和财务资源。作为一个受贫困影响的地区，缺乏这些资源将无法进行科技创新，一个地区想要脱贫没有一定的技术创新根本无法达到高质量的脱贫。但是一旦投入大量的资源进行创新，地方经济将会快速发展，产业经济也会同时扩大。此外，创新活动本身就是一种高度不确定的活动，研究和技术创新的周期很长，并不会立马就得出研究的结果。即使研究时间短，研究效率高，项目开发成功，在实际生产中也会存在诸多不确定因素。因此，为满足较低水平的需求而产生的行业也是一个低水平的工业阶段。在这个阶段，投资和技术创新都难以扩大规模，不可能在行业发展中发挥实质性优势，增长机制的驱动力。①

党的十八大以来，在以习近平同志为核心的党中央领导下，坚持把解决好“三农”问题作为全党工作重中之重，持续加大强农惠农富农政策力度，扎实推进农业现代化和新农村建设，全面深化农村改革，农业农村发展取得了阶段性的成就，为党和国家事业全面开创新局面提供了重要支撑。②在中国特色社会主义新时代，乡村作为可以有作为的广阔天地，迎来了难得的发展机遇。另外，当前我国农业发展的质量和效率以及竞争力都不高，

---

① 施俊平 . 西北贫困地区优势产业成长的逆向选择机制问题研究［D］. 西北师范大学，2008.

② 解读“实施乡村振兴战略”：事半功倍解决“三农”问题 . 网易新闻，2017-10-21.

使得农民收入增长不足，而农村自身发展能力又比较薄弱，所以现阶段我国城乡差距仍然很大。当前有必要采取特殊的振兴措施，找到合理的城乡总体规划，综合发展系统设计和政策创新的解决方案以达到进步。傅国华、李春、郑凯认为，遵照习近平总书记在党的十九大报告所指出，践行新发展理念，全面推进乡村振兴战略。应用分层次管理理论，科学识别乡村发展层次，制定层次适配的乡村振兴战略具体对策。系统实施、全面落实，努力实现各层次乡村发展升级，建成美好新乡村，为实现中国新的“三步走”战略，建设社会主义现代化强国，做出中国乡村应有贡献。①董进智认为，从乡村与城市、新村与产业、村庄与自然、村庄与村庄、村庄与历史文化等多种关系中，去找它们之间的内在联系，看到了互动、融合、和谐、差异、传承和自治等规律性的东西。②这些思考逐步得到认可，还需进一步到实践中去验证和深化。当前应重点研究乡村振兴与城市化的内在联系，促进城乡融合发展。钱远坤认为涉及农村经济、政治、文化、社会、生态各个方面，我们将从以前注重农业农村经济发展转到注重农村“五位一体”全面发展上来，推动农业全面升级、农村全面进步、农民全面发展，加快推进农业农村现代化。③以人为本的使命需要农业和农村地区的优先发展。在新的时代，小康社会将以一体化的方式建设，而这个领域不可能沦陷，应优先考虑农业和农村地区，并应进一步调整工人与农民之间的关系。优先考虑因素分配，优先考虑资源条件，优先考虑公共服务，加快农业和农村经济发展，加强基础设施和流通信息建设，使城乡差距明显缩小。让农业成为一个有优势的产业，让农民成为有吸引力的职业，把农村变成生活和工作的家园。保持活跃和安全，并提供精确的机构设计和政策支持。新形势下深化农村改革的主线仍然是管理农民与土地的关系，完善农业支持保护体系。总体方向是适应商品化和国际化的形势，以保护和调动农民积

① 傅国华，李春，郑凯．分层精准施策　全面推进乡村振兴战略［J］．新东方，2017（05）：15–18.

② 董进智．关于实施乡村振兴战略的初步思考［J］．四川党的建设，2017（22）：44–45.

③ 钱远坤．聚力乡村振兴总抓手　推进农业农村现代化［J］．政策，2018（02）：21–22.

极性为核心，主要是改革和完善财政补贴政策，优化库存，更加注重结构调整支持、资源环境保护和科技研发，探索建立功能区、粮食生产和农产品生产的重要保护区，实施乡村振兴战略，不断巩固农村振兴的基础，大力推进农村改革。保持农村和谐稳定，满足农民群众的生活需要，加强基层农村工作，创新农村社会治理，实现农村长治久安。

中国共产党第十九次全国代表大会的报告提出了实施乡村振兴战略。实施乡村振兴战略是新时代解决我国社会主要矛盾已经转化为人民日益增长的美好生活需要和不平衡不充分的发展之间的矛盾的迫切要求。这一战略是全面建设小康社会的伟大战略部署，是农业和农村改革发展的重要课题。习近平总书记在党的十九大报告中明确要求实施乡村振兴战略，实施乡村振兴战略首要的和最根本的是必须坚持农业农村优先发展。农业产业集群作为提高农业生产经营水平、促进区域经济发展的重要来源，对其有效管理是目前农业改革发展运动的一个新进展。它是实践中数亿农民的伟大创造，是中国农业管理和农业机制的重大转变，是现代农业发展的必然趋势。当前，随着科技水平的逐步发展，农业基础设施逐步完善，区域内农业生产能力有了显著提高，区域集约化发展成为农业发展的新方向。但是，要实现农业产业兴旺的要求，考虑到不同区域之间因历史及其自然条件存在差异而对农业发展产生的不同影响，在现在农业生产技术能够提供强大支撑的前提下，如何发展具有区域特色的农业，实现人与自然和谐相处，实现经济效益与社会效益的有效结合，实现区域特色发展的持续化、生态化、专业化、规模化，使之发展成为具有区域特色和竞争力的农业产业，最终实现高效循环发展与绿色集约发展相结合，科学合理保护与利用每一寸土地，这是当前农业发展必须要面对和解决的问题。

集约化作为一种新的生产、经营和管理手段，是现代农业发展的必由之路。通过先进的农业科学技术、有效的经营与管理、完善的市场加工运输体系将原有规模较小、产品生产单一、市场竞争力不强的粗放型农业发展成为具有一定规模和绝对竞争力的区域特色农业，实现区域农产品生产的规模化和专业化，实现区域经济发展，农民增收，贫困人口有效脱贫，进而实现区域人民幸福安康，这是农业集群化发展的目标。1990 年，美国学者迈克尔·波特在《国家竞争优势》[①] 一书中首先提出了用“产业集群”一词来解释集群现象。1998 年，迈克尔·波特在《集群与新经济学》一文中解释了产业集群：“产业集群是指某些特定部门中具有竞争合作关系且在地理位置上相对集中的一些商业部门或组织机构被划分而形成的特定地理区域，包括一系列上游、中游、下游产业和其他相关企业或机构的有机结合。”[②] 因此，产业集群是一个涉及众多行业、地区、企业的多维复杂关系，它与众多行业、企业密切相关，在经济效益的驱动下大量企业及其机构向特定地域、既定领域不断聚集。[③] 农业部门的集群化概念则在 20 世纪 90 年代初被提出，其建立在数千个家庭小生产与不断变化的市场之间矛盾逐渐出现的情况下，是农业农村发展的必然产物，是提高农产品竞争力、增强农业发展的必然选择。农业产业集群化是新时代我国现代农业发展的有效途径和正确选择。

8.1.2 三产融合：打造特色优势产业集群

振兴农业和繁荣产业是人们关注的焦点。打造特色产业的目的是为了追求最大的经济效益和最优的生态效益以及提高产品市场竞争力，并且要同时兼具区域内部整体的资源优势和特色。在突出地域特色时，要紧紧围绕当前市场的实际需求，做到以科技为先，以农业的产业链为主，高效配置区域内的各种生产要素，以具体的某一个生产的对象或生产的目的为目标，最终形成规模适度、特色突出、效益良好、产品具有较强的市场竞争力的非均衡农业生产体系。发展特色农业是我国农业结构战略调整的要求，是提高我国农业国际竞争力的要求，是增加农民收入的迫切需要。中央农村工作会议提出，要把产业链、价值链等现代产业组织方式引入农业，促

---

① 迈克尔·波特．国家竞争优势［M］．北京：中信出版社，2007.

② 迈克尔·波特．集群与新经济学［M］．北京：中国农业出版社，1998.

③ 许开录．甘肃农业特色产业集群化发展面临的困境与对策［J］．当代经济，2016（14）：66–68.

进一、二、三产业融合互动，积极发展多种形式，适度规模经营。2015 年珠海幸福村建设产业发展的两个重点：“依托台创园、珠海国家农业科技园等平台，延伸农业产业链条，形成‘一村一品’‘多村一品’，建设 100 平方公里特色农业产业区，实现农业特色化、市场化、品牌化。”“我注意到幸福村居建设过程中，珠海强调了一个核心就是产业发展。我们可能把村庄建得很美，环境整治得很好，但它必须有产业的支撑。”中共中央党校经济学部发展经济学教研室主任施红建议，珠海要继续保证产业发展在幸福村居建设中发挥的作用。[①] 当前，全国经济发展进入新常态，加快推进农业现代化，对稳增长、调结构、惠民生意义重大。在中国乡建院院长李昌平看来，依托台创园、珠海国家农业科技园等平台，延伸农业产业链条，形成“一村一品”“多村一品”是珠海农业产业向农业服务业升级转型的尝试，符合中央农村工作会议要求推动农村一、二、三产业融合的做法。[②] 建设 100 平方公里特色农业产业区则是对全市特色农业产业进行大整合，积极发展多种形式的适度规模经营。珠海幸福村建设产业的项目对于全国的特色产业具有重要的借鉴意义，它打破了以往农村的发展模式，不再是以满足自己的需求为主，把农村的经营模式进行改变，打造品牌，创建科技园，使农村有了产业的支持，发展前景看好。2017 年农业农村经济工作总的要求是，应尊重农业质量、绿色农业和农业供给结构改革，加快建设农业产业体系、生产和现代农业系统。创造一个村庄、一个产品、一个县和一个产业的新模式。在农业中建立一个、两个或三个集成系统，以便农民可以合理地分享整个产业链中的额外收入。随着经济的发展，全球农业发展将改变机制，改善政策，更加有利于该地区农业经济的发展和符合该地区的特点，并将重点发展更有用的产业集群，以支持工业农业链的发展和促进整合农村二、三产业。通过对贷款、财政补贴、股权投资等的利息补贴来关注投资，弥合产业链的缺点，重点发展该行业的有用集群。

① 施红 . 产业结构优化升级要进退并举［N］. 中国审计报，2014-03-26（005）.

② 李昌平 . 中国乡村复兴的背景、意义与方法——来自行动者的思考和实践［J］. 探索与争鸣，2017（12）：63-70.

打造优势特色产业集群，要不断优化农产品结构、产业结构和区域结构，促进粮食和农业、林业、畜业、渔业一体化，结合种植和营销，整合第一、第二和第三产业的发展。以“农业质量”为指导，推进农业生产标准化，把绿色优质农产品放在突出位置，全面提高农产品质量安全。支持农业和农村新兴产业，支持以高新地区产业园和工业化综合体为依托的特色的农产品发展，发展协同作用，促进现代农业发展。另外，还要大力推进农业综合开发，支持农业卓越的产业规划特色，发展有利可图的产业集群，探索支持和发展农业试点项目使之繁荣。在政治支持方面，将加大补贴和股权投资等各种形式的支持，积极推进立体现代农业管理体制。

8.1.3 示范试点：打造乡村振兴平台载体

2017 年，中央委员会第一号文件明确规定，乡村建设以农民合作社为主要载体，让农民充分参与，充分受益，[①]通过完整的农业发展渠道，发展将循环农业、创意农业和农业经验相结合的农村综合体。[②]为了实现文件的要求，党中央在 2017 年全球农业发展中进行牧区综合体的试点示范，将其作为新时代全球农业发展的关键。为此，党中央为全球农业发展提供丰厚的资金支持，共计拨款 4.3 亿元资金，支持河北、山西、重庆、山东等 10 个省份实施农村试点。

在进行乡村振兴的过程中，要工作重点明确，要把大力推动农村振兴技术的推广放在首位。科学技术的应用能够为乡村农业的振兴提供重要的帮助。要按照建设“美丽村庄，工业繁荣，农村财富，良好环境和善治”的总体目标，为全球农业发展的总体效益提供辅助。另外，还要注重农业、农民收入和农村条件支持、公共服务、环境建设，理解农村生产生活生态的“三生同步”、三产整合和文化农业旅游的“三位一体”，时刻谨记在

① 卢贵敏.以农业综合开发为平台　综合施策建设田园综合体试点[J].中国财政，2017(15)：20-23.

② 卢贵敏.田园综合体大构想［J］.新理财（政府理财），2017（07）：20-24.

建设的过程中，必须遵循“农业促进经济”的基本原则，为当地农村居民的生产和生活创造良好空间。为农民提供一定的工作岗位，鼓励农民参与并充分受益。在发展和壮大主导产业和特色的基础上，还要加强对合作社乡村的支持，改善农民生产生活的组织和社会化，促进农业福祉，积极拓展新农村形式，要利用农民生活、农业生产和农村生态的整体改善来达到促进农村普遍振兴的效果。

以甘肃省为例，首先要以“三园”建设优化农业产业结构。其中“三园”指的是现代农业产业园、科技园、创业园。围绕甘肃省的各种优质蔬菜、特色农产品、优质水果等农业主导产业进行布局，打造一系列布局合理、产业优势突出、土地生产率高、科技含量高、农民收入水平高的现代农业产业园区。另外，推进田园综合体建设，促进农村一、二、三产业融合发展。2017 年 7 月，榆中县田园综合体建设试点项目被国务院农村综合改革办公室确定为全国 8 个田园综合体试点建设项目之一，其后续发展会为兰州的现代农业发展提供升级的新路径，带来广阔的发展前景。进行田园综合体建设要扩大宣传力度，新的模式刚开始往往不会被人所理解，特别是在农村，由于多数人的思想比较落后，对于新事物的接受程度比较低，为了能够在后期新项目的推广过程中得到很好的效果，获得足够的市场认知度，必须要有广泛宣传和强势推广。还要打造有兰州特色的田园综合体。打造田园综合体首先要做出产品特色，避免产品同质化。在借鉴其他地区经验的同时还要充分考虑到本地的实际情况，取长补短，全面发展。其次要发挥田园综合体的带动作用。一是利用田园综合体带动农民创收。积极引导市场参与，使广大农民都能够参与到田园综合体的项目中来，利用田园综合体服务业发展增加榆中地区就业岗位，使农民获得资产田园性收入和工资性收入，切实感受田园综合体所带来的益处。二是带动榆中旅游业发展。2016 年 11 月，原国家旅游局正式批准榆中作为国家全域旅游示范县创建单位，近两年，榆中坚持以全域旅游创建为目标，不断激发旅游发展的活力，运用田园综合体的农业产业模式为榆中的旅游业再添契机。另外，要不断地推进土地适度集中化经营，促进农业现代化。提高农民认识，营造良好氛围。宣传相关政策，鼓励农民主动进行土地适度流转，提升土地效率。在新闻媒体开辟相应的专栏，开展增强土地规模化经营是为老百姓谋利益的宣传，调动广大农民的积极性。严格规范耕地集中化经营。落实土地承包经营权属于有偿流转的规定，流转的条件和补偿完全由农户与受让方自主平等协商，流转的收益归农户所有。

在落实贯彻乡村振兴战略的过程中要加强涉农人才队伍建设，为乡村发展提供智力支持。一方面，发挥各类新闻媒体的作用，通过新闻媒体让涉农人才能够了解到相关的政策。另一方面，落实各项优惠政策，调动乡村人才积极性。特别是对于一些偏远地区来说，往往会因为生活条件的艰苦而无法留得住人才，这时地方政府要制定出相关的优厚政策，最大限度地留住人才。还要吸收和培训各类实用人才，通过相关优惠政策吸引实用人才队伍，包括涉农大中专毕业生、农村子女中的农业人才、涉农科研人员等。另外，要完善农村电商人才培养。电商作为近些年来非常热门的营销方式，对于产品的销售模式已经取得了显著的效果，将电商引入农村，是为农村的发展多提供了一个广阔的平台。完善农村电商人才培养要做到以下三点：一是完善与高校特别是技术院校人才对接机制。与高校签订合作协议，发挥各自的优势，细化合作内容方式，实现资源共享、互利共赢。二是鼓励农村人才走出去学习其他优秀农村的相关电商经验，结合本地发展，总结适应本土的电商方法。三是为避免人才流失，需要制定完善的薪酬体系和晋升机制。

8.2 国外农业产业集群发展的经验启示

农业产业集群发展是推进农业现代化的重要内容，国外农业产业集群的一些先进案例值得进行深入探究，以此对我国农业产业集群的发展起到参考作用。选取目前在产业集群道路上走得最远的美国、欧洲的西班牙和亚洲的日本三个国家作为典型案例来分析，将与之相关的经济领域方面的理论相结合，寻找到一条以发展特定区域内农业产业的集群模式来使农业产业发展壮大的康庄大道，与此同时，在这个基础上能够提出更多有建设性的意见来帮助农业产业集群向更好的方向发展。

何谓发展较为成熟的农业产业呢？就是具有生产线、再处理线、流通链条和高科技链条的集合体。在集合体内，职业的分工和合作相对较高，农民和与之相关的农业企业之间具有一定的协调机制，那么相应的农业产品也就会被生产出来。在农产品生产流水线上，加工过程和市场流通过程都有着密切的联系，也是因为他们拥有着完备的科研团队做技术支撑。他们依靠内部或外部领先的公司推动集群发展，通过工业基础设施建设大规模现代化产业集群。基于以上基本特征，可以看出农业产业园区的发展必须要有以下几点作为前提：首先，在这个需要发展的区域内，某家或者某几家行业龙头企业和农业特色产业带头都有着良好的发展前景，才有机会治理区域综合发展；其次，有可能为农业生产创造相应的基础，每个产业都具有区域化的先决条件；再次，具有良好的行政服务机制和社会服务体系，主要包括流通、审批等程序的完善；最后，具有吸引科技人才的宏观经济环境。

8.2.1　国外农业产业集群发展的特点

由于目前的农业和农业产业经济都急需新的刺激来激励其快速发展，因此农业产业集群这一崭新的经济发展模式便运用而生。产业集群的发展在促进各国区域经济发展和通过协同提高经济活动的同时，产业集群也不断健全强大，在农业发展中发挥着越来越重要的作用，其竞争优势也越来越受到政府的重视。因此，自 20 世纪 90 年代以来，一些欧美发达国家采取了一系列重要措施来提高农业产业的竞争力，其中最重要的是国家农业集群的直接发展。由于每个国家都有不同的地理特征，即不同的国内作物生长环境和完全不同的农业发展模式，甚至对农业产业集团发展现状的了解也都不同，这导致的结果是不同群体的发展状况不一致，不同国家的农业产业有很大的不同。在某些农业历史悠久的传统农业大国，由于受到产业集群发展的启发，产业集群逐渐被用于农业产业的发展，形成了相对可以直观看到的农业产业集群，促进了农产品互补品和替代品的产业链向前发展，并率先在世界各地的农业产业园区取得了巨大成功，现在已经达到稳定的增长阶段。审视外国集群的发展过程，观察其形成和发展的规律，可以为中国发展独具特色的农业产业集群提供参考和借鉴。下面将重点分析有代表性的三个国家：美国、西班牙和日本。

8.2.2 美国大豆产业集群发展的特点及启示

1. 美国大豆产业集群发展概况

美国是世界上最大的农业生产国和第二大大豆出口国。国际谷物理事会（IGC）发布的报告显示："2018/19 年度（9 月到次年 8 月）美国大豆产量预计为 1.18 亿吨，低于 6 月份的预测值 1.185 亿吨，但是低于 2017/18 年度的 1.195 亿吨。2018/19 年度美国大豆期初库存数据从 1 320 万吨下调到 1 220 万吨。因此，2018/19 年度美国大豆供应总量预计为 1.308 亿吨，低于 6 月份预测的 1.323 亿吨，上年为 1.28 亿吨。大豆总用量预计为 5 940 万吨，高于 6 月份的预测值 5 870 万吨，上年为 5 890 万吨。2018/19 年度美国大豆出口量预计为 5 620 万吨，低于 6 月份的预测值 6 000 万吨，上年为 5 680 万吨。2018/19 年度美国大豆期末库存预计为 1 530 万吨，高于 6 月份预测的 1 360 万吨，上年为 1 220 万吨。"①

由于美国大豆供应量创历史新高，美国大豆出口在 2017 年 9—10 月期间迅速增长，然而，大豆的出口量仍与去年同期持平。美国农业部估计 2017/18 年度大豆产量应为每英亩（1 英亩≈ 4046.9 平方米）49.5 蒲式耳（1 蒲式耳 =0.0172 吨），这比之前预测略高。密歇根州、北达科他州、堪萨斯州和俄亥俄州的业绩下滑在很大程度上被伊利诺伊州、内布拉斯加州和东南部的增长所抵消。美国大豆种植面积保持不变，为 8 950 万英亩，但

---

① 99 期货网生意社 .IGC：2018/19 年度美国大豆产量预计为 1.18 亿吨 .http：//www.100ppi.com/news/detail-20180806-1282246.html.

气温下降导致大豆产量减少至 44.25 亿蒲式耳，低于之前预测的 500 万蒲式耳。从 2017 年 11 月 5 日起，美国大豆收成达到 90%，略低于五年平均值 91%。美国 2017/18 年度大豆压榨数据保持不变，因此产量下降导致库存减少至 4.25 亿蒲式耳。根据市场价格预估，2017/18 年度美国大豆平均价格在 2017 年 11 月小幅上涨至 8.45 美元再至 10.15 美元，比之前的预测高出 10 美分。2017 年 9 月，从美国农户出售的美国大豆平均价格为每蒲式耳 9.35 美元。10 月份，美国大豆的直接价格保持稳定。2017 年 9 月的大豆榨油量一直保持最高记录，这使得豆粕在月底异常高涨。让我们假设分销渠道的大豆库存明年将降至正常水平，预计国内消费量将有所增加。2017/18 年度美国大豆消费量估计为 3 430 万吨，比上月预测高出 10 万吨。大豆价格也小幅上涨至每吨 295 ～ 335 美元。与豆粕一样，2017 年 9 月大豆榨油量的增加也促使 9 月底大豆油和库存量增加。 2017/18 年度美国大豆库存增加 7 900 万磅（1 磅≈ 0.45 公斤），最后为 1 616 亿磅。2017/18 年度豆油价格保持不变，继续从每磅 32.5 ～ 36.5 美分不等。值得注意的是，2017 年 9—10 月期间大豆出口量增长得非常快。

美国农业部（USDA）在月度供需报告中公布：“美国 2018 年大豆产量为 46.59 亿蒲式耳，预估区间介于 45.28 亿～ 47.81 亿，低于 USDA8 月预估的 45.86 亿蒲式耳。2018 年大豆单产料为每英亩 52.5 蒲式耳，高于美国农业部 8 月预估的 51.6 蒲式耳。 美国 2018 年玉米产量约为 145.06 亿蒲式耳，预估区间介于 143.97 亿～ 146.07 亿蒲式耳，低于 USDA8 月预估的 145.8 亿蒲式耳。2018 年玉米单产料为每英亩 177.4 蒲式耳，低于美国农业部 8 月预估的 51.6 蒲式耳。”①

通过中国和美国两国之间与全球的大豆供需平衡表、美国大豆库销对比表等各个表格来表现美国大豆产销情况与中国大豆产销的对比态势。②

① 国际衍生品智库金融界 . 农业期市数据 .http：//futures.jrj.com.cn/2018/09/10104125069599.shtml.

② 中国产业信息网 .2018 年中国大豆产量、进口量及进口依存度分析 .http：//www.360doc.com/content/18/0702/19/2731648_767176432.shtml.

表 8-1 中美两国与全球的大豆供需平衡表

单位：万吨	国家	2014/2015	2015/2016	2016/2017	2017/2018（Feb）	2017/2018（Mar）	月度预期变化
期初库存	中国	1 385	1 701	1 691	2 039	2 039	0
	美国	250	519	535	821	821	0
	全球	6 242	7 789	7 828	9 614	9 665	52
产量	中国	1 215	1 179	1 290	1 420	1 420	0
	美国	10 688	10 686	11 692	11 952	11 952	0
	全球	32 002	31 377	35 132	34 692	34 086	–606
进口	中国	7 835	8 323	9 350	9 700	9 700	0
	美国	90	64	61	68	68	0
	全球	12 436	13 333	14 428	15 024	15 127	104
出口	中国	14	11	11	15	15	0
	美国	5 014	5 286	5 916	5 715	5 620	–95
	全球	12 622	13 256	14 746	15 195	15 060	–135
国内消费	中国	8 720	9 500	10 280	11 080	11 080	0
	美国	5 496	5 447	5 551	5 683	5 711	27
	全球	30 269	31 415	32 977	34 320	34 378	58
期末库存	中国	1 701	1 691	2 039	2 064	2 064	0
	美国	519	535	821	1 442	1 510	68
	全球	7 789	7 828	9 665	9 814	9 440	–374

由上表分析可得出以下结论：（1）中美大豆贸易依存度高。中国大豆进口依存度高达 85%，且对美国的贸易依存度约为 30%；美国大豆出口依存度 50%，且约 25% 的大豆出口至中国，贸易金额高达 139 亿美元。与猪肉进口不同，大豆贸易不是价差带来的利益驱使，而是供需严重不匹配造成的结果。（2）美洲出口至中国为主。① 大豆生产：美国是全球最大的大豆生产国，预计 2017/18 年产量分别为 1.20 亿吨，占全球产量的 35%；② 大豆消费：中国是全球最大的大豆消费国，预计 2017/18 年消费量约为 1.11 亿吨，占全球消费量的 32% 左右，而同期国内产量仅为 1 420 万吨；③ 大豆贸易：中国是全球最大的大豆进口国，预计 2017/18 年所需进口量约为 9 700 万吨，约为全球贸易量的 65%，而美国是最重要的大豆出口国，预计出口量分别为 7 050 万吨、5 620 万吨，约为全球贸易量的 47%、37%。（3）目前美国种植面积 5.43 亿亩，从长期来看，如果美国失去了中国这一重要的大豆需求市场，美国大豆话语权将逐步被削弱，全球

大豆生产将进一步向南美集中。

美国大豆产业的增长受益于许多因素，特别是强大的政府和良好的市场机会。在许多因素中，国家援助至关重要，如果没有政府的支持，许多其他因素将难以合作。美国政府对大豆产业的政治支持主要体现在直接财政补贴上，包括育种和收入保险、间接政治支持、研究支持和国际贸易谈判等。在 2002 年之前，美国大豆产业只获得了直接支持和基本支撑，在 2002 年新的农场法中，大豆被纳入政府的脱钩支付计划。但是，对重要大豆贷款的支持相对较大。在过去 60 年中，关键贷款计划一直是美国政府生产者的主要财政支持形式，并在大豆开发中发挥了关键作用。大豆研究的资金其中 80%由公共财政、可持续的科技进步、强大的国际需求、强大的生产者组织和有效的市场研究提供。

2. 美国大豆产业集群模式特点

经过几十年的发展，美国农业产业已经达到了一个世界极为先进的水平。美国的这种先进的农业产业集群模式使得农业不会经常遭遇到发展危机，还能让它的农业产业经济在全球范围内起到引领作用。

第一，有效地整合了农业产业集群的管理上层和管理组织。它有一个包含生产、加工和销售的业务系统，形成了农业工业综合体、工业和商业公司以及农业合作社的综合体。美国农业加工企业推动了农业集群的管理，并形成了一个独特的复杂性产业集群区域，如加州葡萄酒产业。

第二，完整的农业产业体系。在 20 世纪 30 年代，为了增加农民收入，美国通过支持农业外贸政策和农业政策，出台了一系列农业政策。这些指导方针的实施在一定程度上决定了美国在全球农业中的竞争地位，同时确保了美国农业收入的稳步增长。

第三，为农业创建一个集群平台。美国农业部推动和发展了一个农业集群，它的主要职责体现在三个方面：第一个方面是制定农产品市场营销标准。制定农产品标准的目的是消除各种假冒伪劣产品，从而降低交易成本，使农产品加工企业更好地运作，提供准确的农业生产单位的市场信息。第二个方面是规范市场行为。为避免农产品价格大幅波动，农产品运输和加工企业在市场上占有公平合理的市场环境。美国国会通过了一系列明确界定不同垄断行为的法律，除了反托拉斯法的设想。第三个方面是提供一系列服务。美国农业部是美国政府中最大的行政机构，不仅参与农业社会化服务体系，还同时是各方的协调员，以确保服务体系的正常运作。

3. 美国大豆产业集群发展启示

在美国农产品现代化的发展过程中，人们可以看到农业产业化是实现农业现代化的唯一途径。美国在农业现代化进程中提供的措施尤其包括强调提高工作人员素质，以吸引农业教育、研究和发展的重要性；强调农业机械和高科技、农业管理的重要性；商业、工业化、生产专业化、服务组织的强度；市场机制和国家支持；加强农业基础设施。

美国由移民国家在现代世界中发展成为一个大农业国，除了良好的资源优势，国家也在保护农业的重要性和扶持方面发挥了重要作用。首先，必须形成强有力的法律保障。主要表现在以下三个方面：一是制定农业整合政策。目前，美国国会已经通过了数百项农业法律，使农业生产、供销、产业政策体系在各方面都受到法律保护。二是提供执法活动。联邦政府、州政府和私营企业每年花费数十亿美元用于执法和农业监督。三是通过法律制度，使农业投资机制稳定，以保证农业投资。其次，要建立良好的社会服务体系。美国农业立法者呼吁美国政府将农业教育、研究和技术作为农业活动的一项责任，并创造了一个独特的“三位一体”制度，这已成为农业工业化的重要组成部分。该系统有四个功能：第一个功能是国家农业大学开展教育、研究和推广工作，相互促进，联合生产可以结合农业生产。第二个功能是宣传力度的分配来源由联邦政府、州政府、县政府和个人共享。州政府负责约 50%，教育、宣传和研究机构可以申请农业推广费用，年度研究和广告计划适用于基层，推广站提供的服务应努力符合农业生产的要求。第三个功能是美国农产品种植制度是美国农业部、国家农业发展中心和区农业发展站共同构成的。广告部门每年都分发具有极高科技含量的资料，提供免费咨询，给地方提供建议，帮助农民解决问题。第四个功能是加强市场监管框架。美国政府经常采用农业宏观调控的市场机制，事实上，该系统是为了管理经济而组织的，政府根本不会向农场主直接发出这样的命令。政府可以做市场无法解决的问题，如环境保护、科学研究和农业生态学，包括推进整个社会的整体发展。

探究美国农业的宏观农业管理时发现它具有两个特点：第一，有特殊的政府监管运作，政府的农业部门有一个非常具体的农业管理系统。有专门的机构和特殊的员工来管理种子、农药、植物保护等，严格执行政府机构的规定，保护农民的权益。第二，有足够的资金支持。政府合作推行“自愿”农民农业计划，并利用信贷和补贴设备实现有效的经济监管和财务管理。

8.2.3　西班牙葡萄酒产业集群发展模式及启示

“外国农业产业集群的发展非常成熟，如荷兰花卉产业集团，法国葡萄酒产业集团，美国小麦集团、玉米和甘蔗产业集团，丹麦猪类养殖产业集团和英国肉类产业集群。形成了集群模式，形成了一个高效完整的外国农业产业网络，形成了市场研究的发展、市场物流的生产和管理组织，这些都具有明确的竞争良好态势。”① 经济大国的服务包括农业、全面的技术、完善的设施、相对标准化的生产、稳定的产品和产品具有高品质的特点。它朝着高水平、高科技、自动化和智能化的方向发展。下面，将从具有代表性的国家——西班牙，来具体说明欧洲农业产业集群发展历程和给予我们的发展经验。

1. 西班牙葡萄酒产业集群的地理与历史背景

西班牙位于伊比利亚半岛的西南，同时位于欧洲，高原丘陵平均海拔

① 温室园艺 . 现代设施农业产业集群——中国现代设施农业科技硅谷 .http：//www.360doc.com/content/18/0225/16/52922037.

660米，面积50.6万平方公里，只有11.4%的土地是农业发展的最佳高度（约200米），降雨分布极不均匀，雨水经常在冬天降临，在大多数地区，年降雨量为500米和1 500米，年日照时间是2 500小时，许多国家经常遭受霜冻。

随着农业的发展，农业逐渐现代化，农业工人只占了全国工作人口的5%。2017年，超过2.3万名员工在西班牙3 900多家葡萄酒业公司就职。葡萄酒产区的年销售额约为54亿欧元，占全国产品的1%。西班牙2007年出口了15.28亿升葡萄酒，总计18.333亿欧元。出口同比增长6.55%，出口总值增长12.4%。所有类型的瓶装葡萄酒都增加了，无论是普通的餐用酒还是原装的优质红酒。

值得注意的是，CAVA（天然带气酒）是出口增幅最大的酒类。2007年出口量增加到7 800万欧元，比6%增加了28%，然后增加幅度达到了8.9%，2006年原始认证酒的出口成本超过7 000万欧元，出口总量的74%都是经过认证的优质葡萄酒，包括起泡酒和普通葡萄酒。与2006年相比，除了瓶装酒之外的白葡萄酒出口量增幅最大，无论是有原产地证书的白葡萄（20%），还是非原装认证的白葡萄酒（42.41%）。当然，大部分葡萄酒出口都达到了最高的份额，分别为33.6%和36.6%。其中，不是瓶装的白葡萄酒的出口增长主要为餐用酒，由上一年的600 006 370万升，达到700 001 460万升。

这些产品主要出口到其他欧洲生产商，由此填补这些农民的收获空缺。西班牙葡萄出口总量为68.4%，欧盟市场出口量为64.1%。2007年，出口增长了约14%。在进口的欧盟国家中，英国仍然是最大的进口国，占西班牙出口总额的16.9%，而英国市场则增长了9%，德国是西班牙饮料的第二大进口国，出口总额为16%，而去年为5.6%；美国排名第三，占西班牙出口的11%，增幅为10.7%。尽管法国和瑞士预计每种出口产品占5.5%，但意大利和荷兰的出口量占出口的4.3%。七个主要进口国的西班牙葡萄酒出口量占63.3%。法国是西班牙最大的进口酒国，其后依次为德国、俄罗斯和英国。除俄罗斯外，这些国家本季都增加了进口。值得注意的是，葡萄牙出口增长了 22%，德国出口了 14%，而出口达到了美国的 19%。

Mercado Central Valencia Spain 是西班牙的一座门面建筑，面积超过 8 000 平方米，是欧洲最好的市场之一。瓦伦西亚中央市场激活了传统品味和嗅觉的所有感受。瓦伦西亚的特产自制食品可以外带也可以直接在市场中或酒吧里品尝。此外，中央市场也是一座非常漂亮的现代主义建筑。步行到西班牙瓦伦西亚的中央食品市场更像是博物馆展厅。整个房子充满了艺术气息，一个美丽的彩色玻璃窗和鲜花的贴片、一个装饰玻璃圆顶与中央拱门，有巴洛克风格。在这里，农产品都可以不作为农产品出售。许多游客将当地特色美食和当地农产品作为其中一个景点。在这里，任何人都可以即时享受西班牙几乎所有的农业和仓储产品以及西班牙农产品，包括西班牙著名的葡萄酒。

2017 年，西班牙葡萄园面积为 116 万公顷（1 公顷 =0.01 平方千米）（其中 97.4% 为酿造，2% 为新鲜食用，0.3% 为葡萄干，0.3% 为种苗园），这就占到了欧盟的 30%，这是世界上第一位的葡萄栽培面积占比，占到了世界栽种培育葡萄范围的 14.8%。西班牙葡萄品种非常多样化，该国有 69 个特许区，特别优秀的区域称为 DOC，高质量的法定区域被称为 DO；较一般的被概括为 VDLT，所生产的葡萄酒被称为优质葡萄酒，被还有一种名为 VC 的葡萄酒，被称为日常葡萄酒。

一般来说，西班牙葡萄的种植具有以下特点：第一，着陆区呈现减少趋势；第二，早期品种作物面积逐年增加；第三，制作高品质葡萄酒的基地被转移到高海拔地区；第四，开始关注国外基地。例如，Dorothy 和 Gonzalez Biz 等先锋公司在加利福尼亚和智利建立了葡萄园。西班牙的葡萄酒产业在经济地位、员工人数和土地使用量方面具有至关重要的地位。它是欧盟甚至世界上重要的葡萄种植国（欧盟 30% 的葡萄酒产区，法国和意大利的 22% 以上，约占世界葡萄酒总面积的 15%），其酿造技术可追溯到古罗马。葡萄的种植仅次于种植谷物和橄榄，在西班牙农业文化中占据第三位。

2. 西班牙葡萄酒产业管理和经营模式

一是理事机构。理事机构是DENOMINATION部门，每个生产区域都有一个管理委员会。该委员会是一个半官方组织，负责执行政府管理、生产区域认证、行业协会管理和研发。该机构的主要职责：第一，负责导向种植葡萄的方向。管理委员会详细阐述播种规则，并将其分发到每个农户手中，以监督和促进科学种植。第二，生产区域的管理和葡萄酒的推广。确定生产区域葡萄的面积、品种和产量。负责根据农民的要求申请补贴欧盟葡萄苗的更新或改良，负责报告生产区葡萄酒生产商的促销和促销费用。第三，生产标签的认证。标有生产区域名称的产品必须由区域管理委员会确定并批准，并标在葡萄酒标签上。带有生产区域标志的葡萄酒必须用于生产装瓶区域的葡萄，并标明酿酒厂的年龄。第四，研究和技术发展。该机构本身具有科研功能和研究处理空间，通过支持幼苗和酿造技术的研究和应用来提高葡萄酒的质量。第五，培训功能。为生产区域的农民和公司开展有关种植技术和酿造技术的各种培训活动。第六，对生产公司的监督。特别是，检查产品是否与生产内容一致，生产的类型是否允许，过程是否符合技术规范并负责食品安全，如果使用食品添加剂要符合标准。与此同时，该机构开始研究循环经济的发展，如废物和葡萄藤的生产。

二是商业模式。西班牙葡萄酒厂拥有强大的企业文化和强大的品牌知名度。葡萄酒生产通常采用传统家庭酿酒厂的形式。旧酒庄继承了家庭的个人联系、传统的酿酒技术和酿酒文化，并继承了优秀的管理方法和产品品牌。虽然这些酒厂的规模大而少，但生产历史很长。几百年来，葡萄酒品牌的生产一直坚不可摧，并且已经薪火相传。然而，这些酒厂密切关注生产管理的发展，不断提前实施现代企业管理方法，采用最新的生产设备和技术流程，形成独特的酿酒师文化与现代管理相结合，使老酒庄充满活力。这是数百年来西班牙葡萄酒生产持续流行的源泉。西班牙著名的葡萄酒厂非常漂亮，特别是Dorothy和Gonzalez Bias都很出色。花园的设计使酒庄优雅庄严。在关注传统文化发掘的同时，葡萄酒公司与旅游业紧密结合，促进了旅游业的发展，葡萄酒的收集过程就像是一个文化历史的解读，确保游客完全进入，留下了无穷回味，削弱了语言和国家的差异，用葡萄酒作为技术文化和友谊交流的手段。

3. 西班牙葡萄酒产业集群发展的启示

农业产业化集群有利于区域品牌的形成，就像西班牙大量葡萄酒厂的集团对当地葡萄酒品牌的影响一样敏感。葡萄产业集群生产的一些主要酒类产品具有很强的竞争力，并且受到高度欢迎，特别是对于新兴的葡萄栽培集群，更具影响力，更具知名度，因此形成了区域品牌。当农业综合企业集群专注于西班牙的特定本地网站时，它将反过来促进当地农产品品牌的进一步发展，提高区域品牌产品的知名度，并改善品牌领域，从而促进品牌区域的整体协调发展。

第一，加强对农业的支持，增加对农业发展的抵抗力。作为西班牙这样一个工业化国家，无论是在发展阶段还是在发达阶段，农业都受到高度重视，法律和准则明确规定了许多支持措施。西班牙的相关农业支持措施中，绝大多数措施都具有可行性、具体性，即使可能多年来，西班牙的农业经济并未给本国财政贡献多少税收收入，但西班牙依旧通过建设农业基础设施、直接补贴、合作组织、信贷、保险、技术和设备，投入了大量资金来支持农业发展。为应对水资源短缺的实际情况，西班牙政府大力建设节水项目，支持科研人员致力于节水技术研究，并且在开发应用设备以及重点发展高效农业方面投入了大量财政资金。与西班牙相比，现阶段内部市场应更加关注农业。首先，中央政府通过发展工业和农村城镇来加强对农业的支持。在西班牙的工业化和城市化进度越发加快的过程中，政府将用以支持农业政策研究的资金进行再次整合。其次，主要投资。目前，根据新农村建设的要求，加强农民培训与新农村管理机制的管理，为了实现良好的效果，将大量的财政资金投入到了这里。最后，创新投资的方式。农业向前发展必定会缺少资金支持，为了发展会用贷款资金来融资。对于部门和发展友好型组织（个人），政府鼓励通过财政补贴建立起来了更多的贷款担保相关机构，用最开始的资金来给农业信贷担保提供支持。从西班牙的先进经验中学习到了用国家政策和财政资金保障，积极发展农业保险，提高农业发展实力。①

第二，改善农民（农业）组织，提高农产品竞争力。农民（农业）的组织程度和新的农村管理体系的构成作为本国农业经济进步和提高农民生活水平的前提，就像西班牙一直做的这种模式一样。在西班牙本国特色的经济市场条件下，经济越发达，农业产业也就发展得越好，农民（农业）组织的程度越大。在中国的一些后发展地区，应采取积极行动，改变农业农民相关组织，促进新农村管理体制的成立。一是要建立一种“农民＋合作社＋企业”的成熟的经营模式。在“企业＋基地＋农户”这种运营模式下，更应该重视农民之间的合作，发展合作社（农业）和支持合作社成为加工和分销公司。二是大力支持农产品在一条完整的产业链中进行转变。农业产业在产业链中的关于农产品再加工的加速发展，除了改善农业生产外，还可以确保增加农民的生产收入。接下来就是农业企业创立自己的农产品品牌，为了提高市场占有率和竞争力，要维护农产品的质量和稳定产品的口碑，建立专业的合作商业组织，与各方协调互动，做好信息服务和科技培训服务工作，重用有经济能力的人才领导各专业经济合作组织，鼓励各农业部门组织各种服务协会，建立农业产业化专业合作商业组织。

第三，加强教育，促进发展。加强对农业合作社负责人和成员的培训，包括生产技能、政策法规、商业知识和市场理论等，增强他们的责任感和管理意识，并与民政管理挂钩，梳理清楚明确的发展方向，努力使农民收入增加。

8.2.4 日本农业产业集群发展模式及启示

1. 日本农业产业集群的发展概况

日本耕地面积占总面积的13.3%，草地面积占21%，水稻面积占

① 唐智祥 . 灌阳县农村专业经济合作组织的现状及发展对策［J］. 广西农学报，2007（3）：77-80.

51%，果园面积占 8%，旱地面积占 20%，森林面积占 65%。多年来，日本农业产值保持稳定在 7 135 亿日元左右，约占国民生产总值的 1.5%。该国农民的年平均净收入约为 1 100 万日元。其中，农业收入为 20%，非农业收入为 80%。

2. 日本农业产业集群的主要类型

日本农业产业集群化发展主要类型有三种。第一种是龙头企业 + 基地。他们的主要做法可分为两种类型：紧凑型和松散型。紧凑型在栃木县可果美加工厂更为典型：首先，要面对市场，不断调整产品结构，扩大加工领域，扩大加工规模。该工厂建于1919年，经过近百年的市场增长，已经发展壮大，最初主要生产沙拉酱，占总产量的 90%左右。直到 2017 年，它已经开发出许多品种，如水果产品、小麦茶等食品，年加工能力为 2.26 万吨。西红柿、胡萝卜和苹果的加工能力为 2.26 万吨，原料主要是西红柿、胡萝卜、苹果和蔬菜。工厂的生产目标是健康、营养和幸福，产品的方向正朝着优秀、广泛、简单和健康的方向发展。其次，使用精密技术来提高效率。加工技术采用现代技术，整个加工过程由计算机操作系统控制，生产效率高。再次，完善循环系统建设。工厂在国内外设有直销点，并在国内外销售产品。最后，通过合同服务，刺激基地的建设。可果美加工厂为了稳定原材料供应，加工厂以合同、一站式服务和建立原材料生产基础的形式与农民签订了生产合同。工厂通过县经济链和农民协会建立合同关系，主要包括区域合同、约定种植面积、价格合同、预定定价方式、期限合同和年度工厂销售合同，按照去年的销售，签订年度合同，规定好标准化的质量规格，按照农业、林业和渔业部制定的质量标准来制定。可果美加工厂为了更好地为他们服务，他们在关东地区和中部地区建立了两个商品办事处，以提供不同的服务，从交货前的苗木交付、生产技术支持，到购买后期制作，再到一站式服务。该过程的总成本由工厂承担，农民以合同价格获得收益。每个食品加工厂都有自己的特点：一个加工厂的产品是另一个加工厂的原材料或产品的补充原料，其原料来自世界各地，主要是水果、蔬菜、肉类、面粉等。

每个工厂根据自己的生产和销售负责原材料的分销，形成领先公司和出口导向基地的模式。

第二种是农业协会的市场 + 基地。这种农业产业集群类型包括通过各级农民组织建立生产基地，组织农民，合理调整产业结构。然而，枥木县采用的方法首先是完善市场服务体系的建设。以东京批发中心市场为例。目前东京有 11 个农产品市场，其主要功能是：资产收集，从世界各地收集大量不同类型的产品；公平价格的形成，根据拍卖原则，在买方授予的最高价格基础上确定物品的价格，市场必须能够快速确定供需比例的公平价格给予客户；分享商品，分享易于购买的商品的数量和尺寸，并尽快与进入市场的大量零售商分享；实际交易的支付，批发商之间的支付必须按照一定的规则和规定在实地进行；节省成本，由于在同一地点销售的商品数量很多，因此可以节省运输成本，如流通中的运输成本；提供信息，购买价格和批发价格在当天公布，以避免交易混乱；卫生保养，对卫生检查设施进行监督检查和从卫生的角度检查物品。其次是辐射市场，推进生产基地建设。农业合作社市场组织的合理流通和强大的市场力量，促进了不同生产基地的发展，推动了产业集群化进程。

第三种是日本农业产业化发展的经典模式——一村一品。20 世纪 70 年代推出的“One Village, One Product”活动是日本农业产业化的成功典范。其目标是 One Village，One Product，产品基于当地资源，适应当地条件。每个村庄都有自己独特的拳头或优质的产品进入市场，充分利用各地的比较优势，不断开发具有地方特色的优质产品，这是“一村一品”活动的基本目的。[①] “一村一品”活动起源于日本大分县，广泛开展于北海道和岩手县，并得到了日本的地方政府和社会各界的强烈支持：大分省省长为推广“一村一品”活动而亲自参与到农业、林业、渔业、贸易合作、工业、消费者群体、金融、文化和教育等各个领域中去。并且，新闻界、行政界和其他各方的代表组成了一个协会，宣传“一村一品”活动。该

① 百度贴吧聚土网吧 . 日本农业产业化发展的成功经验 .http：//tieba.baidu.com/p/4420618337.

协议负责确定准则和制订计划，区政府组织建立研究设施，提供技术咨询，并为当地特色产品的开发提供补贴。在日本当地政府的支持下，“一村一品”活动在日本的城市和村庄蓬勃发展。“一村一品”活动促进了新技术的引进和开发，各地区特色产品的开发，高附加值产业的发展和工农业、林业、渔业、商业和旅游业协调发展。不同地区和落后地区的自我发展加快了消除贫困和致富的速度。“一村一品”模式一直延续至今，目前的“一村一品”模式长期以来不仅在农业与乡镇之间发展，而且在城市新兴的农业企业中广泛流行。过去两年在欧洲和美国流行的从农场到餐桌的活动，都一致地强调了食品工业与消费者和农业之间的紧密联系，中间路线的减少以及农产品的质量不断提升，导致现如今这个行业的大多数形式都是单一商店或小型连锁店。在日本有一家公司已经这样开展了 15 年，且开设了 200 多家子公司，并且有几家类型不同的子公司，这个公司叫塚田农场。在日本，塚田农场更像是居酒屋。塚田农场希望其品牌与传统日本食材的形象不同，除了强调食材的天然健康外，还提供一定的日本食物和家常菜的制作。塚田农场品牌的核心是减少种植者之间的联系，直接购买农民生产的优质原料。他们并不强调有机物的概念，而是寄希望于那些努力工作且产品完全符合环境安全标准的生产者。

3. 日本农业产业集群的成功经验

提供天然环保食品的日本餐馆的快速普及是基于日本“一村一品”农业发展集群的快速发展。在此过程中，有许许多多值得我们总结和积累分析的经验。日本地方政府在制定有利项目，选择和确定工业化项目之前，必定要分析和研究其市场需求以及协调工业设施的发展。根据区域资源的特点，考虑到区域情况、发展项目的选择、区域效益的评估和地方发展轨迹是成功的关键，“一村一品”的成功有三个秘诀。

第一，通过质量实现独立、创新。让我们来看看 Tsukumi 市的一个例子：该地橙子产量丰富，但质量很差，没有市场，所以当地农民培育种植了一种新的柑橘品种，被称为“太阳女神”，进入市场后非常受欢迎。

大分县的大分蘑菇被认为是日本最著名的，也是世界闻名的，其出口量占全国香菇的20%。大分县建立了蘑菇研究和咨询中心，利用新的生物技术开发新品种，并为农民提供技术培训，以促进该省的蘑菇生产。第二，立足本地，走向世界，占领消费市场。为了提高其知名度，大分县使用了多种广告方法进行宣传。负责人亲自前往东京的涩谷站，在肉类市场拍卖会上亲自使用广告服装来出售特色产品 Gabor Sour Orange，向中间商推广该县的“丰后牛肉”。每次去东京出差，他都会把麦烧酒带到一家精致的餐厅与朋友分享，他的努力得到了回报。如今，该县生产的菌类和烧酒在日本市场上的占有量排第一位。第三，培养人才，面向未来，实现最佳经济效益。为了组建人才，大分县召开了许多研讨会，如农业研讨会、商业研讨会、海洋牧场研讨会、妇女研讨会等，农业协会、农业合作社和农业专家参加了研讨会。每个人都在白天工作，晚上开会讨论：哪些本地产品适合开发，如何增加产品的附加值和技术含量，该如何以合理的价格出售。在大分县，“村庄，产品”完全由村庄或地区的居民决定。关键是产品能够更好地反映当地的利益和市场需求，根据当地条件，可以“三村一品”或“两村一品”。

8.2.5 国外成功经验对我国的借鉴作用

上述发达国家农业产业集群的先进经验表明，外部能源机制是农业集群发展的外在动力。动态发展援助机制主要来自国家，从世界各地产业集群发展的角度来看，产业集群是自发形成的，但也可以有意识地规划和发展，如班加罗尔在印度的软件产业集群是由国家意识规划发展起来的。

首先，最重要的是国家措施。作为产业集群的活跃主体，国家是形成外生动力机制的关键因素之一，政府在农业集群发展中起着不可或缺的作用，是农业集群发展中极其重要的外在动力。政府建设和完善农地、道路等基础设施的运输、供水管理、市场、储存及生态环境，降低农产品生产和流通成本，使农业生产集中度提高，让有利的资源得到最大限度的合理使用。第一，营造适当的制度环境和政治氛围。一些国家政府通过简化系统设计优化了集群的制度环境，增强了集群内供应商的信心，丰富了当地社会资本，协调了制造商的联合行动，促进了制造商之间的良性竞争与合作，发挥了合理模式的作用。与此同时，一些政府对农业集群发展的直接或间接政治支持也促进了其发展。第二，提供有效的公共服务，支持产业集群的增长和现代化，包括行业技术和营销信息、行业标杆、形成产品质量意识和当地制造商的管理，建立公共培训设施和联合技术研究组织，创建本地形象，创建区域品牌，建立与制造商对话的机制，共同制定产业集群发展的愿景和战略计划等。[①] 例如，在葡萄酒等高附加值产品的营销中，西班牙政府建立了标签管理和相关机构的授权（如税务、消费和竞争委员会等）。第三，制定有力和有针对性的措施，以解决农业综合企业集群面临的一些问题。由于土地分权和农场规模小，不利于现代农业技术的推广和应用以及区域农业集群的形成，从不同国家的发展经验来看，适度的土地经营对促进农业集群的发展起到了积极的作用。

其次，外部环境。外部环境在外部市场竞争、区域品牌建设等方面发挥着重要作用，包括内部市场竞争和外部市场竞争、农业集群的进步与发展。一是加强合作社的发展。由于农业活动越来越受到非农业因素的影响，农民的经济利益和实力逐步下降。当农民想要进入市场并控制其产品的营销时，合作社是一种潜在的工具。因此，有效的合作社在为农民提供更多利益方面发挥着至关重要的作用。合作社将从工业化的角度使农民获得利益，可以从这个角度加强我国合作社的发展。二是继续推进可持续农业发展。这也与我国当前农业发展的主题相对应。美国等发达国家和地区的农业产业化以及优质农产品的开发经验表明，可持续农业的发展是农业必须遵循的发展方向。三是我国有益农产品的发展还应考虑到市场容量（人口、购买力）、市场条件，避免产能过剩。四是加强特色农业绿色产品的生产。在我国，小生产者的生产方式将持续很长时间，他们要想生存必须找到大

① 周新德．农业产业集群发展的国际经验及启示［J］．调研世界，2008（5）：43-45.

公司的薄弱环节，这并不困难。特色绿色产品的开发，以及大规模生产中难以实现的产品，是小农发展的方向。

鉴于当前的现状和农业发达国家在农业化发展中的经验，我国应根据自己的实际情况，开展纵向和横向一体化共同发展模式，开辟中国特色的农业化道路。

首先，根据当地情况，应该脱离原本的地域产业限制，实现农业产业特色化，使区域产业集群发展具有自己的特点。我国有一些平原和肥沃的土地，如长江三角洲和成都平原，可以实施农民或混合经济企业的联合经营，打破合同生产的限制，发展种植机械化。此外，农村地区的发展特点是支持一些先进企业，并强调先进企业的风险，以南充市为代表的“农场+农民”和“业主+农民”模式结合了该特点，使得该区域以“一村一品”模式的实施为蓝本，采用资金、保管、授予、二次折扣等不同种类的方式，为经营者、基地和农民建立“三个”产业合作机制，使农民分享生产经验，增加销售利润。同时，通过“农场+养牛+粪便处理线+食用菌类实验”模式形成了一整条完整的生产链条。这不仅提高了农民在市场上的占有权，还是保护农民利益的好方法。

其次，加强农业种植和推广保障服务。有必要建立国家农业合作研究所，同时在各级省份设立分支机构，做好农业的前期制作、中期制作和后期制作服务工作，提供财务、技术方面的信息，并根据宏观经济学推荐适合当地生产和营销的方式。[①] 另外，鼓励农民积极维护自我的权利，支持他们成立自己的专业组织。除全球组织外，还应有专门的组织，将特定区域或特定生产区域的农民聚集在一起组成一个专门小组，提供专业服务，并与整个团队合作，收集更多信息，为农业发展提供更好的服务。这种合作方法不仅能促进农业进步，而且能促进良好农业发展条件的形成，有助于农业真正成为独立自主发展的产业。

最后，加强政府支持。我国农民的分布比较分散，在许多领域，教育

---

① 胡小凤．美日农业产业化模式启示［J］．合作经济与科技，2007（12）：13-14.

落后，科学技术不发达，农业资金支持无法得到满足。此外，政府应该帮助农民组织农协，支持农民的科技教育，稳定农产品价格，建立和完善各项法律法规，加强典型农业税收优惠政策，增加农产品利润成分，鼓励农产品申请人和经营者与合作社建立长期合作关系。

参考文献

[1] 夏志强，谭毅．公共性：中国公共行政学的建构基础［J］．中国社会科学，2018（08）．

[2] 杨世智．全力赢在起跑线上——记马铃薯主食化的“定西行动”［J］．农产品市场周刊，2018（32）．

[3] 李永成．价格波动背景下马铃薯主产区的高效栽培措施——以甘肃省定西市为例［C］．// 中国作物学会马铃薯专业委员会．马铃薯产业与脱贫攻坚（2018）．中国作物学会马铃薯专业委员会：中国作物学会马铃薯专业委员会，2018.

[4] 包国宪，保海旭，张国兴．中国政府环境绩效治理体系的理论研究［J］．中国软科学，2018（06）．

[5] 岳兴．大学问教育培训项目商业计划书［D］．兰州大学，2018.

[6] 黄种钦．安溪县长坑乡淮山产业发展对策研究［D］．福建农林大学，2018.

[7] 年猛．农业产业集聚：文献综述及其引申［J］．生态经济，2018（05）．

[8] 车钰．绵阳市政府绩效管理体系问题研究［D］．西南交通大学，2018.

[9] 吴雨衡．地方政府绩效治理发展研究［D］．郑州大学，2018.

[10] 赵晓军．“万人评议政府”的元评估分析［D］．兰州大学，2018.

[11]李云会.马铃薯产业发展面临的新形势[J].农民致富之友，2018(07).

[12]李璇.潍坊市农业供给侧结构性改革的实践与探索[J].甘肃农业，2018(07).

[13]李苏阳.移动互联网环境下知识付费的现状与发展[D].兰州大学，2018.

[14]王莉，董欢，贺晓光，等.马铃薯在面包加工工艺中的研究[J].食品研究与开发，2018(04).

[15]庞昭进，郭安强，杨建忠，等.关于马铃薯主食化的思考[J].河北农业科学，2017(05).

[16]台州职业技术学院李一."台州斜"是区域块状经济兴起及产业集群崛起的文化基因[N].台州日报，2018-02-07(005).

[17]朱自华.关于增长甄别与因势利导框架的适用与发展[J].金融经济，2018(02).

[18]陈东，付雨鑫.农业产业集群内农户融资的理性选择[J].兰州大学学报(社会科学版)，2018(02).

[19]魏亮.南陵县小额信贷支持"精准扶贫"的效果研究[D].安徽大学，2018.

[20]中国人民银行眉山市中心支行课题组，李玉辉，李洋.金融创新视角下的农村产权融资法律制度研究——基于农村"两权"融资实践引出的法律问题研究[J].西南金融，2018(02).

[21]王翌秋，王昊宇.农村土地承包经营权抵押贷款的供给与需求分析——以天津市为例[J].江苏农业科学，2018(03).

[22]丁夏.内江市金融机构发放承包土地经营权抵押贷款的影响因素研究[D].电子科技大学，2018.

[23]吴国喆."三权分置"背景下农地抵押的规则设计[J].北方法学，2018(05).

[24]李明军.信阳市郝堂村乡村旅游发展模式研究[D].信阳师范学院，2018.

[25]梁晓琦.农地经营权抵押融资主体信贷行为效果及演化博弈研究[D].西北农林科技大学，2018.

[26]刘奇.推进三农领域放管服改革的几点建议[J].中国发展观察，2018（05）.

[27]刘雨潇，王微.农村土地经营权抵押贷款参与意愿研究——以金寨县为例[J].乡村科技，2018（18）.

[28]杨娇娇."三权分置"视角下土地承包经营权的解析与重构[D].安徽大学，2018.

[29]王欣."三权分置"背景下农村土地承包经营权抵押法律问题研究[D].兰州大学，2018.

[30]我国力推马铃薯主粮化战略；为何要让小土豆成第四大主粮_�子花树[EB/OL].[2018].http：//blog.sina.com

[31]王莉莉.围场县马铃薯产业现状及发展对策[J].现代农业科技，2018（05）.

[32]徐宁，张洪亮，张荣华，等.黑龙江省适宜主食化加工马铃薯品种筛选[J].种子，2018（04）.

[33]行业资讯[J].甘肃畜牧兽医，2018（06）.

[34]兵团日报评论员.优化区域布局发展现代农业[N].兵团日报（汉），2018-06-04（001）.

[35]张晖明，韩丹枫.我国城镇化进程中深化农村土地制度改革研究[J].价格理论与实践，2018（02）.

[36]全家悦，胡兵.习近平"三农"思想研究[J].理论视野，2018（06）.

[37]李云才.实施乡村振兴战略　实现五大发展创新[J].民主与科学，2018（02）.

[38]陈鹏.习近平发展思想研究：基于平衡和充分发展视角[J].厦门特区党校学报，2018（03）.

[39]周跃辉.做好乡村振兴战略大文章"五义"[J].党课参考，2018（08）.

[40]蒋永穆，周宇晗.着力破解经济发展不平衡不充分的问题[J].四

川大学学报（哲学社会科学版），2018（01）.
[41]孙咏红.实施乡村振兴战略　推进农业农村现代化[J].社会主义论坛，2018（02）.
[42]王立胜，陈健，张彩云.深刻把握乡村振兴战略——政治经济学视角的解读[J].经济与管理评论，2018，34（04）.
[43]魏宪朝，刘焕申.中国共产党强农惠农富农政策发展的三次飞跃——纪念中国农村改革40周年[J].中州学刊，2018（06）.
[44]李桂芹.实施乡村振兴战略　推动哈尔滨农业农村现代化[J].哈尔滨市委党校学报，2018（04）.
[45]姜宏洁.建设现代化经济体系推动经济持续健康发展[J].新长征（党建版），2018（06）.
[46]白晓军，高国虎.张掖市甘州区蔬菜产业现状及发展对策[J].现代农业科技，2018（15）.
[47]施红.乡村振兴：新战略　新作为——学习贯彻党的十九大精神系列党课之二十一[J].党课参考，2018（01）.
[48]魏少辉.科学新总结：中共十九大对社会主要矛盾的新论断[J].党史研究与教学，2018（01）.
[49]中共中央、国务院关于实施乡村振兴战略的意见[J].中国合作经济，2018（02）.
[50]寇有观.智慧生态农业推进绿色发展[J].办公自动化，2018（04）.
[51]中共中央国务院关于实施乡村振兴战略的意见[J].共产党人，2018（04）.
[52]2018中央一号文件的水利亮点，中共中央、国务院关于实施乡村振兴战略的意见[J].内蒙古水利，2018（02）.
[53]于林生.商业银行农户三权抵押贷款业务风险防范研究[D].吉林财经大学，2012.
[54]毛平，王艺菲，张禧.实施乡村振兴战略背景下的现代农业体系构建[J].安徽农业科学，2018（09）.

[55] 韩长赋. 国务院关于构建现代农业体系深化农业供给侧结构性改革工作情况的报告——2018 年 4 月 25 日在第十三届全国人民代表大会常务委员会第二次会议上 [J]. 中华人民共和国全国人民代表大会常务委员会公报，2018（03）.
[56] 本刊编辑部. 科技护航农村迈向高质量发展新时代 [J]. 中国农村科技，2018（01）.
[57] 唐向健，丘志海. 以新发展理念推进梅县区农业供给侧结构性改革思考 [J]. 南方农业，2018（21）.
[58] 易思耿，吴晓燕，鲁明. "小土豆" 转动 "大扶贫" [J]. 当代农机，2018（07）.
[59] 朱劲夫，柴文曦，郑成亮. 安徽省生态农业推广效益调查分析——以肥东县为例 [J]. 商场现代化，2018（02）.
[60] 刘云云. 广西生态农业现状及效益分析 [D]. 广西大学，2018.
[61] 高桢. 2016 年中国（北京）跨国技术转移大会河北卫星会口译实践报告 [D]. 河北师范大学，2018.
[62] 黄国勤，钱晨晨. 长江中下游地区循环农业的发展 [J]. 中国农学通报，2018（12）.
[63] 山东省人民政府办公厅关于加快县域创新驱动发展的实施意见 [J]. 山东省人民政府公报，2018（11）.
[64] 中共中央国务院关于实施乡村振兴战略的意见 [J]. 世界热带农业信息，2018（01）.
[65] 杨公安. 新时代新型职业农民培养体系建构 [J]. 中国职业技术教育，2018（24）.
[66] 赵克山. 菜油供应由松到紧的拐点临近 [J]. 期货日报，2018（7）.
[67] 本刊记者. 百强区域品牌故事之定西马铃薯一颗土豆撬动一座城市 [J]. 农产品市场周刊，2017（47）.
[68] 李玉清. 广西河池市森林风景资源评价研究 [D]. 中南林业科技大学，2017.

[69] 周铃 . 祁东县农村人力资源开发研究［D］. 中南林业科技大学，2017.

[70] 曾科 . 祁东县农村剩余劳动力转移研究［D］. 中南林业科技大学，2017.

[71] 定西马铃薯：西北干旱地区脱贫致富的“金蛋蛋”［J］. 中国农民合作社，2017（08）.

[72] 公婧宇 . 农业产业集群社会资本关键维度及培育路径分析［D］. 浙江农林大学，2017.

[73] 王学军 . 基于 PV-GPG 理论的政府绩效价值链构建及其管理研究［J］. 公共行政评论，2017，10（02）.

[74] 阳敏 . 我国公共事业单位绩效治理研究［D］. 湖南大学，2017.

[75] 安庆师范大学经济与管理学院，杨国才 . 打造区域特色农业产业集群的着力点［N］. 安徽日报，2017-02-06.

[76] 曹瑞冬 . 关于中国生态农业发展的调查研究——以农村沼气工程和秸秆综合利用项目为例［C］// 河海大学、中国水利经济研究会、黑龙江省水利科学研究院 .2017 中国水资源高效利用与节水技术论坛论文集 . 河海大学、中国水利经济研究会、黑龙江省水利科学研究院，2017.

[77] 张雨姗 . 乾豪公司生态农业 O2O 竞争战略研究［D］. 大连理工大学，2017.

[78] 谷婷，刘富莉，张树敏 . 重庆市永川区黄瓜山乡村旅游业发展现状研究［J］. 农村经济与科技，2017（24）.

[79] 韩长赋 . 大力实施乡村振兴战略［J］. 中国农技推广，2017（12）.

[80] 深刻领会习近平总书记重要讲话精神　扎实推进农业供给侧结构性改革［J］. 河北农业，2017（07）.

[81] 王建平 . 区域生态环境保护义务央地冲突的法治根源——以祁连山事件中地方政府行为致灾性为视角［C］// 中国法学会环境资源法学研究会、河北大学 . 区域环境资源综合整治和合作治理法律问题研

究——2017 年全国环境资源法学研讨会（年会）论文集 . 中国法学会环境资源法学研究会、河北大学，2017.

[82] 邓声文，钟象景，胡进霞，等 . 广东象头山自然保护区巡护管理信息化建设 [J]. 现代农业科技，2017（24）.

[83] 张永新 . 肃南县小杂粮产业发展思考 [J]. 南方农业，2017（05）.

[84] 李静 . 肃南裕固族地区旅游精准扶贫长效机制构建 [J]. 边疆经济与文化，2017（12）.

[85] IGC：2016/17 年度美豆产量预测数据下调至 1.172 亿吨 [EB/OL].（2017）. 博易大师 .

[86] 肖少启 . 我国农村宅基地使用权的制度困境与立法完善 [C] // 中国软科学研究会 . 第十三届中国软科学学术年会论文集 . 中国软科学研究会，中国软科学研究会，2017.

[87] 杨彩林，潘小文，陈胜美 . 湖南农村土地承包经营权抵押贷款推进对策研究 [J]. 武汉金融，2017（12）.

[88] 侯继升 . 枣庄市土地经营权抵押贷款的现状、制约因素及对策 [D]. 山东师范大学，2017.

[89] 李玉林 . 论家庭承包经营权抵押制度的确立 [D]. 辽宁大学，2017.

[90] 赵维涛，李继明 . 定西市安定区马铃薯产业发展概述 [J]. 农业科技通讯，2017（06）.

[91] 习近平 . 决胜全面建成小康社会夺取新时代中国特色社会主义伟大胜利——在中国共产党第十九次全国代表大会上的报告 [J]. 今日海南，2017（11）.

[92] 刘铮，王春雨 . 中国集体土地收益共享困境破解 [J]. 黑龙江社会科学，2017（06）.

[93] 刘兴远 . 江苏现代化经济体系：目标与路径 [J]. 唯实，2017（12）.

[94] 陈文晖，刘东超 . 十九大报告亮点解读 [J]. 全球商业经典，2017（11）.

[95] 杨勇，陈丽娜，许雪亚，等 . 站在三农发展的历史新起点上 [J]. 农村工作通讯，2017（24）.

[96]方平.新发展理念推进现代化经济体系建设[J].企业经济，2017(12).
[97]周秀越.我国房地产上市公司绩效影响因素研究[D].北方工业大学，2017.
[98]熊健."三权"抵押制度建设研究[D].中国地质大学(北京)，2012.
[99]马智利，任晗，陈锋，等.农村三权抵押交易机制的优化设计——以重庆市为例[J].江苏农业科学，2015(8).
[100]张红宇.实施乡村振兴战略的主要任务[J].中国乡村发现，2017(06).
[101]定西市人民政府市长唐晓明.定西市人民政府工作报告[N].定西日报，2016-11-28(001).
[102]寇光涛，卢凤君."互联网+农业产业链"的实践总结与创新路径[J].农村经济，2016(08).
[103]史岩.甘肃省天水市花牛苹果产业发展问题研究[D].华中师范大学，2016.
[104]许尔文，武应鹏，汪永洋.特色农业视角下张掖设施葡萄区域优势产业发展路径研究[J].甘肃科技，2016(04).
[105]梁莹.承包土地的经营权性质及其抵押问题研究[J].湘江青年法学，2016(01).
[106]付丽莉.不动产统一登记管理与信息平台构建研究[D].中国矿业大学，2016.
[107]2016中国·定西马铃薯大会隆重召开[EB/OL].[2016-10-14].http://gansu.gansudaily.com.cn/system/2016/10/14/016450977.shtml.
[108]唐晓明.定西市人民政府工作报告[N].定西日报，2016-11-28(001).
[109]刘志民，谢鹏云，李彤，等.以农业产业化促进"一带一路"战略实施情况的调研报告[J].甘肃农业，2016(Z1).
[110]IGC：2016/17年度中国大豆产量预计1310万吨[EB/OL].(2016).新浪财经.
[111]韩长赋.韩长赋部长在全国农业工作会议上的讲话[J].饲料广角，

2016（02）.

［112］中共恩施州委书记王海涛，恩施州人民政府代州长刘芳震．彰显生态富硒优势强力启动马铃薯主粮化新引擎主动作为全面推进打造竞进脱贫竞进小康新产业［N］．湖北日报，2015-12-15（006）.

［113］翁伯琦，张伟利．试论特色现代农业发展与农民科普教育［J］．海峡科学，2015（12）.

［114］水建兵，何小谦，水清明，等．干旱区马铃薯原种繁育机械化高产高效栽培技术［J］．中国蔬菜，2015（10）.

［115］黄福江，高志刚．发达国家农业产业集群发展经验与我国的路径选择［J］．商业经济研究，2015（24）.

［116］尚晓贺，吴晓忠，张志超．政府预算绩效的外部评估［J］．广东财经大学学报，2015（04）.

［117］我国力推马铃薯成第四大主粮［J］．农村牧区机械化，2015（01）.

［118］陈小菁．“小土豆”牵动大战略——三问马铃薯主粮化战略［J］．农村·农业·农民（A 版），2015（02）.

［119］为何要让小土豆成第四主粮［J］．河南农业，2015（04）.

［120］冯华．为何要让小土豆成第四大主粮［J］．共产党员（河北），2015（04）.

［121］钟辑．“小土豆”欲写“大文章”［J］．农村新技术，2015（02）.

［122］张传统．农产品区域品牌发展研究［D］．中国农业大学，2015.

［123］黄婧．肃南裕固族地区牧民定居点空间优化研究［D］．兰州交通大学，2015.

［124］李文娟，秦军红，谢开云，等．从世界马铃薯的发展看中国马铃薯［J］．农业工程技术，2015（23）.

［125］田淑珍．金融支持定西市特色农业发展研究［D］．兰州财经大学，2015.

［126］为何要让小土豆成第四大主粮－人民网食品频道－人民网［EB/OL］．［2015］.http：//shipin.people.

［127］杨娴婷，蒋俊玥．上市公司绩效影响因素分析［J］．时代经贸，

2015（11）.
［128］刘志海．出入境检验检疫机构绩效评估研究［D］．中国海洋大学，2014.
［129］陆玲玲．特色农业支持下的乡村旅游发展对策研究［D］．山东农业大学，2014.
［130］李江梅，田聪华，沈鸿，等．伊犁河谷现代农业发展的 SWOT 分析［J］．新疆农业科技，2014（03）.
［131］关于加快马铃薯产业转型升级的意见［N］．定西日报，2014-06-07（003）.
［132］特日格乐．马铃薯产业价值链收益分配分析［D］．内蒙古大学，2014.
［133］徐晨曦，王斌．甘肃：战略新兴产业发展拒绝偏见［J］．中国战略新兴产业，2014（09）.
［134］杨京．恒大效应或激发国产大豆的需求［J］．粮油市场报，2014（5）.
［135］安定区全力打造“中国薯都”核心区［EB/OL］．［2014-01-20］．http：//dx.gansudaily.com.cn/system/2014/01/20/014865753.shtml.
［136］李春艳．明晰农村集体资产产权　维护农民合法权益——访农业部副部长陈晓华［J］．农村经营管理，2014（11）.
［137］师高康．试点引导稳步推进农村产权制度改革［J］．中国畜牧业，2014（22）.
［138］闫志利，林瑞敏．河北沿海地区特色农业发展模式及优化措施研究［J］．唐山师范学院学报，2014（02）.
［139］特日格乐，王建军．马铃薯产业及其价值链研究的文献综述［J］．北方经济，2013（Z1）.
［140］周新德．绿色农业产业集群的内涵、特征与效应分析［J］．湖南社会科学，2013（06）.
［141］姜长云，洪群联．2012 年农产品流通政策回顾与评述［J］．经济研究参考，2013（56）.

[142] 沈宏益 . 西藏农牧民持续增收的财政政策研究 [D]. 北京林业大学，2013.

[143] 安定区“十二五”马铃薯产业发展规划 [EB/OL] .http：//www.docin.com/p-269671159.html.

[144] 张俊芳 . 定西市安定区马铃薯产业发展展望[J]. 甘肃农业，2013(20).

[145] 转型升级马铃薯产业推进“中国薯都”建设进程 [EB/OL].[2013-10-10] .http：//www.foods1.com/news/2380399.

[146] 张芬昀，曹美珍 . 张掖市生态农业产业集群发展的 SWOT 分析 [J]. 特区经济，2013（03）.

[147] 杨彪 . 农民专业合作组织研究 [D]. 西南财经大学，2013.

[148] 姜长云，洪群联 .2012 年农产品流通政策回顾与评述 [J]. 经济研究参考，2013（56）.

[149] 陈富，张小静 . 定西市马铃薯产业发展现状分析 [J]. 中国种业，2013（09）.

[150] 金远 . 关于县级政府公共政策评估体系建设的思考 [D]. 复旦大学，2013.

[151] 姜长云 . 农业产业化组织创新的路径与逻辑 [J]. 改革，2013（08）.

[152] 洪东升 . 泉州市特色农业的发展策略研究 [D]. 福建农林大学，2013.

[153] 王艳利 . 咸阳涉农企业产业集群发展中存在问题及对策 [J]. 陕西农业科学，2013（04）.

[154] 樊胜岳 . 基于公共价值的生态建设政策绩效评价研究[J]. 行政论坛，2013（04）.

[155] 雷婧 . 农业产业化进程中的政府职能研究 [D]. 西北师范大学，2013.

[156] 陈凤花 . 地方政府在产业集群发展中的作用研究 [D]. 郑州大学，2013.

[157] 唐玲 . 广西特色农业产业集群化发展研究 [D]. 广西大学，2013.

[158] 张慧明 . 产业集群政策对城镇化建设效果评价研究 [D]. 燕山大学, 2012.
[159] 陈莉 . 地方政府公共政策创新在提升区域竞争力中的作用 [J]. 经济研究导刊, 2012 (33).
[160] 刘荣章, 吕姗, 李建华, 等 . 特色农业视角下福建现代农业发展路径研究 [J]. 农业现代化研究, 2012 (05).
[161] 陈绪敖 . 安康富硒食品特色农业产业集群发展的 SWOT 分析 [J]. 湖北农业科学, 2012 (12).
[162] 陈淑霞 . 农业产业集群价值链体系的结构与测量研究 [D]. 浙江农林大学, 2012.
[163] 曹川川 . 临安山核桃区域品牌提升策略研究 [D]. 浙江农林大学, 2012.
[164] 马旺林 . 甘肃省马铃薯产业竞争力及其影响因素研究 [D]. 四川农业大学, 2012.
[165] 陈翥, 吴传清 . 区域产业集群品牌的地理标志管理模式选择 [J]. 武汉大学学报(哲学社会科学版), 2012 (03).
[166] "解放思想、力求先行"大学习大讨论心得体会(摘登) [N]. 闽东日报, 2012-04-29 (A03).
[167] 包国宪, 王学军 . 以公共价值为基础的政府绩效治理——源起、架构与研究问题 [J]. 公共管理学报, 2012 (02).
[168] 王有生 . "四招"提升马铃薯产业发展水平 [J]. 工商行政管理, 2012 (05).
[169] 徐本华 . 农业产业集群的形成机理分析及政策建议 [J]. 科技与经济, 2012 (01).
[170] 张仁枫, 杨继瑞 . 我国农村"三权"抵押贷款的实践与存在的问题 [J]. 南方农村, 2012 (09).
[171] 张仁枫 . 我国农村文化产业投融资: 困境与对策 [J]. 湖北经济学院学报, 2012 (06).

[172] 高群.蔬菜价格支持性政策的国际比较——美国、欧盟及俄罗斯的经验借鉴[J].价格理论与实践，2012(09).
[173] 倪细云.农民专业合作社发展能力研究[D].西北农林科技大学，2012.
[174] 倪细云，王礼力.农民专业合作社技术创新能力：测度模型及实证分析[J].科技与经济，2012(01).
[175] 巴战龙.人口较少民族地区学前教育发展的教育人类学研究——以甘肃省肃南裕固族自治县为例[J].当代教育与文化，2012(06).
[176] 杨云.纳板河流域国家级自然保护区社区共管成效初探[J].广东科技，2012(15).
[177] 肃南裕固族自治县财政发展纪实[EB/OL].(2012).甘肃经济网.
[178] 秦东方，董娜，李莹.重民生草原浸甘露　保增长山城着春色[J].甘肃经济日报，2011(9).
[179] 卢毅刚.西北少数民族农村社区大众传媒与舆论引导力研究——以甘肃肃南裕固族自治县为例[J].民族论坛，2011(14).
[180] 吴建国，王亮，杨永伟，等.自然保护区还需面对气候变化挑战[J].环境保护，2011(04).
[181] 谯薇.农业产业集群的形成机理与政策支持研究[J].农村经济，2011(12).
[182] 商明琴.射阳县特色农业发展现状及对策[J].现代农业科技，2011(24).
[183] 杭冬婷.地方政府在农业产业集群发展中的作用[J].经营与管理，2011(08).
[184] 李春海，张文，彭牧青.农业产业集群的研究现状及其导向：组织创新视角[J].中国农村经济，2011(03).
[185] 王兆君，陈洪增.农业集群品牌培育策略研究——以山东省为例[J].东岳论丛，2011(02).
[186] 王零，车克钧，蒋志荣，等.少数民族地区自然保护区生态足迹计

算与分析——以肃南县、天祝县为例［J］. 甘肃农业大学学报，2011（06）.

［187］马爱菊，蒋德新，冯文军，等 . 济南市现代都市农业发展研究［J］. 科技致富向导，2011（18）.

［188］李铜山 . 把现代农业特区作为中原经济区建设的内核［J］. 河南工业大学学报（社会科学版），2011（01）.

［189］杨敬宇 . 甘肃区域特色农业现代化政策研究［D］. 兰州大学，2011.

［190］曹斌两型农业发展状况及其生产效率的评价［D］. 中南大学，2011.

［191］赵明 . 定西马铃薯丰产栽培技术［J］. 科技创新导报，2011（23）.

［192］陈东，付雨鑫 . 欠发达地区政府在农业产业化中的作用分析［J］. 中国农业资源与区划，2010（06）.

［193］刘荣章，翁伯琦，曾玉荣，等 . 三明区域特色农业发展之探讨［C］// 中国科学学与科技政策研究会、福州大学软科学研究所 . 第 12 届中国科协年会第 31 分会场海峡两岸区域合作与协同发展论坛论文集 . 中国科学学与科技政策研究会、福州大学软科学研究所：中国科学学与科技政策研究会，2010.

［194］王青 . 欠发达地区农业产业集群发展路径研究——以淮安市为例［J］. 生产力研究，2010（07）.

［195］肖轶，魏朝富，尹珂 . 农户农村“三权”抵押贷款需求意愿及影响因素分析——基于重庆市 22 个县区 1141 户农户的调查数据［J］. 中国农村经济，2012（9）.

［196］张琴 . 基于土地利用公平性的农村公路社会评价研究［D］. 长安大学，2010.

［197］刘艳芳 . 鄱阳湖生态经济区农业发展构想［J］. 东方企业文化，2010（18）.

［198］黄建军 . 我国农业产业集群发展的困境与对策［J］. 江淮论坛，

2010（03）.
[199] 赵玉莲 . 河南省农业产业集群的现状及对策研究 [J]. 安徽农业科学，2010（34）.
[200] 赖德杰，尤春梅 . 黄羽肉鸡行业冷链加工、物流、销售一体化探讨 [J]. 中国禽业导刊，2010（20）.
[201] 赵镝 . 创业网络对新创企业融资方式的影响研究 [D]. 吉林大学，2009.
[202] 刘颖琦，邓元慧，郭名 . 西部生态脆弱贫困区产业联动模式研究 [J]. 科学决策，2009（02）.
[203] 郑小兰 . 新农村建设背景下的农业产业集群问题研究 [J]. 经济研究导刊，2009（12）.
[204] 郑小兰 . 发展农业产业集群与新农村建设关联性研究 [J]. 价格月刊，2009（11）.
[205] 刘宏洲 . 农业产业集群发展研究 [D]. 西北大学，2009.
[206] 张小青 . 基于集群机理的农业产业集群效应与地方政府经济行为分析 [J]. 贵州社会科学，2009（03）.
[207] 张小青 . 基于集群机理的农业产业集群成长障碍与路径分析 [J]. 经济问题，2009（01）.
[208] 洪艳 . 现代农业集群式发展研究 [D]. 湖南农业大学，2009.
[209] 黎明霞 . 萍乡市政府绩效考评的问题与对策研究 [D]. 南昌大学，2009.
[210] 杨子兴，许尔锋 . 立足发展基础优势　加快建设“中国薯都” [J]. 农业工程技术（农产品加工业），2009（11）.
[211] 黄蕾 . 区域产业集群品牌：我国农产品品牌建设的新视角 [J]. 江西社会科学，2009（09）.
[212] 周志忍 . 我国政府绩效管理研究的回顾与反思 [J]. 公共行政评论，2009（01）.
[213] 段淳林 . 全球化背景下产业集群升级模式创新研究 [J]. 福建论坛（人

文社会科学版），2008（12）.
[214] 江国兵 . 地方政府在促进产业集群发展中的职能定位 [D]. 苏州大学，2008.
[215] 高峰，元秀华 . 我国农业产业集群形成机理分析 [J]. 青岛农业大学学报（社会科学版），2008（02）.
[216] 吴莹 . 粤东区域旅游合作中地方政府推动作用研究 [D]. 汕头大学，2008.
[217] 黎晓涛，赵艳丽 . 浅谈牛背梁自然保护区社区工作问题与对策 [J]. 陕西林业，2008（05）.
[218] 冯洁，晓扬 . 产业升级：政府和企业合力图谋[J]. 浙江经济，2008(17).
[219] 倪星 . 地方政府绩效评估指标的设计与筛选 [J]. 武汉大学学报（哲学社会科学版），2007（02）.
[220] 张小波 . 农村经济发展中生态农业建设与乡镇企业发展之间的关系 [J]. 江西化工，2007（02）.
[221] 林娟 . 福建省特色农产品加工产业集群发展研究 [D]. 福建农林大学，2007.
[222] 陈东 . 贫困地区政府在产业集群中的作用研究 [D]. 兰州大学，2006.
[223] 张利萍 . 论地方政府在区域主导产业选择中的角色定位 [D]. 浙江大学，2006.
[224] 曹晔晖，张大红 . 在构建和谐社会中我国自然保护区社区共管发展探讨 [J]. 安徽农业科学，2006（04）.
[225] 朱玉林，康文星 . 基于农业产业集群的区域品牌需求与供给分析[J]. 求索，2006（07）.
[226] 叶依广，纪漫云 . 基于个案的区域农业集群成长思考 [J]. 南京农业大学学报，2006（01）.
[227] 兰肇华 . 基于集群机理的中国农业产业集群发展对策思考 [J]. 湖北社会科学，2006（08）.

[228] 李继红. 对我国农业产业集群发展问题的思考 [J]. 甘肃农业, 2006 (12).

[229] 朱有志, 刘云波. 湖湘文化应该实现: 政治文化向经济文化转换 [J]. 企业家天地, 2006.

[230] 宋一淼. 基于产业集群发展的农业产业化路径研究 [D]. 广西大学, 2005.

[231] 宋一淼. 发展广西农业产业集群问题研究 [J]. 桂海论丛, 2005 (03).

[232] 宋一淼. 我国农业产业集群发展的分类研究 [J]. 台湾农业探索, 2005 (01).

[233] 刘春玲. 发展我国农业产业集群的对策研究 [J]. 科技创业, 2005 (06).

[234] 杨尚伟. 农业区域结构调整及其优化机制的探讨 [J]. 乡镇经济, 2005 (10).

[235] 诸培新. 农地非农化配置: 公平、效率与公共福利 [D]. 南京农业大学, 2005.

[236] 苏海红. 产业集群与西部地区的小城镇建设 [J]. 青海师范大学学报 (哲学社会科学版), 2004 (02).

[237] 田广研. 集体经济中成员个人产权利益的确立与维护 [J]. 理论导刊, 2004 (05).

[238] 张宏, 杨新军, 李邵刚. 社区共管: 自然保护区资源管理模式的新突破——以太白山大湾村为例 [J]. 中国人口·资源与环境, 2004 (03).

[239] 陈旭. 论西部地区地方政府在产业集群形成和发展中的作用 [J]. 四川行政学院学报, 2004 (06).

[240] 姚海琳, 王珺. 地方政府对企业集群成长的作用与中介组织发育 [J]. 学术研究, 2003 (06).

[241] 姚海琳. 企业集群成长中的地方政府作用 [J]. 当代财经, 2003 (04).

[242] 陈光金. 块状民营经济的经济社会效应分析 [J]. 中国农村观察, 2003 (02).

[243] 罗必良 . 新型工业化道路与板块式城镇化发展 [J] . 学术研究，2003（03）.

[244] William Petty. A Treatise of Taxes and Contributions [M] . EEBO ED PROQUEST，2010.

[245] Oliver E. Williamson. Understanding Employment Relation---Analysis of Idiosyncratic Exchange [J] . BELL JOURNAL OF ECONOMICS，1975（1）.

[246] Wynn Grant，Anne Macnamara. The Relationship Between Bankers and Farmers：An Analysis of Britain and Ireland [J] .Journal of RuralStudies，1996（4）.

[247] Peck Christen，Robert Pearce. Managing Risks and Designing Products for Agricultural Microfinance：Features of an Emerging Model [J] . Consultative Group to Assist the Poorest （CGAP），2005（8）.

[248] 黎毅 . 农村土地产权抵押融资模式研究 [D] . 西北农林科技大学，2015.

[249] 刘西川，程恩江 . 中国农业产业链融资模式——典型案例与理论含义 [J] . 财贸经济，2013（8）.

[250] 高圣平 . 农地金融化的法律困境及出路 [J]. 中国社会科学，2014(8).

[251] 李成友 . 山东省农村正规金融机构与非正规金融组织：运行、绩效和关系研究 [D] . 山东大学，2015.

[252] 田恬 . 基于供应链金融支持内蒙古农牧业发展的研究 [D] . 内蒙古大学，2015.

[253] 曹锋，刘卫柏 . 农村土地经营权抵押贷款满足农户融资需求的实证研究 [J] . 系统工程，2016（12）.

[254] 罗荷花，李明贤，曹艺馨 . 我国农户融资需求及其融资可获得性的影响因素分析 [J] . 农村经济，2015（8）.

[255] 米运生，曾泽莹，高亚佳 . 农地转出、信贷可得性与农户融资模式的正规化 [J] . 农业经济问题，2017（5）.

[256] 陈芳．农户融资需求和融资约束——基于贵州省 4018 个样本农户调查数据［J］．西南金融，2016（10）．

[257] 于淑娟．农户融资意愿及其满足状况分析——基于山东省 8000 农户调研［J］．华东经济管理，2017（6）．

[258] 陈悦，严伟涛．“三权”抵押的实际操作与相关机理［J］．改革，2012（12）．

[259] 曹跃群，向红．政策促进、金融支农与农村“三权”抵押［J］．华南农业大学学报（社会科学版），2012（3）．

[260] 唐烈英．夹缝中的兴盛：论农地“三权”抵押的法禁令行［J］．社会科学，2016（1）．

[261] 中国银行业监督管理委员会甘肃监管局课题组，王宏．甘肃省“三权”抵押贷款调研报告［J］．甘肃金融，2016（2）．

后　记

本书从构思起笔到付梓出版，历经三载，数易其稿，包含了多人心血。

本书具体分工如下：兰州理工大学副教授陈东负责全书框架拟定、文稿撰写与修订工作，兰州城市学院副教授付雨鑫协助统稿并参与部分章节的撰写和修订工作，兰州理工大学副教授刘尚洪、解梅参与大纲讨论、资料收集、参考文献编写等工作，兰州城市学院韩景愈参与第 3 章、第 4 章部分书稿的初步撰写，兰州理工大学研究生任璇参与第 5 章部分书稿的初步撰写，张继中参与第 2 章部分书稿的初步撰写，韩艳、豆晓甜、杨雪参与第 6 章、第 7 章、第 8 章部分书稿的初步撰写，刘绪平、何轩参与部分章节书稿的修订、文字校对工作。

本书在写作前期，数据资料获取、深度访谈和实地调研中，得到了甘肃省定西市统计局、农业局、马铃薯产业办、扶贫办，河南省温县铁棍山药协会等相关部门和同志的大力支持，在此由衷表示感谢。